国家社会科学基金项目(10CGJ010)
山东省社会科学规划项目(08JDD001)

欧盟超国家治理与成员国治理互动关系研究

朱贵昌　著

U0845842

山东大学出版社

《政治发展与治理研究系列丛书》
编委会

主　编　葛　荃

编　委　（按姓氏笔画排序）

王学玉　王建民　王韶兴　方　雷

孔令栋　刘玉安　曹现强　崔桂田

葛　荃

总　序

2011 年是山东大学建校 110 周年。作为中国近代第二所官办大学——“山东大学堂”，山东大学的积累之悠久，底蕴之深厚，堪可感慨系之。

晚清光绪二十七年(1901 年)，山东巡抚袁世凯奏呈朝廷并由光绪帝御批的《山东大学堂章程》中，就山东大学堂的办学宗旨作了这样的阐述：

公家设立学堂，是为天下储人才，非为诸生谋进取；
诸生来堂肄业，是为国家图富强，非为一己利身家。

在 20 世纪初叶，在东渐之西学纷至沓来的近代中国，袁氏奏呈的“办学章程”有着某种意义上的传承性与超越性。愚以为，袁氏立意“天下”、“国家”，绝非其偶然心念一动，在这一理念的背后，当是数千年孔孟儒学传统文化精粹的蕴聚与支撑。为了“天下”、“国家”，而非“一己”之“进取”的办学理念，在那个中华羸弱、列强环伺的年代，越发彰显着山东大学的历史使命与民族责任，成为山东大学立足与发展的价值础石。正是基于这样的理念，山东大学在伴随着时代动荡、社会变迁的百余年行进途中，尚能安然把握着方向与节奏，使之得以在不同的历史阶段，均能汇聚时代的学术精英，渐次积淀了丰厚的学术内涵和大学文化底蕴。迄今，亦能风雨无阻，依然跻身于全国高校第一方阵的前排。

政治学与公共管理学院是山东大学百余年行程过半的时候才得以组建的，如今业已年过而立。作为全国政治学与公共管理学在山东区域的一方重镇，其或发展或进步或逡巡或蹒跚，总会令人瞩目，引人关注。作为山东大学不可割舍的肌体，政管学院之举手投足、一笑一颦，往往事关全校的布局与发展，甚或波及百年山大之盛誉。于是兹事体大，吾侪不敏，遂以《论语·泰伯》之教训为警醒："士不可以不弘毅，任重而道远！"为此，于2009年即谋划聚合全院教师，协同努力，做一学术振兴。列为其重要举措之一，即出版学术著作若干，自成体系，冠名曰"政治发展与治理研究系列丛书"，为的是既能涵盖学院诸多学科，又能与主体方向不离不弃——推动山东大学政治学学科建设与发展而积累学术内涵；同时，在这样的操练过程中，不断推出青年才俊，实现个体与整体的同步迈进。

我们肩负着学界前辈的成就与希冀，我们延续着百年山大的底蕴和盛誉。在当下学术与世俗混而难分、盛名与实学真伪莫辨的"转型时代"，我们当以山大人的真诚与辛劳，为学界奉上这组系列文字。目的是弘扬学术，以文会友，抑或移风易俗，振兴我山东大学之政治学学科。

是为序。

葛　荃
山东大学政治学与公共管理学院教授兼院长
2012年12月17日　重识于巢舍

前　言

随着欧洲一体化的发展和欧洲联盟的扩大与深化，欧盟治理作为一种新型区域治理模式引起了学术界的广泛关注。与主权国家治理模式相比，该模式还不具有自我赋权的能力以及军队、监狱等国家暴力机器；与一般区域性经济政治组织的运作模式相比，该模式无论在治理权限和治理机制等方面都远远高于一般性国际组织。因此，该治理模式往往被看作是一种典型的超越民族国家的"自成一类"的治理模式。这种独特的治理模式不仅是欧洲一体化发展的结果，也是推动欧洲一体化持续发展的新机制。民族国家治理模式在欧洲一体化和欧盟治理模式下受到了很大的挑战。深入探讨欧盟治理的性质、特点及其与成员国治理的互动关系，不仅有助于加深对区域治理一般规律的认识，具有重要的理论意义；而且还有助于我国政府积极应对经济全球化和区域一体化的挑战，为我国积极参与区域合作与区域治理提供借鉴和参考，具有重要的实践意义。此外，研究欧盟超国家治理与成员国治理的互动关系也有助于我们吸收和借鉴欧盟治理的经验和教训，推动我国国家治理体系和治理能力的现代化。

欧盟治理模式的突出特点就是其超国家性，这也是其不同于其他地区性和国际性组织的关键所在。这种超国家性不仅仅体现在欧盟的主要组织机构如欧盟委员会、欧洲法院、欧洲中央银行的独立性，以及欧盟采取有效多数决策方式等方面，也体现在欧盟法相对于成员国法的最高效力性、直接适用性等方面，更体现在欧盟所管辖的政策领域的广泛性。尽管欧洲一体化在欧盟成员国之上创立了一个新的治理层次，但是这一新的治理层次并不是完全脱离成员国而位居成员国之上，而是把成员国融入其中。这种融合必然会引起欧盟新治理层次与成员国治理之间的互动，在这种互动中，欧盟超国家治理和成员国治理都会作出调整，欧盟需要采用更加灵活的新治理模式应对欧盟扩大所带来的复杂性和异质性，成员国政府则需要向欧盟转让更多的权力，从而推动一体化发展和相应的欧盟治理创新和制度变革。

正是基于上面的观察和思考，本书致力于研究欧盟治理模式中超国家治理与成员国治理的互动关系。具体而言，要回答以下一些问题：欧盟超国家治理何以可能？如何可能？超国家治理的性质、特点是什么？超国家治理是如何影响成员国治理的？影响的机制是什么？究竟产生了怎样的影响？反过来，成员国治理是如何影响超国家治理的？影响机制是什么？产生了怎样的影响？超国家治理与成员国治理既有相互依赖、合作的一面，也有相互竞争、冲突的一面，那么，这两个层面的治理究竟是如何进行互动的？互动的理论基础、基本原则、制度机制是什么？所有这些问题，都是本研究试图要探讨的，对这些问题的分析就构成了本书的主要内容。

欧盟治理是一个既新又旧的研究课题。说它“新”，是因为欧盟治理从 20 世纪 90 年代以来才开始进入学者的研究视野，才开始了真正意义上的欧盟治理研究，也才有了欧洲一体化研究的“治理转向”。[①] 说它“旧”，是因为欧洲一体化进程就是成员国让渡国家主权，在欧洲层面上建立欧盟组织机构，并对地区事务进行共同治理的过程。简单说，欧洲一体化进程就是欧洲区域共同治理体制

① 参见[德]贝娅特·科勒—科赫、贝特霍尔德·里滕伯格《欧盟研究中的“治理转向”》，载《欧洲研究》2007 年第 5 期。

的创立过程。因此，从严格意义上说，欧盟治理始于欧洲一体化进程的开端，并一直伴随着欧洲一体化的发展，而且如果我们把成员国治理也纳入欧盟治理之中的话，那么民族国家的治理就像民族国家的历史一样悠久。

对于这样一个既古老又新颖的研究课题，我们课题组成员面临着巨大的挑战。挑战首先来自于课题本身所涉及的如“治理”、“超国家治理”等概念的模糊性，这种概念上的模糊性为我们进行理论分析和实证研究带来了一定的困难。欧盟治理涵盖的政策领域非常广泛，涉及内部市场、单一货币、司法与内政事务合作、共同外交与安全政策等经济、政治、文化、社会等几乎所有领域，对于涵盖如此广泛的欧盟治理进行研究，要想穷尽每一个政策领域根本是不可能的，只能选取其中的一个或几个政策领域进行研究，这就带来了如何选取案例的问题。本课题最初申报时选取的是欧盟地区政策，这一政策领域是欧盟与成员国的共享权能的领域，是国内外学术界研究欧盟治理特别是欧盟多层治理时经常涉及的政策领域，这从一个侧面说明该政策领域在欧盟治理中具有一定的代表性，因此，在最初设计时就拟以欧盟地区政策为例来开展研究。

不过，在课题于 2010 年 7 月立项之后，特别是课题组开始着手研究之后，肇始于美国的金融危机蔓延到欧洲，欧债危机开始爆发，并逐渐在希腊等南欧国家蔓延开来，威胁到欧元区的存亡，为了应对欧债危机，欧盟在对希腊等重债国提供救助的同时，加快了推动经济货币联盟治理改革的步伐，通过了一系列欧盟立法如“六部立法”、欧洲学期制、欧元加协议、欧洲银行业单一监管机制等，签署了两部政府间条约即《欧洲稳定机制条约》和《欧洲经济货币联盟稳定、协调与治理公约》(又称“财政契约”)，加强了对经济货币联盟的治理，这种危机倒逼的治理改革不仅对经济货币联盟特别是欧元区的治理产生了直接的影响，而且对欧盟的整体治理以及欧盟未来的治道变革也产生了深远的影响。正是在这样的背景下，课题组决定放弃最初选取的地区政策，而把经济货币联盟作为本课题的研究案例。

当然，选取经济货币联盟作为研究案例也存在一定的风险，课题组成员都是政治学、国际政治的学科背景，缺乏对经济货币联盟所涉及的经济学、金融学、财政学等专业知识的了解和把握，这也是课题组最初设计时没有考虑经济货币联盟的原因之所在，不是没有注意到，而是不敢去涉猎这一专业性比较强的政策领域，好在本课题目的不是研究经济货币联盟本身，而是以其作为案例来研究欧盟治理，特别是欧盟超国家治理与成员国治理的互动关系，所以我们更多的是从宏观层面而不是技术层面来分析经济货币联盟的治理，这在一定程度上弥补了我们在经济货币专业知识方面的不足，不过，这也限制了我们对该案例的深度研究和准确把握。

转向经济货币联盟之后，课题组发现，该政策领域具有比较好的代表性。它既有欧盟专属权能的方面，如欧元区的货币政策就由独立的欧洲中央银行制定，而不受欧元区成员国的控制；也有欧盟与成员国共享权能的领域，如经济政策、就业政策、社会政策的协调，制定经济政策指导方针、就业政策指导方针等。而且为了应对欧债危机，避免欧债危机的再次爆发，欧盟加强并扩展了经济货币联盟的治理，把原来不属于欧盟治理范畴的对重债国的救助、财政政策协调、金融交易税、银行业监管等也纳入欧盟治理之中，这些治理变革在一定意义上是革命性的，因为在欧债危机之前都是难以想象的。这再一次验证了“危机是欧洲一体化前进的动力”的说法，证明欧盟及其成员国具有较强的化“危险”为“机遇”的危机治理能力，这种治理能力正是在欧盟超国家治理与成员国治理的互动过程中而不断得到提升和强化的。

欧洲一体化进程自启动以来就不断发展，随着这一进展而形成的欧盟治理体制也处于不断演进之中，因此，欧盟治理研究虽然已经走出了20世纪90年代后期和21世纪最初几年的鼎盛时期，不再是炙手可热的的研究重点，但是欧盟治理仍然是值得深入研究且不会过时的课题，是一个常研究常新的课题。正是基于这种认识，课题组成员在充分吸收借鉴国内外学术界研究成果的基础上，根据欧洲一体化的最新进展和欧盟治理的发展演变，以经济货币联盟为例对欧盟超国家治理与成员国治理的互动关系进行了全面系统的研究。研究主要采用了理论研究与实证分析相结合的方法，侧重于文献分析和治理进程的梳理，旨在揭示出欧盟超国家治理与成员国治理的互动特点和互动规律。

目 录

第一章 问题的提出与有关概念的界定

在当今世界上，欧洲联盟正凭借其不断增长的经济政治实力和独特的欧洲联合文化，对世界经济、政治和文化的发展施加重要的影响。随着欧洲一体化发展而形成的欧盟治理模式也因此而受到了广泛的关注，也引起了很多争论，本章首先在梳理这些争论的基础上提出本书的研究问题，然后对与本课题相关的概念加以辨析。

第一节 问题的提出

作为一种新型的人类活动组织形式[①]，欧洲一体化进程自1951年正式启动以来就引起了学术界的关注，学者们试图从既有的国际关系理论出发对这一新的政治现象作出解释，由此产生了新功能主义、政府间主义、超国家主义、自由政府间主义等一体化理论，这些理论在解释欧洲一体化的发展动力方面形成了观点对立的两种不同派别，可以简单归结为超国家主义和政府间主义两种。超国家主义的主要代表人物有厄恩斯特·哈斯、利昂·林德伯格、菲

① 参见陈玉刚《国家与超国家——欧洲一体化理论比较研究》，上海人民出版社2001年版，第1页。

利普·施密特、维尼·桑德霍尔兹、斯通·斯维特等，这些学者的观点可能各不相同，但是在关于欧洲一体化发展的核心主张上是一致的，他们都认为，欧盟的超国家机制如欧盟委员会、欧洲法院以及跨国利益组织等在欧洲一体化进程中发挥着关键作用，政策领域的功能性外溢推动着欧洲一体化从一个领域扩展到另一个领域。正是由于他们强调超国家机制在欧洲一体化进程中的关键作用而被称为"超国家主义"。与之相对的则是政府间主义的观点，斯坦利·霍夫曼、艾伦·米尔沃德、安德鲁·莫劳夫奇克等是政府间主义者的主要代表人物，他们强调在欧洲一体化中发挥关键作用的是民族国家而不是超国家机制，超国家机构只是成员国的代理人，民族国家控制着欧洲一体化进程，强调成员国政府只是运用超国家机制来实现常规手段难以实现的目标而已，不承认超国家机制的独立作用，把欧洲一体化进程看作是成员国政府进行合作的进程，因而被称为"政府间主义"。这两种理论流派虽然观点迥异，但都是根据欧洲一体化发展的实践和现实而提出来的，都具有很强的解释力，而且，这种理论上的论争并没有随着欧洲一体化的发展而达成一致，而是仍在继续，并影响着关于欧盟性质等其他问题的争论。

随着欧洲一体化发展而创立的欧共体、欧盟的政治属性究竟是什么，这也是理论争论的焦点。如前所述，在欧洲一体化发展的动力问题上存在着超国家主义和政府间主义的不同解释，同样，在欧盟的性质问题上也存在类似的观点分歧，即欧盟究竟是政府间国际组织还是准联邦实体或超国家组织。持现实主义立场的国际关系学者认为，欧盟与其他一般性政府间国际组织没有什么本质性区别，无非就是组织化、制度化程度更高一些而已，成员国政府仍然在该组织中占据主导地位，是最主要的行为主体，欧盟只是成员国进行讨价还价、谈判协调的平台，没有自己的独立性，不能施加重要的影响。相反，新功能主义者或者超国家主义者则认为，欧盟是一个准联邦实体或超国家组织，拥有独立于成员国的超国家机构，并能够对成员国政府施加重要影响，欧盟不仅仅是成员国进行合作的舞台和制度，也是欧盟治理的主要行为体和重要参与者。这种关于欧盟性质的争论，使得人们无法在欧盟根本性质的判断上得出明确一致的结论，而只能用模棱两可的语言甚至从“否定”的意义上来加以界定，认为欧盟是介于联邦和邦联之间的多元复合体制，是一个介于国家与国际组织之间的政治实体[①]，认为欧盟既不是一个国家也不是一个国际组织，是一种远远超出国际组织但又不符合联邦国家思想的政治实体。[②] 与上面的争论一样，关于欧盟性质的争论并没有随着欧洲一体化的发展而达成共识，相反这种争论仍在继续，而且争论的双方都能在欧洲一体化的实践中找到佐证自己观点的证据。就以最近几年欧盟为了应对欧债危机而进行的改革为例，有人认为，欧洲理事会和成员国政府领导人在应对欧债危机中发挥了关键作用，而欧盟委员会的地位和作用却下降了，这证明欧盟进一步向政府间国际组织发展。而有些人则认为，在应对欧债危机的改革中，欧洲中央银行的地位和作用得到了明显提升，欧盟委员会对成员国政府的财政政策等宏观经济政策的监督权得到加强，欧盟从货币联盟向财政联盟迈进，这些都是欧盟向联邦制或超国家方向发展的例证。

上述关于欧盟性质的争论也直接影响到了人们对欧盟规范性问题如关于欧盟民主赤字和合法性问题的判断。欧盟究竟是否存在民主赤字和合法性危机？应该以什么标准来衡量欧盟的民主性和合法性？欧盟民主赤字和合法性危机产生的原因是什么？如何提高欧盟的民主性和合法性？这些问题不仅是欧盟制宪过程中争论的热点话题，也是近些年来欧盟研究的重点议题，并促成了所谓

---

① Ben Rosamond, *Theories of European Integration*, Macmillan Press Ltd., 2000, p.110.

② Beate Kohler-Koch, "The Evolution and Transformation of European Governance," in Beate Kohler-Koch and Rainer Eising (eds.), *The Transformation of Governance in the European Union*, London: Routledge, 1999, p.15.

的欧洲一体化研究的“规范转向”(normative turn)。[①] 那些坚持认为成员国是推动欧洲一体化的动力、欧盟是政府间国际组织的学者认为,作为一个政府间国际组织,欧盟的合法性来源于成员国政府的民主合法性。这是因为欧盟条约都要通过成员国全民公决或国家议会的批准才能生效,欧盟的发展战略和指导方针是由国家元首或政府首脑在欧洲理事会中制定的,欧盟委员会的立法提议只有通过由选举产生的国家行政机构成员组成的部长理事会批准才能成为欧盟法律。也就是说,欧盟的整个进程是由民主国家所指导和控制的,欧盟既是民主也是合法的,“民主赤字”问题以及合法性危机都是根本不存在的。自由政府间主义的代表人物莫劳夫奇克就坚持这种看法,他在2002年《共同市场研究》杂志上发表的题为《为民主赤字辩护,重新评估欧盟的合法性》一文中为这种观点作了辩护。[②] 相反,福雷斯达尔和希克斯于2006年在《共同市场研究》杂志上发表的题为《欧盟为什么存在民主赤字:对莫劳夫奇克和马琼的回应》一文中,反驳了莫劳夫奇克的上述观点,认为欧盟的确存在民主合法性问题,而不是一种故意夸大,欧盟单独依靠成员国的间接合法性是不够的,而必须提高超国家层面的民主合法性,如扩大欧洲议会的权限、加强欧盟层面的政治竞争、发展欧洲认同、塑造联盟公民等。[③]

综上所述,我们可以发现围绕欧洲一体化和欧盟的各种理论争论始终是在国家主义与超国家主义的二元对立的视角下进行的。尽管学术界对欧洲一体化研究中长期以来所形成的国家或政

① Richard Bellamy and Dario Castiglione, “Legitimizing the Euro-Polity and Its Regime: The Normative Turn in EU Studies,” *European Journal of Political Theory*, Vol. 2, No. 1, 2003, pp. 17-34.

② Andrew Moravcsik, “Reassessing Legitimacy in the European Union,” *Journal of Common Market Studies*, Vol. 40, No. 4, 2002, pp. 606-610.

③ A. Follesdal, and S. Hix, “Why There is a Democratic Deficit in the EU: A Response to Majone and Moravcsik,” *Journal of Common Market Studies*, Vol. 44, No. 3, 2006, pp. 534-537.

府间与超国家的两种范式提出了批评[①]，并提出了欧盟治理等一些新的综合性的理论视角，但是新的理论仍旧无法跳出旧有范式的分析困境。如欧盟治理被认为是试图超越国家主义与超国家主义的新的分析视角，但是仍然无法回避对欧盟治理是超国家治理还是成员国治理或政府间治理、是超国家的政府间治理还是政府间的超国家治理等问题的回答。那么，我们不禁要问：我们为什么无法超越国家主义与超国家主义的分析范式？特别是在欧洲一体化和欧盟经过了60年发展之后，人们对其理解为什么仍然局限在这种旧的框架之内？是我们的理论探索努力不够还是另有原因呢？很显然，原因不在前者，因为学术界自欧洲一体化进程启动以来，一直在对欧洲一体化这种"新型的人类组织活动"和欧盟这种"不明政治物"[②]进行各种理论解读，而且超国家主义与国家主义的分析范式就是学术界理论探索的结果，也就是说，不是主观努力不够，而是客观现实使我们根本无法超越也不能超越。

欧洲一体化和欧盟发展的现实是，欧盟的超国家层面和成员国的国家层面是欧盟政治中同时并存的两种政治机制。[③] 综观上述各种争论，我们可以发现，在这些争论的背后其实都涉及如何看待欧洲一体化进程中同时并存的这两种政治机制的问题，有的侧重于欧盟超国家层面而忽视了成员国国家层面，有的则正好相反——只关注成员国层面而忽视了欧盟超国家层面。这样做的结果就是人为地割裂了欧洲一体化进程中超国家层面与国家层面之间的有机联系，忽视了这两个层面之间的共生与联动。欧洲一体

① 参见陈玉刚《里斯本条约后的欧盟政治发展》，载《国际观察》2011年第1期。

② 欧盟委员会前主席雅克·德洛尔把欧盟称作一种"不明政治物"（unidentified political object），此短语系按"UFO"即"不明飞行物"组成。参见［瑞士］皮埃尔·德·塞纳克伦斯《治理与国际调解机制的危机》，载俞可平主编《治理与善治》，社会科学文献出版社2000年版，第254页。

③ 参见袁璐、陈志敏《超国家政治和政府间政治的共生与联动——疯牛病、贸易纠纷和欧盟政治》，载《欧洲》2001年第4期。

化的发展表明，这两种政治机制不但同时并存于欧洲一体化进程之中，而且正是这两种政治机制的互动推动着欧洲一体化不断向前发展，这也正是人们试图超越国家主义和超国家主义而一直无法超越的真正原因所在。因此，欧盟研究比较现实的做法，不是去提出新的理论或新的术语（关于欧盟的新术语已经够多了）以便超越国家主义和超国家主义，而是在充分尊重和利用国家主义和超国家主义的基础上，专注于分析和研究这两个政治层面之间的联系与互动，这也正是本课题所要研究的问题。

当然，本课题研究欧盟超国家治理与成员国治理的互动还基于探求欧盟治理纷繁复杂现象背后的一般性规律的考虑。自从欧盟治理作为一个概念、一种理论被提出并被用于分析欧洲一体化和欧盟以来，不仅没有带来对欧盟运转的更加清晰的描述和解释，反而使人们对欧盟的认识更加模糊不清。如对于“欧盟治理的本质特点是什么”这一根本问题，就有“超国家治理”、“政府间治理”、“网络治理”、“多层治理”、“新治理”、“规制国家”等很多不同的答案；对于欧盟治理的方式方法，沙普夫提出了相互调整模式、政府间协商模式、超国家\等级模式、共同决策模式、开放协调机制等五种模式[①]，华莱士则划分为共同体方法、规制模式、分配模式、政策协调模式、密集的跨政府主义[②]，威勒则把欧盟治理方法划分为国际主义的、超国家的、亚国家的三种方法。[③] 总之，由于欧盟自身组织结构的复杂性、治理权限的广泛性以及在不同政策领域中治理权限的差异性，也由于欧洲一体化的动态性，欧盟治理的确呈现出非常复杂的一面。要正确理解这些纷繁复杂且不断变动的现象，

---

① 参见吴志成《治理创新——欧洲治理的历史、理论与实践》，天津人民出版社2003年版，第357～365页。

② 参见邢瑞磊《比较视野下的欧盟政策制定与决策》，载《欧洲研究》2014年第1期。

③ 参见[美]约瑟夫·威勒《欧洲宪政》，程伟东等译，中国社会科学出版社2004年版，第272～280页。

关键是把握和认识欧盟超国家治理与成员国治理的互动。

第二节　有关概念的界定

概念分析是理论研究的基础。在开展本课题研究之前，首先需要对本课题所涉及“欧盟治理”、“超国家治理”等概念加以界定。尽管学术界对于“欧盟治理”的研究已经取得丰硕成果，但“欧盟治理”仍然是一个有争议的概念，正因为如此，更有必要对欧盟治理及其相关概念进行辨析，以便规范和设计研究议程。在分析欧盟治理的相关概念之前，则首先需要对“治理”这一概念进行简单梳理。

一、“治理”概念的界定

“治理”是一个非常模糊而且使用非常广泛的概念。说它非常模糊是因为“治理”仍然是一个有争议的术语，至今没有形成统一的关于治理的明确定义，没有就治理的概念达成共识。说它使用非常广泛是因为治理几乎被用于经济学、管理学、社会学、政治学、国际政治等社会科学的广泛领域，甚至有被滥用的倾向。这就造成了对“治理”这一概念进行界定的难度。我们在这里无法对“治理”的概念进行全面的梳理，而只是侧重于对政治学和国际政治中的“治理”概念加以分析。

治理传统上与政治领导人行使权力的政府联系在一起。在《牛津简明英语辞典》中，“治理”被看作是政府的同义词。在汉语大词典中，“治理”有四种含义：(1)“管理；统治；得到管理、统治”；(2)“指理政的成绩”；(3)“治理政务的道理”；(4)“处理、整修”。[①]可见，“治理”的含义非常丰富，它既可以指管理、统治的具体实践

① 参见罗竹风主编《汉语大词典》第5卷，汉语大词典出版社1990年版，第1126～1127页。

和过程,也可以是指管理、统治活动的成效和结果,也可以是一种理念。正因为如此,我们在翻译"governance"这个词的时候,就有多种不同的译法。侧重强调治理过程和实践的学者将其翻译成"治理",侧重强调治理理念的学者则将其翻译成"治道",侧重强调治理特点的学者则将其翻译成"协治"或者"协同治理"。[①]

世界银行被认为是最早提出"治理"这一术语的国际组织。"1989年世界银行在概括当时非洲的情形时,首次使用了'治理危机'(crisis in governance)一词,此后,'治理'便广泛地被用于政治发展研究中,特别是被用来描述后殖民地和发展中国家的政治状况。"[②]可见,"治理"在刚刚被提出时仅仅限于一国内部,而不具有国际的含义。但是,问题在于,"治理"这一被世界银行用来描述后殖民地和发展中国家的政治状况的提法,在西方发达资本主义国家,国际组织、国际机构中产生了很大的反响,引起了国际社会的共鸣,开始将治理的分析框架应用于国际层面,由此也出现了众多关于治理的概念。

罗伯特·罗茨(Robert Rhodes)从六个不同的角度界定了"治理"的含义:(1)治理是国家削减公共开支,以最小的成本取得最大的收益,这是从国家管理活动最小化角度进行界定的;(2)治理是指导、控制和监督企业运行的组织体制,这是从公司管理的角度来界定的;(3)治理是将市场的激励机制和私人部门的管理手段引入政府的公共服务,这是从新公共管理视角而言的;(4)治理是强调效率、法治、责任的公共服务体系,这是从善治的角度界定的;(5)治理是政府与民间、公共部门与私人部门之间的合作与互动,这是从社会控制体系而言的;(6)治理是建立在信任与互利的基础

① 参见陈玉刚《国家与超国家——欧洲一体化理论比较研究》,上海人民出版社2001年版,第175页。另见朱贵昌《多层治理理论与欧洲一体化》,山东大学出版社2009年版,第26页。

② 俞可平:《引论:治理和善治》,载俞可平主编《治理与善治》,社会科学文献出版社2000年版,第1页。

上的社会协调网络，这是从组织网络的角度进行界定的。上述六个含义一方面说明了治理内涵的丰富性和包容性，另一方面也表明了“治理”概念的模糊性和不确定性以及使用上的随意性。[①]

格里·斯托克(Gerry Stoker)从五个方面对治理概念进行了分析：(1)治理是指一系列来自政府但又不限于政府的社会公共机构和行为体。即治理的行为体不仅仅包括国家及其政府等公共机构，还包括各种非政府组织、私人机构、社会团体甚至个人。与此相关，权力中心不再局限于政府，得到公众的认可的其他机构、团体也可能会成为各个不同层面上的权力中心。(2)治理是指在寻求解决社会和经济问题的过程中，存在着界限和责任方面的模糊性。这说明，原先由国家政府独自承担的责任，开始向市民社会即各种私人部门和公民自愿性团体转移，这些部门正在承担越来越多的原先由国家政府承担的责任。在这种情况下，国家与社会、公共与私人部门之间的界限和责任变得更加模糊了。(3)治理强调了在涉及集体行为的各个社会公共机构之间存在着权力依赖。也就是说，各个组织在进行集体行动过程中必须交换资源，谈判共同的目标，交换的结果不仅取决于各参与者的资源，而且也取决于游戏规则以及进行交换的环境。(4)治理意味着参与者最终将形成一个自主的网络。这个自主的网络在某个特定领域中拥有发号施令的权威，并与政府合作，分担政府在该领域中的管理责任。(5)治理是指办好事情的能力并不仅限于政府的权力，也不仅限于政府的发号施令或运用权威。在公共事务的管理中还存在着其他的管理方法和技术，使用这些新的技术和方法，政府可以更好地对公共事务进行控制和引导。[②]

全球治理委员会在《我们的全球伙伴关系》的研究报告中指

---

① 参见[英]罗伯特·罗茨《新的治理》，载俞可平主编《治理与善治》，社会科学文献出版社 2000 年版，第 87～96 页。

② 参见[英]格里·斯托克《作为理论的治理：五个论点》，载《国际社会科学》1999 年第 2 期。

出:治理是使相互冲突的或不同的利益得以调和并且采取联合行动的持续的过程。这既包括有权迫使人们服从的正式制度和规则,也包括各种人们同意或以为符合其利益的非正式的制度安排。它有四个特点:(1)治理不是一整套规则,也不是一种活动,而是一个过程;(2)治理过程的基础不是控制,而是协调;(3)治理既涉及公共部门,也包括私人部门;(4)治理不是一种正式的制度,而是持续的互动。[①] 这一定义因其具有很大的代表性和权威性而被广泛引用。

詹姆斯·罗西瑙(James N. Rosenau)认为治理是一系列活动领域里的管理机制,虽未得到正式授权,但是这些机制却能有效发挥作用。与统治不同,治理指的是一种由共同目标支持的管理活动,这些活动的主体未必是政府,也无须依靠国家的强制力量来实现。也就是说,与政府统治相比,治理的内涵更加丰富。它既包括政府机制,同时也包括非正式的、非政府的机制。可见,罗西瑙是从治理与政府统治相比较的角度来界定治理的含义的,侧重于治理的机制。[②]

库伊曼和范·弗利埃特认为:"治理的概念是,它所要创造的结构或秩序不能由外部强加;它之发挥作用,是要依靠多种进行统治的以及互相发生影响的行为者的互动。"[③]

俞可平强调,治理是一个上下互动的管理过程,它主要通过合作、协商、伙伴关系、确立认同和共同的目标等方式实施对公共事务的管理。治理的实质在于建立在市场原则、公共利益和认同之上的合作。它所拥有的管理机制主要不是依靠政府的权威,而是合作网络的权威。[④]

---

① 参见俞可平主编《治理与善治》,社会科学文献出版社 2000 年版,第 5 页。

② 参见[美]詹姆斯·罗西瑙《没有政府的治理》,张胜军、刘小林等译,江西人民出版社 2001 年版;俞可平《全球治理引论》,载《马克思主义与现实》2002 年第 1 期。

③ 转引自俞可平主编《治理与善治》,社会科学文献出版社 2000 年版,第 3 页。

④ 参见俞可平主编《治理与善治》,社会科学文献出版社 2000 年版,第 6 页。

上面列举的“治理”概念虽然具有相似性，但是这些含义是在政治学的不同子学科中来使用的，因此它们所指的是不同争论。例如，罗茨和斯托克主要是从公共管理和公共政策的角度来界定和使用“治理”概念的。而罗西瑙谈论治理的时候，他所指的大多不是公共部门改革，而是解决全球问题的方案。与上面列出的全球治理委员会的定义一样，罗西瑙是从国际关系、国际政治的角度来界定和使用“治理”概念的。而一些国际组织如上面提到的世界银行对治理的界定则主要把治理与第三世界的发展和民主化联系起来，认为发展中国家必须进行政治体制改革，使公共事务管理规范化、透明化，主要从比较政治学的角度来界定和使用“治理”概念的。实际上，“治理”概念不仅在政治学这一学科中有多种不同的界定，而且即使在政治学二级学科国际政治中，这个概念也以“毫无章法的形式在国际关系中出现，它不仅没有愈使用愈清晰，反而成了一个含义广泛、无所不包的术语，有时与政权的概念联系在一起，有时与世界秩序的概念联系在一起”①。也就是说，尽管“治理”这一术语被广泛使用，但是它仍然是一个充满争议的概念。

虽然“治理”概念不尽相同，但都是以国家政府为参照来界定的，都强调参与治理主体的多元性，认为治理主体不仅仅包括国家及其政府等公共机构，还包括各种非政府组织、私人机构、社会团体和个人，都强调治理方式的协调性，认为治理主要通过合作、协调、伙伴关系、确立共同目标和共识、社会个人广泛参与等方式实施对公共事务的管理，而不是传统的自上而下的行政命令式的管理。当然，在强调治理主体的多元性和治理过程的协调性的同时，不能因此而淡化国家及其政府在治理中的地位和作用，正如有学者所指出的那样：“国家担任着‘元治理者’的角色。它必须平衡地方、国家、地区、全球各层次的治理，并相应地协调它们的行动。”

---

① [法]玛丽—克劳德·斯莫茨：《治理在国际关系中的正确运用》，载俞可平主编《治理与善治》，社会科学文献出版社 2000 年版，第 263 页。

“国家不仅要在治理过程中承担不可或缺的角色，而且在治理失败时，国家是唯一能对结局负责并承担后果的行动者。”[①]鉴于此，我们在理解“治理”的概念时要辩证地、全面地看待“治理”概念所蕴含的要素，而不能只关注一个方面而忽视另一个方面，只有这样才能正确把握“治理”概念的真正内涵。

二、欧盟治理及其相关概念辨析

如上所述，自从世界银行于1989年首次提出“治理”概念之后，该概念伴随着全球化进程的加速而被广泛使用并引起很大的反响。有些学者把欧洲共同体/欧盟视为区域治理乃至全球治理的典范，主张以治理视角来解释欧洲一体化进程，出现了欧洲一体化研究的“治理转向”。[②] 从此以后，“欧洲治理”(European governance)就具有了特定的地域和政治含义，不再泛指整个欧洲范围内的治理，而是等同于“欧盟治理”(European Union governance)，不仅学术界而且欧盟官方都这样使用，如2001年7月欧盟委员会发表的《欧盟治理白皮书》(European Governance: A White Paper)就是如此。在欧盟官方术语中，都是用“欧洲治理”(European governance)来代替“欧盟治理”(European Union governance)，“欧盟治理”与“欧洲治理”是作为同义语来使用的。

那么，什么是欧盟治理呢？欧盟委员会发布的《欧盟治理白皮书》将其界定为“在欧洲层面影响权力运行方式的规则、进程以及行为，其特别与开放、参与、责任、效率和一致相关”[③]。这一界定

---

① 王诗宗：《治理理论及其中国适用性》，浙江大学出版社2009年9月版，第58、59页。

② Beate Kohler-Koch, Berthold Rittberger, “The ‘Governance Turn’ in EU Studies,” *Journal of Common Market Studies*, Vol. 44 (supplement 1), 2006, pp. 27-49.

③ European Commission, “European Governance: A White Paper,” *COM* (2001) 428 final, July 25, 2001.

"代表着欧盟本身对于自身治理模式的认知和预期，一定程度上彰显了其对于治理特别是什么是善治的价值判断"①。的确，欧盟委员会发布治理白皮书的目的就是为了在欧盟范围内开展关于欧盟治理的大讨论，以促进欧盟治理的改革，因此，其对欧盟治理的界定更多是从欧盟治理应该是什么、应该怎样的规范性意义上来界定的，而回避了欧盟治理的本质特点是什么这一根本性问题。

相反，学术界对于欧盟治理的研究更多的是从回答欧盟治理的本质特点这一根本性问题出发的。不过，由于欧盟本身的复杂性以及"治理"概念的模糊性，当把"治理"这一概念应用到欧盟研究时，欧盟治理概念的模糊性更加严重了②，这从学术界对欧盟治理特性的各种描述中就可以看出来。在"欧盟治理"这一提法下，出现了一系列诸如"多层治理"(multi-level governance)、"集体治理"(collective governance)、"网络治理"(network governance)、"区域共同治理"、"超国家治理"(supranational governance)等提法。这些概念的提出，一方面表明欧盟治理特性具有多样性，另一方面也表明欧盟治理概念充满争议性。

不过，尽管如此，关注欧盟治理的学者对于欧盟治理的特点还是存在一定的共识的。他们普遍认为，"欧盟是超越民族国家的一种全新而独特的治理试验，与传统的主权国家所具有的那种集中的等级制的治理模式不同，欧盟的制度是一种围绕着不同问题领域形成的包含有民族国家政府、欧盟机构、利益集团代表、各种非政府组织甚至个人等多种力量共同参与而形成的各种规则群，不同的问题领域有着不同的决策模式和决策进程，因此，欧盟可以看成是一个多层网状的制度体系，是各种'政策网络'或'政策共同

---

① 喻锋：《区域协调发展的治理之道：变革中的欧盟经验与实践》，人民出版社2013年版，第46页。

② Beate Kohler-Koch, "New Modes and New Normises of European Governance," in Ulf Sverdrup and Jarle Trondal (eds.), *The Organizational Dimension of Politics*, Bergen: Fagbokgorlaget, 2008, pp. 104-122.

体'的集合,欧盟的治理是在网络中的治理"[1]。也就是说,研究欧盟治理的学者基本认可欧盟治理是一种"网络治理"、"多层治理",都认为欧盟是一个多层次的治理体制,其特点被描述为"一套独特的多层次的、非等级制的和规制的体制,并且是国家和非国家行为体的混合体"[2]。当然,需要指出的是,这一共识并不意味着在"多层治理"概念上有统一的认识,相反,不同的学者给出了不同的界定。

"多层治理"的概念最早是加里·马科斯(Gary Marks)、丽丝贝特·胡格(Lisbet Hooghe)等提出来的。他们认为,欧盟这样一个多层治理体系反映了"欧洲一体化是一个政体创建的进程,其中权威和对决策的影响被多重政府分享——次国家的、国家的和超国家的。在国家政府难免是欧盟政策制定的参与者同时,控制已从它们手中滑向了超国家机制。国家已丧失了一些它们早先的对其各自领土上的个体的权威控制。简而言之,政治的中心已发生了变化,国家主权已稀释在欧盟的集体决策中,包括成员国政府,以及自主的欧洲议会、欧盟委员会和欧洲法院"[3]。

桑德霍尔兹(W. Sandholtz)和斯通·斯维特(A. Stone Sweet)认为,欧洲一体化进程是多种行为体同时在多层级上互动并产生行为规范,欧盟/欧共体就是这种各类互动的组合体。他们认为,"多层治理"就是各成员国在不断互动过程中所发展出来被共同接受的模式或结构,是典型的"非政府式的治理"。[4]

托马斯·里塞—凯本(Thomas Risse-Keppen)也把欧盟看作是一

---

① 朱立群:《欧洲一体化理论:研究问题、路径与特点》,载《国际政治研究》2008年第4期。

② S. Hix, "The Study of the European Union II: The 'New Governance' Agenda and its Rivals," *Journal of European Public Policy*, Vol. 5, No. 1, 1998, pp. 38-39.

③ Gary Marks, Liesbet Hooghe, Kermit Blank, "European Integration from the 1980s: State-Centric v. Multi-level Governance," *Journal of Common Market Studies*, Vol. 34, No. 3, September 1996, pp. 342-343.

④ W. Sandholtz and A. Stone Sweet, *European Integration and Supranational Governance*, Oxford: Oxford University Press, 1998, pp. 1-4.

种多层治理结构，其间私人、政府、跨国家和超国家角色在密度、深度和广度都在不停变化的复杂网络中相互交往。[①] 在里塞—凯本看来，欧盟的多层治理结构既包括成员国国内结构也包括欧盟层面的制度结构，因此，欧盟多层治理在受国内结构影响的同时也受欧盟制度的影响。就国内结构的影响而言，一方面，国内结构非常复杂，需要区分政治制度结构、社会利益的形成和聚合、国家和社会的关系以及政治文化的传统和特点；另一方面，需要将国内结构与问题领域建立联系，因为不同的问题领域对不同的国内结构有着不同的介入价值、介入途径、介入成本和介入合法性。就欧盟制度的影响而言，欧盟在不同的政策领域有着不同的介入程度，这种介入是通过欧盟自身的一系列制度安排来运作的。欧盟制度上的安排包括一套精致的准则、规则和决策程序，它们控制欧洲理事会、部长理事会、欧盟委员会、欧洲议会和欧洲法院。[②]

西蒙·希克思(Simon Hix)把欧洲一体化称为一个政体的创建进程。他认为，作为一种新型政体，与传统政体相比，欧盟在权力配置、角色间关系、规则运作和政策结果等方面都体现出新的特征：首先，治理的进程不再排他性地由国家来引导，而是包括了所有可指导、掌控或管理社会的社会政治和行政角色的活动。其次，这个进程中的国家与非国家角色的关系是多中心的和非等级的，而且是相互依存的。再次，关键的治理职能是社会和政治风险的规则化，而不是资源的重新分配。[③]

可见，学术界对于“多层治理”的描述和界定也不尽相同，不过

① Thomas Risse-Keppen, “Exploring the Nature of the Beast: International Relations Theory and Comparative Policy Analysis Meet the European Union,” *Journal of Common Market Studies*, Vol. 34, No. 1, 1996, pp. 55-80

② 参见刘文秀、汪曙申《欧洲联盟多层治理的理论与实践》，载《中国人民大学学报》2005 年第 4 期。

③ 参见李巍、王学玉《欧洲一体化理论与历史文献选读》，山东人民出版社 2001 年版，第 325～327 页。

都认为其治理主体涉及超国家行为体、国家和次国家行为体，其决策权力不是由成员国政府所垄断，而是扩大到包括超国家、跨国家、国家、次国家等多个不同层面，治理活动也在多个层面上进行，而且不同层面的影响力因问题的不同而不同。

与“多层治理”类似，“集体治理”、“网络治理”、“区域共同治理”也具有相近的含义，不过对于这几个概念学术界使用的远没有“多层治理”这样频繁。威廉·华莱士认为，欧盟是一种集体政治体系，而不是一个政府间体制，通过跨国和政府间的密集互动，欧盟已经成为一种“集体治理”，在这里“集体”既包括成员国和欧盟层面的各个机构，也包括参与欧盟治理的所有行为体。[①] 贝娅特·科勒—科赫等认为，欧盟是一个完美的协商谈判体系，不管是在国家还是在欧盟层面的谈判协商中，各个利益集团都可以自愿加入其中，连续的和多年的合作会形成各领域的政策共同体和谈判网络，因此欧盟治理是一种“网络治理”，具体说是“在网络中治理”。[②] 伍贻康等认为，“欧盟治理就是欧盟通过集体构建的自成一体的体制机制，共享成员国授予的主权，进而联合行使这部分主权，创造了欧洲区域共同治理模式”，“以和平、团结、繁荣、稳定、社会经济均衡发展为目标，在多元一体和主权共享的原则指导下，遵循共同法规和共同机制，通过协调、均衡、互利、渐进和不断妥协的方式，推动区域一体化，实行以国家和区域为主的多层次协调、双向互动的区域共同治理”。[③] 应该说，伍贻康等提出的“区域共同治理”概念基本涵盖了“多层治理”、“集体治理”、“网络治理”这三个概念的

① William Wallace, “Collective Governance: The EU Political Process,” in Helen Wallace and William Wallace (eds.), *Policy-making in the European Union*, Oxford Press, 2000, p. 530.

② 参见[德]贝亚特·科勒—科赫、托马斯·康策尔曼、米歇勒·克诺特《欧洲一体化与欧盟治理》，顾俊礼等译，中国社会科学出版社 2004 年版，第 177～179 页。

③ 伍贻康等：《多元一体——欧洲区域共治模式探析》，上海社会科学院出版社 2009 年版，第 13、58 页。

内涵，更准确全面地指出了欧盟治理的本质特点。

除了“多层治理”外，人们在分析欧盟治理时，使用相对比较多的就是“超国家治理”了。那么，什么是超国家治理呢？“超国家治理”是相对于“国家治理”而言的，简单说，超国家治理应该就是超越国家的治理。欧洲一体化和欧盟经过六十多年的发展已经在很多方面实现了对民族国家的超越，这早已成为国内外学术界的共识。

贝娅特·科勒—科赫认为，“欧洲一体化已经以两种不同的方式让我们超越民族国家：第一，通过扩展超越主权民族国家边界的政治范围；第二，通过构建一种现在不是、在可以预见的将来也不会替代民族国家的政治体制，这种‘特殊体制’的一个最典型特征就是没有通过政府进行治理”①。西蒙·希克思也认为，欧盟已经发展成一个多层面治理的独特制度，这个超越国家的治理并不必然意味着是在国家之上的治理，仅仅是在更高的政治层面上以其组成因素重新组织国家。欧盟不是重新回到早期创造国家的进程和政策。相反，它是一个由共享的价值与目标、共同的决策风格所集中在一起的成员国和超国家的制度网。换句话说，欧盟是一个政治控制的新颖形式，或者是一个后现代的国家形式。② 郇庆治认为，经过几十年的发展，欧共体/欧盟“事实上已成为范围上超越现存民族国家，职能上涵盖经济、政治、社会、安全与外交等各个方面的未来‘欧洲政府’的雏形，至少已部分成为排斥传统民族国家政治之上的一个政治管治新层次”③。

---

① Beate Kohler-Koch, “The Evolution and Transformation of European Governance,” in Beate Kohler-Koch and Rainer Eising (eds.), *The Transformation of Governance in the European Union*, London: Routledge, 1999, p. 15.

② 参见李巍、王学玉《欧洲一体化理论与历史文献选读》，山东人民出版社 2001 年版，第 325～327 页。

③ 郇庆治：《多重管治视角下的欧洲联盟政治》，山东大学出版社 2002 年版，第 9 页。

具体到超国家治理的界定，斯威特和桑德霍尔兹在《欧洲一体化与超国家治理》一文中认为，超国家治理是指由超国家机构在由成员国组成的领土范围内的特定政策领域享有管辖权，它优先考察跨国交换的扩张，超国家组织对交换需要的回应能力以及在塑造一体化的过程中超国家规则发挥的作用。[①] 蔡红认为，超国家治理是欧共体多层治理体系中的一个层级，是超国家行为体对决策权的控制和掌握，是在超国家机制引导下的一个有意识地确定一个政治目标并不断改变社会现状的持续过程。[②]

我们认为，欧盟超国家治理是相对于成员国国家治理和政府间治理而言的，特指欧盟层面的机构和行为主体超越成员国的管治和利益局限、在欧盟范围内对欧盟事务的治理，但这并不意味着成员国政府不参与其中。事实上，如果我们把欧盟治理看作是多层治理的话，那么，超国家治理就是多层治理中的一个层级，是与成员国治理以及次国家治理有机联系在一起的，而不是孤零零独自存在的。而且，如果我们把欧盟治理看作是一种超国家治理的话，从这个意义上来理解欧盟超国家治理，则更能抓住欧盟治理的本质。

---

① Alec Stone Sweet and Wayne Sandholtz, "European Integration and Supranational Governance," *Journal of European Public Policy*, Vol. 4, No. 3, 1997, pp. 297-317.

② 参见赵海峰主编《欧盟宪法条约与欧盟法的新发展》，哈尔滨工业大学出版社 2008 年版，第 187 页。

第二章 欧盟超国家治理与成员国治理互动的理论视角

詹姆斯·卡波拉索(James A. Caporaso)在其《地区一体化理论的三个世界》(The Three World of Regional Integration Theory)一文中,把欧洲一体化理论大体分为三个阶段:第一个阶段(20世纪50～70年代)学者们主要以从下到上的视角,分析各自为政的成员国如何走到一起,进而在超国家层面建立独立的治理体系,这一阶段国际关系理论占主导。第二个阶段(20世纪80年代后)学者们开始把欧盟作为独立的分析层次,把欧盟政体作为分析的对象,政策分析和比较政治研究成为这一阶段的主流。第三个阶段(从20世纪90年代后期)学者们采取自上而下的视角,分析欧洲一体化和欧盟治理是如何影响成员国国内治理的,即欧盟对成员国的影响,也就是卡波拉索所分析的"欧洲化"的概念。[①] 根据这一划分,本课题研究实际上就横跨了三个阶段。也就是说,这三个阶段的理论成果都可以为我们理解欧盟超国家治理与成员国治理的互动提供重要的启发和有价值的分析视角。

① James Caporaso, "The Three World of Regional Integration Theory," in Paolo Graziano and Maarten P. Vink (eds.), *Europeanization: New Research Agendas*, London and New York: Palgrave Macmillan, 2007, pp. 23-34.

第一节 超国家主义与政府间主义

超国家主义与政府间主义基本属于卡波拉索所说的第一阶段欧洲一体化的两大理论流派，欧洲一体化的发展动力问题是它们所关注的核心问题，即：为什么主权独立的民族国家会走上一体化道路？主权国家为什么向欧盟层面机构让渡或共享主权？一体化进程是否会引起国家主权向着超国家层面转移并产生新的超国家层面的治理体系？欧盟超国家治理何以可能？如何可能？超国家治理的性质、特点是什么？对于这些问题，这两大理论流派的观点可以说是相互对立的，并在相互批判对方和吸收对方某些观点的基础上发展完善各自的理论体系。虽然如卡波拉索所说，这两大理论流派所研究的是超国家层面治理体系的形成和发展问题，但是对这个问题的回答实际上也涉及欧盟超国家治理与成员国治理的互动关系问题。

一、超国家主义

超国家主义理论流派中最重要、最具有代表性的是新功能主义。厄恩斯特·哈斯(Ernst B. Hass)是该理论的创立者和代言人，其后利昂·林德伯格、菲利普·施密特、约瑟夫·奈、罗伯特·基欧汉、桑德霍尔兹、斯通·斯维特等学者，根据欧洲一体化的发展实践，对该理论进行了相应的修改和完善。新功能主义是在继承戴维·米特兰尼的功能主义思想的基础上而提出来的，与功能主义理论相比，该理论新就新在重视超国家机构和政治精英而不是技术专家在推动功能性合作中的作用。也正是由于这个原因，哈斯直接把地区一体化看作是政治一体化，并将其界定为“处于一些民族背景中的政治行为体经劝说而把他们的效忠、期望和政治活动转移到一个其机制拥有或要求拥有高于现存国家管辖权的、新的中心的过程。这一政治一体化过程的结果是产生一个高于现存政治实体的新的政治共同体”[1]。林德伯格也持同样的观点，认为政治一体化就是：“(1)一些国家放弃独立行使对外政策和重大的国内政策的愿望和能力，转而寻求共同决策，或把决策权交给新的中央机构的过程；(2)具有各种不同背景的政治行为体经劝说而把自己的期望和政治活动转移到一个新的中心的进程。”[2]从新功能主义者对一体化的界定就可以看出，该理论强调一体化是否伴随着共同体机制的建立、有关成员国向共同体机制进行权力的转移以及与一体化事务相关的各社会行为体向新的机制进行期望和活动的转移等问题，这实际上涉及欧盟超国家治理体系的建立以及欧盟超国家治理与成员国治理的互动问题。

新功能主义把超国家机构、参与一体化进程的政治精英看作是推动一体化前进的主要动力，重视它们的作用。新功能主义认为欧洲精英们之所以支持欧洲一体化，主要是基于实际利益的考虑。以欧洲煤钢共同体为例，哈斯研究了二战结束初期西欧国家的一体化政策，他发现与煤钢行业紧密相关的欧洲精英们并非一开始就非常支持煤钢联营，而是在煤钢联营运行了几年并从中得到了好处之后才积极支持欧洲一体化，并努力推进欧洲其他领域的一体化，使欧洲一体化从最初的煤钢领域扩展到内部大市场、经济货币联盟等广泛经济领域，并从经济领域扩展到司法与内政、外交与安全等政治领域。新功能主义者把这种扩展进程称为“外溢”，认为“最初在一个领域进行一体化的决策外溢到新的功能领域中，一体化涉及的人越来越多，官僚机构之间的接触和磋商也越来越多，以便解决那些由一体化初期达成的妥协而带来的新问

---

① Ernst B. Haas, *The Uniting of Europe: Political, Social, and Economic Forces 1950—1957*, Stanford, California: Stanford University Press, 1958, p. 16.

② Leon N. Lindberg, *The Political Dynamics of European Economic Integration*, Stanford, California: Stanford University Press, 1963, pp. 5-6.

题"[①]。也就是说,新功能主义者把一体化视为一个不断自我强化的进程,这种强化主要以两种方式进行:首先,技术官僚们在开始阶段就欧洲一体化的深化和扩大形成共识,共同体机构因此而被赋予更多的权力,各种社会团体也积极参与到欧洲一体化进程之中。其次,欧共体和欧盟超国家机构的建立以及超国家机构权力的扩大,它们能够进一步促进欧洲一体化的发展。[②]

林德伯格对一体化的外溢路径作了如下描述:"(1)外溢的运动依赖于这样一个事实,即对任何一步一体化的支持都是目标和期望聚合的结果。这些通常是互相竞争的目标会引发相互竞争的活动和需求,而这构成了导致进一步一体化的进一步聚合的基础。(2)政府间协定的缺乏会使中心机制的作用得到扩展,也就是说,成员国会把一些困难的问题委托给它处理。(3)当中心机制采取一些行动后,精英集团阶层会提出进一步行动的需要和期望。(4)中心机制和非官方的精英们的活动也许会造成这样的情况,即在没有进一步发展中心机制和提出新的中心政策的情况下,问题将无法解决。(5)深入的、包括像欧洲经济共同体那样的所有经济领域的经济一体化,会为部门间的外溢提供更大的空间。一个部门内关于进一步一体化的争论,包括不同的国家利益,将通过部门间的谈判解决(例如农业部门和能源部门)。(6)参加关税同盟将可能引起非成员国的反应,这样的情形所导致的问题只有通过进一步的一体化或增加中心机制的作用才能得到解决。"[③]可见一体化的外溢进程并不是自动、自发的进程,而是涉及成员国治理与超

① Ernst B. Haas, "International Integration: The European and the Universal Process," *International Organization*, Vol. 15, No. 3, 1961, p. 372.

② 参见[美]安德鲁·莫劳夫奇克《欧洲的抉择——社会目标和政府权力:从墨西拿到马斯特里赫特》上册,赵晨、陈志瑞译,社会科学文献出版社 2008 年版,第 17～18 页。

③ Leon N. Lindberg, *The Political Dynamics of European Economic Integration*, Stanford, California: Stanford University Press, 1963, pp. 10-11. 转引自陈玉刚《国家与超国家》,上海人民出版社 2001 年版,第 216～217 页。

国家治理互动的进程，即成员国在遇到自己单独无法治理或者不能有效治理的任务时，会把这些治理任务委托给欧盟层面的超国家机制来治理，并加强超国家机制的权威，超国家治理的成功会产生示范效应，成员国会进一步把一些治理职能转让给欧盟。相反，如果超国家治理失灵或失败，那么成员国则有可能停止向超国家机制让渡职权，甚至有可能收回已经让渡的职能。因此，我们可以说，林德伯格所描述的欧洲一体化的外溢路径也就是欧盟超国家治理与成员国治理所相互施加的压力和影响的互动进程。

当然，新功能主义也强调一体化中的"外溢"逻辑并不意味着一体化是一种直线发展、永不停顿的进程；相反，他们也提出了除了"外溢"之外的其他可能性。如施密特根据行为体可能作出的战略选择，在"外溢"的基础上提出了"环溢"(spill-around)、"权威加强"(buildup)、"权威削弱"(retrenchment)、"回缩"(spill-back)等其他可能性。[①] 如果一体化组织的职能范围扩大了，但其权威没有得到相应加强，这种情况就被看作是"环溢"。相反，如果一体化组织的决策自主性和权威都得到了加强，但一体化组织并没有扩展到新的领域，这种情况就是"权威加强"。如果一体化组织内部联合仲裁的水平提高了，但是一体化组织的权威受到了削弱，这就是"权威削弱"的情况。如果一体化组织的职能范围和权力都收缩到外溢前的状态，这就是"回缩"情况，有时也翻译成"回溢"、"返溢"。[②] 这些对外溢进程的丰富和补充都是侧重于欧盟层面的超国家治理即超国家治理的权威和权限的增减而言的，但是上述情况

① 关于这些新词的翻译不尽一致，陈玉刚的翻译见其专著《国家与超国家——欧洲一体化理论比较研究》(上海人民出版社 2001 年版)第 219 页，吴志成的翻译见其专著《治理创新——欧洲治理的历史、理论与实践》(天津人民出版社 2003 年版)第 153～154 页。本书采用的是阎学通、陈寒溪等译的[美]詹姆斯·多尔蒂、小罗伯特·普法尔茨格拉夫《争论中的国际关系理论》，世界知识出版社 2003 年版，第 553 页。

② 参见[美]詹姆斯·多尔蒂、小罗伯特·普法尔茨格拉夫《争论中的国际关系理论》，阎学通、陈寒溪等译，世界知识出版社 2003 年版，第 553 页。

的出现恰恰是成员国选择的结果。正如陈玉刚所言,“外溢只是成员国政府决策时面临的一种情况,并可能会迫使它们去作出进一步一体化的政策选择”[①]。这一点,从约瑟夫·奈提出的“重点性外溢”(accentuated spillover)的概念上也体现得非常明显,他认为不仅仅是功能性的相互依存和各种任务的内在联系可以造成外溢,政治行为体可能出于政治、意识形态、可行性等问题的考虑,而把技术上没有必然联系的各种问题有意识地联系起来,达成一揽子协议。他把这种“有意的联系”称为“重点性外溢”。[②]

总之,新功能主义将“外溢”与欧盟超国家治理机制的建立和发展、欧盟超国家治理权限的扩展、权威的加强等联系起来,不仅用“外溢”的概念回答了欧盟超国家机制如何形成和发展的问题,而且还通过对欧洲一体化的外溢逻辑和外溢路径的详细分析,指出了欧盟超国家治理与成员国治理的互动关系。

如果说,新功能主义只是间接地涉及欧盟超国家治理与成员国治理的关系的话,那么,制度主义理论则直接讨论了欧盟超国家治理机制与成员国的关系的问题。如上所述,在新功能主义者看来,欧洲一体化进程就是超国家治理机制的创立和发展过程,是一种制度创新的过程。制度主义者就是侧重于分析这种创新的制度,把制度变量引入其中,分析超国家机构在什么条件下、以什么方式能够对欧洲一体化进程发挥独立影响。欧洲一体化制度是怎样形成的?这些制度在政府间谈判和协商过程中能否发挥独立的影响作用?欧盟制度影响欧洲一体化的发展究竟是通过塑造国家的利益和身份,还是通过影响国家的偏好?[③] 这些问题正是制度主

① 陈玉刚:《国家与超国家——欧洲一体化理论比较研究》,上海人民出版社2001年版,第219页。

② 参见[美]詹姆斯·多尔蒂、小罗伯特·普法尔茨格拉夫《争论中的国际关系理论》,阎学通、陈寒溪等译,世界知识出版社2003年版,第555页。

③ 参见朱立群《欧洲一体化理论:研究问题、路径和特点》,载《国际政治研究》2008年第4期。

义者所关注的核心问题。制度主义按照其对制度的性质和作用的看法而分为理性选择制度主义、历史制度主义和社会学制度主义三种。

欧洲一体化研究中的理性选择制度主义重点关注的是欧盟行政、立法、司法的权力分配、运作方式和政策结果等正式制度。欧盟超国家机制的形成和一体化的发展动力问题,是理性选择制度主义关注的核心问题。具体而言,理性选择制度主义者试图回答以下两个问题:一是欧盟各成员国领导人为什么以及在什么条件下愿意将权力委托给欧盟超国家机构,如欧盟委员会、欧洲议会、欧洲法院、欧洲中央银行等?二是如果欧盟超国家机构背离了成员国的偏好,那么欧盟成员国应该怎么办?第一个问题关注的是成员国转让国家主权的动机问题,第二个问题则关注的是超国家机构与成员国之间的关系问题。在理性选择制度主义者看来,欧盟成员国政府作为理性行为体,把权力委托给欧盟超国家机构主要是为了降低决策成本,降低不确定性,从超国家行为体那里获得相关收益。为了防止欧盟超国家机构背离成员国的偏好和自行扩大自己的权力,成员国政府通过设在布鲁塞尔的各种成员国控制委员会(Comitology Committees)来监督和控制超国家机构。[①] 在理性选择制度主义者看来,欧盟超国家治理机制的建立主要是基于成员国的共同利益,超国家机制的作用在于,它在"成本—收益"原则的作用下影响了成员国的理性选择。

历史制度主义也是致力于解释欧盟超国家机制与成员国的关系,不过与理性选择制度主义不同的是,它不是基于成本收益的计算,而是基于制度的历史演进。历史制度主义首先坚持政府间主义者关于成员国占主导地位的观点,接着考虑制度建构个人和集体政策选择的方式。成员国创立制度是为了从制度中获益,这一

① 参见朱立群《欧洲一体化理论:研究问题、路径和特点》,载《国际政治研究》2008年第4期。

点与理性选择制度主义的主张一致。不过,历史制度主义强调制度往往锁定空间,设定路径依赖,长期的制度效果可能远远不同于成员国最初的期望。因此,历史制度主义者所要探究的问题是:早期的制度选择在什么条件下会影响到欧盟成员国的下一步行动?制度的路径依赖和锁定效应在什么情况下最有可能发生?早期的制度选择在什么条件下会被推翻?对于这些问题,历史制度主义者通过大量的实证研究发现,欧盟制度锁定和路径依赖的程度因不同政策领域的制度规则不同而不同。[①] 总之,欧洲一体化研究中的历史制度主义试图解释国家和欧盟层面的制度行为体是如何随着时间的推移而进行互动的,它看到了不同治理层次的行为体之间的互动,并认为这些互动促进了一体化的发展和制度的变革。

与上述两种新制度主义不同,社会制度主义认为,制度本身和行为体都是一体化进程的内在因素,它们与一体化之间存在着一种相互建构的关系,而并非单纯的因果关系。社会制度主义者特别强调制度的非物质层面,强调欧盟制度对成员国偏好和身份的再造效应。[②] 可见,社会学制度主义深受建构主义理论的影响,关注的核心问题是欧盟制度如何塑造成员国的认知与身份。

总之,欧洲一体化研究中的新制度主义理论强调欧盟制度在欧洲一体化进程中的重要作用,认为欧盟制度虽然由成员国所创立,但是仍具有很大的独立性和自主性,在一些方面不但不受成员国的控制,反而能够影响成员国的利益和偏好,甚至能塑造成员国的身份和认同。在强调制度作用的同时,新制度主义还侧重于分析考察欧盟制度与行为体之间的互动关系,特别是欧盟层面与国

① 参见朱立群《欧洲一体化理论:研究问题、路径和特点》,载《国际政治研究》2008年第4期。

② 参见朱立群《欧洲一体化理论:研究问题、路径和特点》,载《国际政治研究》2008年第4期。

家层面机制之间的互动。[1] 应该说，欧洲一体化研究中的新制度主义理论为我们分析和理解欧盟超国家治理与成员国治理提供了很好的制度视角。

与新功能主义强调政治精英、新制度主义强调制度在欧洲一体化进程的动力作用不同，超国家主义把跨国交流和跨国行为体看作是欧洲一体化发展的动力。该理论认为，社会的跨边界的交流驱动了一体化的进程，产生了对超国家规则和更高层面的组织的社会需求，即对超国家治理的需求，如果需求得不到满足，那么更高层的交流发展就会受挫。这里，一体化发展的动力就来自于跨国交流和参加跨国交流的行为体，跨国交流培养了一批跨国行为体，跨国行为体进一步的利益追求活动反过来提升了跨国交流的层面，两者相互促进，推动欧洲一体化不断向前发展。因此，在跨国交流程度越高的领域，对超国家治理的要求就越强烈，因此而建立起来的超国家治理组织在制定规则方面的能力也就越大。超国家治理理论所指的跨国行为体主要是非政府的，它们需要超国家的标准、规则、管治和争端解决机制，而在超国家治理主义者看来这些要求就是超国家治理。[2]

超国家治理理论把欧洲一体化的发展路径界定为跨国社会和行为体、超国家规则、超国家组织的三者的结合，这三者中的任何一个方面发展都会带动其他两个方面的发展。毫无疑问，在分析超国家层面时，超国家治理理论也必然要涉及成员国层面，认为，成员国政府不会主动推动一体化进程，因为政府行为体在扩大它们的独立权威和对资源的控制方面有它们自己的利益，相反，它们会尽量控制这一进程，而不是任其自由发展。也就是说，成员国政府并不是消极被动的，为了促进跨国交流和财富的增长，成员国政

① 参见王学东《新制度主义的欧洲一体化理论述评》，载《欧洲研究》2003 年第 5 期。

② 参见陈玉刚《国家与超国家——欧洲一体化理论比较研究》，上海人民出版社 2001 年版，第237～239 页。

府也参与到一体化进程之中，与跨国行为体一样，也想通过某种形式建立起超国家治理。[1] 可见，超国家治理理论从跨国交流的视角分析了欧盟超国家治理与成员国治理的互动。

二、政府间主义

如果说超国家主义把欧洲一体化和欧盟治理的发展动力主要归结为欧盟超国家机构、制度、行为体的作用的话，那么，政府间主义则强调成员国政府的决定作用。在批判新功能主义等超国家主义的基础上，政府间主义者提出了解释欧洲一体化的发展动力、欧盟超国家治理体系的形成和发展方面的新的理论观点。该理论对于我们理解欧盟超国家治理与成员国治理的互动关系具有重要的启发价值。

政府间主义理论的主要代表人物有斯坦利·霍夫曼、阿兰·米尔沃德和安德鲁·莫劳夫奇克等。如上所述，最早对欧洲一体化作出系统理论解释的是哈斯的新功能主义理论，该理论在欧洲一体化快速发展的20世纪50年代到60年代初期具有很强的解释力，但是随着欧洲一体化进程进入到20世纪60年代中后期之后，遇到了法国总统戴高乐否决英国加入欧共体、法国政府拒绝参加理事会会议而造成的“空椅子危机”等导致欧洲一体化发展停滞不前的困难。针对欧洲一体化发展中出现的停滞状况，斯坦利·霍夫曼在批判新功能主义理论的基础上提出了欧洲一体化的政府间主义的解释框架。

霍夫曼从现实主义的理论出发，认为民族国家是国际政治的基本单位，在国际事务中仍处于中心地位，参与欧洲一体化的成员国也是如此。他把国际政治事务区分为“高级政治”和“低级政治”，认为低级政治指的是技术性、功能性的政策领域，在这些领域

① 参见陈玉刚《国家与超国家——欧洲一体化理论比较研究》，上海人民出版社2001年版，第239页。

跨国合作已经非常普遍，国家主权与国家利益以及成员国政治社会精英们的权力和地位不会受到一体化的威胁，因此，成员国会接受并支持一体化方面的制度安排。但是，当低级政治领域的一体化损害到政府自主权或国家认同的政治外交安全等高级政治事务时民族国家就会反对，这是因为这些高级政治领域关涉国家核心利益，成员国政府不愿也不会失去对该领域的控制。在这些领域，“成员国宁愿选择自我依赖的确定性或自己控制的不确定性，而不选择未被验证过的大家都搅和在一起的不确定性”①。也就是说，在霍夫曼看来，欧洲一体化进程是由成员国政府所主导的、由国家利益所决定的进程，欧洲一体化的前进或停滞都是成员国意愿的反映，欧盟超国家治理体系是成员国基于共同利益的需要而创立的，从本质上说是政府间性质的。英国历史学家阿兰·米尔沃德在其《欧洲拯救民族国家》的专著中也坚持民族国家在一体化中占据主导地位的观点，认为“一体化并非由于民族国家的无能而通过另一种治理形式实现对民族国家的超越，而是欧洲的民族国家出于它们自己的目的创造了它，是一种国家意志行为”②。

霍夫曼的政府间主义理论虽然是在批判新功能主义理论的基础上提出的，但是该理论并未取代新功能主义理论而成为欧洲一体化研究中的主流理论。到了20世纪90年代，安德鲁·莫劳夫奇克继承上述政府间主义者观点的基础上，把国内政治分析和国际政治分析结合起来，提出了自由政府间主义理论(Liberal Intergovernmentalism)，该理论取代早期的政府间主义理论而成为与新功能主义并驾齐驱的两大理论流派之一。

莫劳夫奇克在《欧洲的抉择——社会目标与政府权力：从墨西拿到马斯特里赫特》一书中，以理性国家为基础建构了一个包括国

① 陈玉刚：《国家与超国家——欧洲一体化理论比较研究》，上海人民出版社2001年版，第60页。

② Alan S. Milward, *The European Rescue of the Nation-State*, London: Routledge, 1992, pp. 17-18.

家偏好、博弈的结果、向国际机构转让或汇集主权三个方面的分析框架，以此来分析《罗马条约》、共同农业政策、欧洲货币体系、《单一欧洲法令》和《马斯特里赫特条约》的谈判过程和谈判结果。通过对欧洲一体化历史上这五次最重要谈判的详细分析，莫劳夫奇克得出结论："欧洲一体化是欧盟成员国领导人为了追求经济利益而进行一系列理性选择的结果，这些经济利益中最主要的是力量强大的经济生产者的商业利益，其次是各国执政联盟的宏观经济偏好，他们的这些偏好是随着全球经济的结构性刺激慢慢形成的。"[①]莫劳夫奇克认为，一体化进程并没有取代或是绕开民族国家领导人的政治意愿，相反，它恰恰是他们意愿的反映。欧洲一体化不是什么专家治国论的胜利，不是理想主义力量的展现，也不是民族国家衰落和边缘化的表现，欧洲一体化是权力政治的另外一种现代表现形式。[②] 可见，莫劳夫奇克也坚持民族国家是欧洲一体化的主导力量这一政府间主义的基本观点。

在莫劳夫奇克看来，欧洲一体化是西欧各国政府之间通过协调政策来适应技术和经济政策的发展趋势的合作进程，这种政府间的合作与博弈受到经济自利、相对权力和战略上保证承诺这三个因素的推动或制约。欧洲一体化的发展就是经济利益、相对权力、可靠承诺三个因素在国内利益集团之间和欧盟层面的成员国之间博弈的结果。博弈结果主要是由各民族国家的相对实力决定的，五次最重要的谈判所产生的分配结果反映的不是超国家行为体的愿望，而是各国政府政策偏好的不对称相互依赖状况。[③] 莫劳

① [美]安德鲁·莫劳夫奇克：《欧洲的抉择——社会目标和政府权力：从墨西拿到马斯特里赫特》上册，赵晨、陈志瑞译，社会科学文献出版社 2008 年版，第 3～4 页。

② 参见[美]安德鲁·莫劳夫奇克《欧洲的抉择——社会目标和政府权力：从墨西拿到马斯特里赫特》上册，赵晨、陈志瑞译，社会科学文献出版社 2008 年版，第 6 页。

③ 参见[美]安德鲁·莫劳夫奇克《欧洲的抉择——社会目标和政府权力：从墨西拿到马斯特里赫特》上册，赵晨、陈志瑞译，社会科学文献出版社 2008 年版，第 10 页。

夫奇克认为，超国家机构和行为体对国家间谈判的影响力，不管是直接的还是间接的，都相对很小，它们塑造议程的能力、调解成员国政府之间分歧的能力以及社会动员能力都没有对协议谈判构成持久影响。当然，他也承认德洛尔领导的欧共体委员会在《单一欧洲法令》谈判中的确发挥了重要作用，但是他认为这比较特殊，只是个例外。①

自由政府间主义认为，欧盟超国家治理体系的形成与发展是成员国政府偏好选择的结果，而不是在社会精英推动下产生的，也不是功能合作的产物。虽然成员国政府偏好独立于欧洲一体化之外，不受欧盟制度的影响，但是却决定着欧盟制度的发展方向。在成员国政府的偏好确定之后，成员国之间不对称相互依赖关系和权力大小就成了影响欧盟层面政府间谈判结果的核心变量。② 为了确保谈判协议能够得到遵守和执行，即增强政府间承诺的可靠性，成员国选择了将政府的决策权汇集或委托给欧盟超国家机构。在欧盟立法过程中主权汇集的情况就非常明显，立法决策主要由部长理事会根据全体一致投票或特定多数决定制作出，议案要想通过，需要获得全体一致或有效多数的同意票。主权委托转让的情况则在欧盟立法决策的执行中非常普遍。为了确保欧盟立法决策的有效执行，欧盟往往把执行权力委托给欧盟超国家机构，并赋予该机构一定的自主决策权。③ 这种主权汇集和委托转让的情况很多，比如欧盟理事会的特定多数表决制、欧洲议会的共同立法权、欧盟委员会的立法提案权和一些事项上的自主裁决权；欧洲法

① 参见［美］安德鲁·莫劳夫奇克《欧洲的抉择——社会目标和政府权力：从墨西拿到马斯特里赫特》下册，赵晨、陈志瑞译，社会科学文献出版社 2008 年版，第 660 页。

② 参见朱立群《欧洲一体化理论：研究问题、路径和特点》，载《国际政治研究》2008 年第 4 期，第 4 页。

③ 参见［美］安德鲁·莫劳夫奇克《欧洲的抉择——社会目标和政府权力：从墨西拿到马斯特里赫特》上册，赵晨、陈志瑞译，社会科学文献出版社 2008 年版，第 90 页。

院的独立的司法审查权、独立的欧洲中央银行等，按照自由政府间主义的观点，这些都不是重要欧盟决策没料到和不可预见的后果，而是成员国有意塑造的结果，其目的是为了增强政府间承诺的可靠性。[①]

这样，莫劳夫奇克通过把国家偏好的自由主义分析和国家间谈判以及国际制度建构的政府间主义分析结合起来，形成了自由政府间主义的欧洲一体化分析框架，该理论框架在解释欧洲一体化的重大历史性决策方面的确具有很强的理论说服力和影响力。当然，这并不是说该理论在欧洲一体化的核心观点上有什么新主张，该理论仍然坚持政府间主义的基本观点，即认为民族国家是欧洲一体化的发展动力，超国家治理体系是成员国为了实现它们共同的特定目标而创立的。而是说该理论采用了把成员国国内政治与欧盟政治这两个层面结合起来进行分析的新方法，尽管莫劳夫奇克对这两个层面的考察仍然是相对独立和静止的，只是将国家偏好形成的国内政治分析与国家间谈判的政府间主义分析结合在了一起，对于二者的互动和相互影响没有给予充分的重视，但是该方法对于我们理解欧盟超国家治理与成员国治理的互动仍具有重要的方法论意义。

第二节　多层治理理论

如上所述，超国家主义与政府间主义在欧洲一体化的发展动力和欧盟超国家治理体系的形成和发展方面形成了观点对立的两种不同派别。超国家主义强调欧盟超国家机制在欧洲一体化进程中发挥着关键作用，而政府间主义则强调民族国家在欧洲一体化进程中的主导地位和作用。超国家主义关注欧盟超国家层面，相

① 参见[美]安德鲁·莫劳夫奇克《欧洲的抉择——社会目标和政府权力：从墨西拿到马斯特里赫特》下册，赵晨、陈志瑞译，社会科学文献出版社 2008 年版，第 660 页。

对忽视了成员国政府的主动性和积极性，而政府间主义则关注成员国政府层面，相对忽视了超国家机制的独立性和自主性。面对这种理论争论，特别是随着欧洲一体化发展而日渐丰富和完善的欧盟治理体系，学者们发现，既有的超国家主义和政府间主义都无法正确解释欧洲一体化和欧盟这一复杂的现实，因此开始从新的角度进行思考，出现了把两大理论流派结合起来的综合性解释方案，多层治理理论就是这方面的代表。

多层治理理论试图超越自欧洲一体化进程启动以来超国家主义与政府间主义之间在解释一体化问题上的争论，更多地从比较政治学而不是国际关系的角度来考察欧洲一体化的发展，把随着欧洲一体化发展而形成的欧盟治理体系作为一个复杂的、多元的政治结构，甚至作为一种政体来研究，研究的重心放在了欧盟如何运转、如何发挥作用等问题上。因此，该理论基本属于卡波拉索所说的欧洲一体化研究的第二阶段理论。

正如全球化带来了全球治理的兴起一样，欧洲一体化的发展引起了人们对欧盟多层治理的关注。从欧洲一体化的发展进程看，只是在 1986 年签署《单一欧洲法令》和 1991 年签订《马斯特里赫特条约》(以下简称《马约》)后，随着内部统一大市场的建立和经济货币联盟的启动，欧共体/欧盟才呈现出“多层治理”的特点，学者们才根据欧洲一体化的最新进展和欧盟发展呈现出的新特点而提出了多层治理理论。1992 年，加里·马科斯(Gary Marks)在研究欧共体的结构政策时首先提出了“多层治理”的概念。[①] 此后，马科斯与胡格等学者对多层治理进行了系统阐述，提出了比较系统的关于欧盟多层治理的理论和观点。在他们看来，“欧洲一体化是一个政体创建的进程，其中权威和对决策的影响被多重政府分享——次国家的、国家的和超国家的。在国家政府难免是欧盟政

① Gary Marks, “Structural Policy in the European Community,” in Alberta Sbragia (ed.), *Euro-Politics: Institutions and Policy-making in the “New” European Community*, Washington: Brookings, 1992, pp. 191-224.

策制定的参与者同时，控制已从它们手中滑向了超国家机制。国家已丧失了一些它们早先的对其各自领土上的个体的权威控制。简而言之，政治的中心已发生了变化，国家主权已稀释在欧盟的集体决策中，包括成员国政府，以及自主的欧洲议会、欧盟委员会和欧洲法院。”①这一关于欧盟多层治理体系的概念被马科斯和其他学者应用到欧盟的其他政策领域，逐渐成为解释欧盟运转的一种新理论。

如上所述，多层治理理论试图克服超国家主义与政府间主义在解释一体化问题上的对立和互不兼容。“治理”的概念试图在人为竖立的国内与国际、比较政治与国际关系以及公共领域与私人领域的边界上观察问题。定语“多层”则反映了其试图包括看起来矛盾但又同时发生的集中化与分散化的进程。这样，多层治理理论导出了一个关于欧盟的概念，认为欧盟是由不同政府层面相互重叠的权限以及这些不同层面之间的政治行为体的互动构成的。②正是基于上述认识，多层治理将其理论建立在如下假设之上：治理在多层次上扩展要比中央政府垄断更有效、更优越。为了应对政策外部性在领土层次上的变化，治理必须在多层面上进行。这种理论假设是否正确还有待于经验事实的检验。作为一个规范性概念，多层治理被看作是一种优越的权力分配和治理模式。作为欧洲一体化的一种分析视角和分析框架，多层治理将欧盟看作是由国家、超国家和次国家行为体相互作用而构成的政治体系，而不是单纯由国家所主导的进程。

正是基于上面的观察和思考，吴志成等学者指出了欧盟多层

---

① Gary Marks, Liesbet Hooghe, Kermit Blank, “European Integration from the 1980s: State-Centric v. Multi-level Governance,” *Journal of Common Market Studies*, Vol. 34, No. 3, September 1996, pp. 342-343.

② Tanja E. Alberts, “The Future of Sovereignty in Multilevel Governance Europe: A Constructive Reading,” *Journal of Common Market Studies*, Vol. 42, No. 1, 2004, pp. 23-46.

治理的四个突出特点：治理主体的多层级性，欧盟治理并不局限于成员国政府或欧盟超国家机构手中，而是散布于不同层级之中；治理主体的非等级性，欧盟超国家机构并不凌驾于成员国之上，成员国政府也尊重欧盟超国家机构的独立性，它们之间不存在彼此的隶属关系；治理体系的动态性，参与欧盟治理的行为体因治理政策领域的不同而不断变动，欧盟治理的形式和结构也因此而不断发展变化；多层级治理体系是一种非多数同意（nonmajoritarian）的谈判协商体系。① 刘文秀等学者则强调欧盟治理结构的独特性，认为欧盟治理结构在以下几个方面是比较独特的：权威的来源多样化，不再局限于政府；权力运转主要通过合作、协商、确立认同和共同目标的方式实施治理，呈现出上下互动的特征；治理结构具有超国家特点，超越了特定民族国家的领土界限；治理结构的权威基础体现为一种认同与共识，而非完全的强制性统治。②

从多层治理的视角看，欧盟是国家、超国家乃至次国家规则和机制的结合体，是一种新型的制度性和政治性实体，而不属于传统的政治体制，它既具有类似于国际组织的政府间性质，又具有类似于联邦国家的超国家性质，还呈现出多中心治理的发展趋势。因此，可以把欧盟看作是一个多层治理的政治架构，该政治架构特点如下③：

首先，在欧盟多层治理这一政治构架下，政治活动在国家、超国家、次国家等几个层面上进行，不同层面的行为体和决策方式因政策领域的不同而不同，不同层面的影响力也因政策领域的不同而不同。这些不同并不意味着不同层面之间是彼此分离的，相反，

① 参见吴志成、李客循《欧洲联盟的多层级治理：理论及其模式分析》，载《欧洲研究》2003 年第 6 期。

② 参见刘文秀、汪曙申《欧洲联盟多层治理的理论与实践》，载《中国人民大学学报》2005 年第 4 期。

③ 参见朱贵昌《多层治理理论与欧洲一体化》，山东大学出版社 2009 年版，第 41～45 页。

它们在职权上交叉重叠,在功能上相互补充,在行动上彼此依赖,在目标上相互协调。不可否认的是,各个层面之间也会存在分歧和冲突,进而影响治理的效率和效果。当然,需要指出的是,由于次国家层面只是在欧盟的地区政策、结构基金、凝聚基金(Cohesion Fund)等有关欧盟地区问题的治理上发挥重要作用,而在整个欧盟治理中的作用不很明显,因此,大部分研究多层治理的学者主要侧重于国家和超国家两个层面,而对于次国家层面关注不多。

其次,在欧盟多层治理这一政治构架下,有多种行为体参与其中。其中既包括各成员国政府以及由各成员国政府首脑和国家元首组成的欧洲理事会、由成员国政府部长组成的欧盟理事会等,也包括欧盟委员会、欧洲议会、欧洲法院、欧洲中央银行等各种超国家机构,还包括地方政府、利益集团、私人机构、非政府组织等各种次国家机构。在多种行为体共同参与的情况下,治理的进程包括了所有可指导、控制或管理社会的各种行为体的活动,不再排外性地由国家来引导。

再次,在欧盟多层治理这一政治构架下,多种行为体之间并非是等级的隶属关系,而是相对平等的合作关系。在欧盟多层治理政治构架下,欧盟决策并非像政府间主义所坚持的那样由成员国政府垄断,而是由不同层次的行为体共同作出。不能简单地将欧盟委员会、欧洲议会和欧洲法院等欧盟国家机构看作是成员国政府的代理人,它们实际上是具有相对自主性的,能够对欧盟决策产生独立的影响。虽然如政府间主义所说,欧盟决策主要控制在成员国政府手中,但是这种控制权主要是通过集体决策机制体现出来的,随着欧盟的扩大和成员国的增多,单个成员国对欧盟决策的控制能力是在下降的。就欧盟政治和成员国国内政治的相互关系而言,二者之间彼此影响,但不相互隶属。欧盟政治无法对成员国政治产生决定性影响,各成员国政府也不能完全垄断欧盟政治,此外,成员国国内各政党和利益集团等非国家行为体也能与欧盟政治建立直接联系,而不是仅仅局限在国内政治之中。也就是说,多层治理强调多种行为体的共同参与和开放的非集中的权力运用。

最后，在欧盟多层治理这一政治构架下，为了实现共同利益和追求共同目标，欧盟各层次行为体在治理进程中会协调它们的行动，把各层次的治理活动有机地连接起来，并不断完善欧盟多层治理的政治构架，而这正是治理的本质特征之一。正如贝阿特·科勒—科赫所说："治理的本质特征就是有意识地确定并努力实现一个政治目标，并确保行为者的行为是朝这个方向努力。"①

二战结束之后，西欧资本主义国家走上一体化，建立欧洲煤钢共同体和欧洲联盟，主要是为了追求以下三个目标。②

第一，确保欧洲的永久和平。二战结束之后，"制止战争，实现和平"成了当时欧洲最具有号召力和最具有吸引力的政治目标，1950 年开始的欧洲一体化运动和欧洲共同体被看作是实现该理想目标的最新尝试和最佳途径。1950 年 5 月 9 日，法国外长罗伯特·舒曼提出了一个大胆的、极富有睿智的计划：建立一个共同体，以实现欧洲两个最大的敌对国——法国和德意志联邦共和国的煤、钢工业的联合，这种联合将有助于消除法、德之间的长期对立，有助于使这两个国家从而使欧洲国家团结起来，这种团结将使法、德之间的任何战争不仅是不可想象的，而且实际上也是不可能的。在让·莫内看来，限制个别国家独自发动战争的最有效办法，是促进欧洲国家重工业部门之间的相互依赖，实现欧洲经济的深入和广泛的联合。正是基于这样的考虑，当时的西欧六国接受了让·莫

① Beate Kohler-Koch, "The Evolution and Transformation of European Governance," in Beate Kohler-Koch and Rainer Eising (eds.), *The Transformation of Governance in the European Union*, London: Routledge, 1999, p. 14.

② 约瑟夫·威勒(Joseph Weiler)将和平、繁荣和超国家主义作为欧洲一体化和欧共体的理想(参见[美]约瑟夫·威勒《欧洲宪政》，程伟东等译，中国社会科学出版社 2004 年版，第239～257 页)。笔者认为将和平、繁荣作为欧洲一体化的理想是可以接受的，但却不赞成将超国家主义作为欧共体的一种理想。因为超国家主义作为一种共同体观念主要体现为工具理性，主要是一种共同体治理方式方法，即为了抑制欧洲民族主义、国家主义的过度膨胀而采取的方法。

内的建议，建立欧洲煤钢共同体，此后又建立了欧洲原子能共同体和欧洲经济共同体，这些共同体发展演变为今天的欧盟，实现了欧盟范围内的永久和平。

第二，实现欧洲的繁荣和社会的大发展。在让·莫内看来，除了保证和平外，欧洲统一还将给欧洲带来经济上的繁荣和社会的发展。他指出："除非欧洲各国创造一个经济共同体，进而建立一个联邦或一个实体，否则，繁荣和社会的大发展是难以想象的。"① 欧洲曾经历了战争和战争带来的巨大经济破坏和剥夺，在被战争摧毁的欧洲进行经济重建与实现欧洲的和平（即第一个理想目标）是不可分割的，二者互为手段。没有欧洲国家之间的和平，没有稳定的政治环境，欧洲的经济繁荣与社会进步就是一句空话。同样，没有经济振兴和社会的发展，和平的努力就会落空。欧洲大陆被分割成许多小市场，阻碍了规模经济的形成，使之比不上因规模经济而高效发展的美国经济。欧洲的繁荣要求建立没有内部壁垒的欧洲大市场，为了使这样的市场运转得更有效，必须协调各国对货物、资本和劳动力等要素的管治。正是在这一思想的指导下，欧共体各国于 1986 年开始建立一个没有内部边界的单一市场，1992 年在单一市场的基础上开始建立经济货币联盟，2002 年开始实行单一货币欧元。所有这些都是为了促进欧洲的经济发展和社会进步。

第三，增强外部安全。除了追求内部和平与繁荣外，西欧国家还希望通过欧洲一体化来增强自己的外部安全。欧洲一体化的发展离不开一个稳定的外部环境，欧洲大陆的和平与繁荣离不开外部世界的和平与安全，冷战时期是如此，冷战结束后的今天同样也不例外。冷战时期，世界由美苏两个超级大国支配，欧洲国家只有联合起来，才能集体享有大国的地位。欧洲各国既担心苏联的军

① ［法］让·莫内：《欧洲第一公民——让·莫内回忆录》，孙慧双译，成都出版社 1993 年版，第 522 页。

事威胁,又不相信美国会严格遵守北约义务,所以,希望欧洲成为一个统一的政治、军事实体。早在欧洲一体化的初期,西欧各国就为建立这样一个实体作准备。1950年6月25日朝鲜战争爆发,美国为了减轻自己的防务负担,要求建立一支有德国参加的欧洲防务部队。法国为了防止重新武装后的德国威胁本国安全,提出了“建立欧洲军计划”。1951年5月,德、法、意、卢、荷、比六国在法国计划的基础上就建立欧洲防务共同体达成了协议,但是建立欧洲防务共同体条约却在法国的国民议会中遭到否决,建立欧洲防务共同体的计划因此而搁浅。但是,这并没有使欧洲人放弃对外部安全的追求。为了加强共同体各国对外政策的协调和用一个声音说话,1970年,欧共体建立了欧洲政治合作机制(European Political Cooperation,EPC)。尽管该合作机制在协调成员国的外交与安全政策方面并没有发挥很大的作用,但是却为共同体在这方面的努力积累了宝贵的经验和教训,为以后在这方面的合作奠定了基础。冷战结束后,欧共体加快了在共同外交与安全政策方面的合作步伐。1992年,《马约》将共同外交与安全政策确立为欧洲联盟的第二大支柱;2003年,欧盟成功组建了能够解决本地区危机及维和任务的6万人欧洲快速反应部队;同年底,欧盟首脑会议通过了第一份欧盟战略安全文件《更美好世界中的欧洲安全》(A Secure Europe in a Better World);2004年5月,欧盟推出了旨在加强与周边国家关系、稳定周边环境的《欧盟周边政策》(European Neighbourhood Policy)文件。所有这些努力都旨在增强欧盟的外部安全。布鲁斯·拉西特和哈维·斯塔尔认为:“在欧洲统一所要实现的三个目标中,统一的外交政策和军事政策最难以实现。”①

应该说,正是为了实现上述三个目标,西欧国家选择了一体化道路,建立了欧共体/欧盟,创造出了一个新型的民族国家联合体

① [美]布鲁斯·拉西特、哈维·斯塔尔:《世界政治》,王玉珍译,华夏出版社2001年版,第313页。

的多层治理政治构架。这样，欧共体/欧盟就与欧洲的和平、民族和解与社会繁荣画上了等号，并“符号化”成为欧洲“和平、和解和繁荣”的代名词。相反，欧洲联合的失败就代表欧洲将面临冲突、战争和衰败。这也正是欧债危机期间欧盟及其成员国领导人一再强调希腊不能退出欧元区、欧元区不能解散、欧元不能倒的真正原因。欧洲联合于是成为欧洲通往和平、和解和繁荣的唯一路径。[①]可见，正是欧洲人对上述三个目标的追求，欧盟多层治理政治构架才在欧洲一体化进程中得以建立起来并不断得到完善；而欧盟多层治理体系的发展和完善，反过来又为欧洲一体化的发展和三大目标的实现提供了制度保障。

通过上述关于欧盟治理体系的描述和分析可以看出，多层治理理论为我们提供了一个更加动态的分析框架，虽然我们很难说多层治理理论超越了欧洲一体化的两大理论流派即超国家主义和政府间主义，毕竟二者之间的出发点和着眼点是不同的。超国家主义和政府间主义主要关注的是欧洲一体化的发展动力、欧盟超国家治理体系的形成和发展问题，而多层治理理论则侧重于对欧盟治理体系的描述和解释。尽管如此，多层治理理论所具有的包容性和多层次性等特点，可以弥补传统一体化理论仅仅局限于某一方面的不足，为我们考察不断发展变化的欧洲一体化进程提供了较为综合和整体性的新视角。透过这一视角，我们能够对进展中的欧洲一体化作出一种更合理的解释。在研究多层治理的学者看来，“既然欧盟已成为权力分布于各治理层次和多个行为体之间的政治实体，各层（欧洲、成员国、地区）治理间的界限很难做到泾渭分明，只有对不同治理层次分别加以分析，才能准确地描述出欧盟政治的复杂、多变和不可预测性”[②]。因此，从这个意义上说，多

① 参见苏宏达《以“宪政主权建造”概念解释欧洲统合之发展》，载《欧洲研究》2001年第4期。

② 王展鹏：《国际关系理论还是比较政治学——简评政府间至上主义与两种“治理”理论在欧盟机构问题上的分歧》，载《欧洲》2002年第1期。

层治理不仅有助于理解欧盟治理体系的形成、性质及其运行规律，而且也有助于理解欧盟超国家治理与成员国治理的互动关系。

第三节　欧洲化理论

随着欧盟治理权限和治理活动的不断扩大，其对成员国政治的影响也在加深，欧盟政治逐渐成为成员国国内政治的重要组成部分。正是在欧洲一体化逐渐深入国内政治的背景下，学术界开始把研究的目光转向国内政治层面，探究国内政治如何对欧洲一体化进程和欧盟政治进行适应和回应，这方面的研究一般被称为“欧洲化”(Europeanization)研究，属于卡波拉索所说的欧洲一体化研究的第三个阶段。

如果说欧洲一体化研究的第一阶段和第二阶段的理论大多从成员国国内层面到欧盟层面，即“自下而上”(bottom-up)的角度来研究欧洲一体化和欧盟治理体系的产生与发展的话，那么，第三阶段的欧洲化理论研究则主要从“自上而下”的视角(从欧盟层面到成员国国内层面)来研究欧洲一体化和欧盟对成员国的影响。这种研究视角的转变可以说是欧洲一体化理论和实践发展的结果。欧洲一体化经过六十多年的发展，已经取得了实质性的进展，并深入到成员国国内的政治、经济、社会、文化等各个领域，欧盟已经成为成员国国内政治、经济、社会生活的重要组成部分，对成员国产生着日益重要的影响，这种实践的发展就提出了理论研究的需求。如前所述，早期的欧洲一体化理论主要关注的是欧洲一体化的发展动力以及欧盟治理体系的形成和发展问题，后来则关注欧盟作为一个特殊政体和多层治理体制的运转问题，也就是说，学术界在探索和回答“欧盟是怎么来的，欧盟是什么”问题之后，逻辑上自然就会转向对“欧盟产生什么影响”等问题的追问，欧洲化理论正是这种追问和探索的尝试和结果。当然，学术界对于欧洲化是一种理论还是一种研究方法存在争议，本书在此把其看作是一种理论。

欧洲化理论中的核心概念是"欧洲化",但是对于这个核心概念,不同学者分别给出了不同的界定。罗伯特·拉吉科(Robert Ladrech)早在1994年就提出了"欧洲化"的概念,认为欧洲化是一个重新定位政治方向和形态的渐进过程,欧共体的政治和经济动力在一定程度上成为成员国政治与决策进程的一部分,并以法国为例分析了欧洲化进程及其对法国政治的影响。① 布泽尔(T. A. Bürzel)把"欧洲化"界定为国内政策领域日益受制于欧洲决策的进程,但是她认为欧洲化并不会带来成员国之间的趋同,并以德国和西班牙为例分析了欧洲化进程对成员国的影响以及成员国适应欧洲化的进程。② 卡普拉索(James Caporaso)把"欧洲化"定义为"欧洲一体化对国内政治的冲击"③。克劳迪奥·拉德埃利(Claudio Radaelli)把欧洲化看作是欧盟政治、社会和经济动力成为成员国国内话语、身份认同、政治结构和公共政策一部分的过程。④ 李明明在梳理和分析学术界欧洲化研究成果的基础上,将欧洲化界定为"在一体化背景下,欧洲层面治理体系的产生和发展冲击国内结构,并促使其进行适应和做出回应的进程"⑤。以上对于欧洲化的界定虽然不尽相同,但是都侧重于欧洲一体化对成员国的影响,这可以说是研究欧洲化学者的普遍共识。

---

① Robert Ladrech, "Europeanization of Domestic Politics and Institutions: The Case of France," *Journal of Common Market Studies*, Vol. 32, No. 1, March 1994, pp. 69-88.

② Tanja A. Bürzel, "Towards Convergence in Europe? Institutional Adaptation to Europeanization in Germany and Spain," *Journal of Common Market Studies*, Vol. 37, No. 4, December 1999, pp. 573-596.

③ James Caporaso, "The Three Worlds of Regional Integration Theory," in Paolo Graziano and Maarten P. Vink (eds.), *Europeanization: New Research Agendas*, London and New York: Palgrave Macmillan, 2007, pp. 23-34.

④ Claudio M. Radaelli, "The Europeanization of Public Policy,"in Kevin Featherstone and Claudio M. Radaelli (eds.), *The Politics of Europeanization*, Oxford: Oxford University Press, 2003, p. 30.

⑤ 李明明:《"欧洲化"概念探析》,载《欧洲研究》2008年第3期。

当然，也有一些学者从更宽泛的意义上来界定和使用“欧洲化”概念，认为欧洲化不应只局限于欧盟，也不应只局限于欧盟对成员国的影响，而应该涵盖更广泛的内容和现象。如奥尔森(J. P. Olsen)认为欧洲化具有五种含义，分别是：(1)“外在边界的变化”，包括欧盟治理体系的地域性扩展和欧洲作为一个大陆成为单一政治空间的程度。最显著的例子是欧盟的政策、规则、制度和价值通过东扩在中东欧新成员国中的扩散。(2)欧洲层面的制度发展，主要指欧盟核心治理能力的发展，也有欧盟为国内层次的政治行为体提供机遇和限制的含义。(3)治理对国家体系的中间渗透。“欧洲化”是关于不同治理层面上责任和权力的划分，含有促使国家和次国家的治理体系适应欧洲政治中心和欧洲规范的意思。(4)输出政治组织的各种模式，即欧盟在国际上寻求输出它的价值规范，其地域超出欧洲之外。(5)一个政治统一计划，和上述第二层含义类似，也指欧盟层面的能力发展。[①] 凯文·费瑟斯顿(Kevin Featherstone)在统计分析学术界对“欧洲化”这一术语的使用情况的基础上，认为“欧洲化”主要用于以下四个方面：(1)作为一种历史现象的欧洲化，主要是指历史上的欧洲文明扩张进程。(2)作为一种跨国文化扩散进程的欧洲化，主要是指文化规范、思想、认同和行为方式在欧洲范围内的跨国扩散。(3)作为制度适应进程的欧洲化，主要是指成为欧盟成员国而带来的各种直接和间接的适应压力，如成员国的行政机构、议会、政党、利益集团、地方政府等都面临这种适应性压力。(4)作为政策和政策进程适应的欧洲化，主要是指成为欧盟成员国而对国内公共政策和决策进程带来的适应压力，如欧盟的规制政策对成员国公共政策的影响等。[②]

---

① Johan P. Olsen, “The Many Faces of Europeanization,” *Journal of Common Market Studies*, Vol. 40, No. 5, 2002, pp. 921-952.

② Kevin Featherstone, “Introduction: In the Name of Europe,” in Kevin Featherstone and Claudio M. Radaelli (eds.), *The Politics of Europeanization*, Oxford University Press, 2003, pp. 5-12.

从广义上来界定欧洲化,有其合理性。但是就本课题研究而言,狭义的界定更为可取。从狭义来看,首先,“欧洲化”中的“欧洲”特指欧盟,欧盟及其成员国是其考察的对象;其次,欧洲化意味着欧盟对成员国国内政治制度与政策的影响;再次,欧洲化是一种欧盟成员国在欧盟治理框架下不断调整自身的过程。①

在明确了欧洲化的概念之后,接下来就需要回答欧洲化的机制、途径、结果等问题。欧洲化理论认为,欧洲一体化和欧盟超国家治理体系的发展对成员国国内结构产生了适应性压力(adaptational pressure)。这种适应性压力受到欧盟制度和成员国国内结构之间的“相容”(fit)或“不相容”(misfit)程度的影响。如果欧盟制度和成员国国内制度相容性低,适应性压力就大;反之,就小。对于欧盟成员国而言,如果其国内结构与欧盟制度相容程度高,那么其面临的适应性压力低,就不需要进行大的结构性调整。相反,如果适应性压力比较大,成员国就必须付出很大的成本来调整或改革国内结构以适应欧盟的要求。② 也就是说,成员国进行调整和改变的程度取决于成员国国内结构所面临的适应性压力。可见,欧盟与成员国两个层面的不适及由此带来的对成员国的适应性压力是欧洲化的动力机制。

吴志成把欧盟影响成员国政策与制度的方式即欧洲化的途径归纳为三种:一是通过制定法规或进行公开协调向成员国施加的直接和间接压力。如欧盟制定的对成员国有法律约束力的法规,就会对成员国产生直接压力。如果欧盟不制定有约束力的法规,而只是通过公开协调,鼓励各行为体共同参与,强调成员国之间的相互学习和交流经验,以此来协调各成员国的政策,推动共同目标的实现,在这种情况下,欧盟只是制定不具有法律约束力的总体行动纲领,具体政策目标及实施办法则由各成员国自己决定,成员国

① 参见吴志成、王霞《欧洲化:研究背景、界定及其与欧洲一体化的关系》,载《教学与研究》2007 年第 6 期。

② 参见李明明《“欧洲化”概念探析》,载《欧洲研究》2008 年第 3 期。

只会面临同行压力等方面的间接压力。二是通过提出建议、方案等为成员国在国内相关领域的改革提供动力与合法性。三是通过政策学习推动国内政策与机构调整。欧盟成员国在某些政策领域分歧很大，难以达成一致，因而欧盟无法制定共同规则。在这种情况下，欧盟往往通过组织专家讨论并提出报告、建立政策讨论网络等政策学习方式引发人们对相关问题的讨论与关注，增进人们对某一问题的共同理解，敦促成员国对这些问题的重视，提供这些问题可能解决方案，以此来推动国内政策与机构调整。① 就欧洲化的这三种途径和方式来看，第一种最直接并具有强制的性质，后两种方式则是间接的，不具有强制性。这三种方式究竟哪一种占主导地位不能一概而论，而要看具体的政策领域，不同的政策领域欧盟施加影响成员国的方式和途径差别很大。这三种方式哪一种更加有效，从表面上看，第一种方式要比其他两种更有效，至少在短期内是如此，但是长期来看，情况就要另当别论了，因为成员国在第一种方式下比较被动，而在后两种方式下则有一定的主动性和自主性，主动的改革可能要比被动的改革来得慢一些，但是会更持久，效果也可能会更明显。

毫无疑问，欧洲一体化和欧盟会对成员国国内政治和政策产生影响，进而引起成员国国内变化，但是对于欧洲化的最终结果是什么，学术界仍有不同的看法。布泽尔和里舍提出了欧洲化的三种可能结果：吸收（absorption）、顺应（accommodation）和转变（transformation）。他们认为，"吸收"是指成员国把欧洲的政策和观念融入自身的项目和国内结构中，但相对来说未能大幅度改变现存进程、政策和制度；"顺应"指的是成员国依靠改进现有的进程、政策和制度来顺应"欧洲化"压力，但没有改变其本质特征及基本的集体理解；而"转变"则指成员国用新的、大不相同的内容来取

① 参见吴志成、王霞《欧洲化及其对成员国政治的影响》，载《欧洲研究》2007 年第 4 期。

代现存的政策、进程和制度，或者使现存的事物在某种程度上改变其本质特征和/或基本的集体理解。[①] 应该说，这三种欧洲化结果的划分更多的是从欧洲化的程度上来划分的，代表着欧洲化的不同程度。其实，就欧洲化的程度而言，从政治系统的角度看，欧洲化效果最明显、最突出的无疑是成员国的政策领域，其次是成员国的政治，再次是成员国的政体。回到欧洲化的最终结果上来，实际上是很难回答的问题，因为我们无法去衡量成员国国内变化的程度，尤其是无法确定成员国国内政治变化在多大程度上可以归咎于欧盟层面的机制运作和政策输出，而没有受到其他因素的影响。不过有一点是可以肯定的，那就是欧洲化绝不意味着成员国的统一和趋同，至少在政治和政体上是如此。

从上述关于欧洲化理论的梳理可以看出，欧洲化理论主要从自上而下的视角考察了欧盟对成员国的影响机制、影响途径、影响结果等，这说明，欧洲化理论是在假定欧盟层面不变的情况下研究欧盟对成员国的影响的，但问题是，成员国从来都不是被动适应欧盟带来的压力的，成员国也会通过主动影响欧盟发展、塑造欧盟的方式来进行适应。也就是说，欧洲化不是单向的过程，而是欧盟与成员国之间持续互动的过程。如布泽尔就指出“欧洲化”其实是一个自上而下和自下而上的双向进程。她从成员国的角度出发，认为由于欧盟的压力，成员国需要从欧盟“下载”(download)相关规则和规范，进行适应；但是为了输出自己的国内制度和政策，减少适应成本，成员国也常常向欧洲“上传”(upload)其动机和行为并使之“欧洲化”。[②] 张骥把这种“上传”和“下载”的双向欧洲化进程称为“欧洲化双向运动”，认为欧洲化的双向运动“指的是成员国主动欧洲化和受动欧洲化两个方向的运动，主动欧洲化是指成员国向欧盟投射其偏好和政

---

① 参见李明明《“欧洲化”概念探析》，载《欧洲研究》2008 年第 3 期。

② Tanja A. Bürzel, “Pace-setting, Foot-dragging and Fence-sitting: Member State Responses to Europeanization,” *Journal of Common Market Studies*, Vol. 40, No. 2, 2002, pp. 193-214.

策，使其偏好和政策欧洲化(自下而上)，受动欧洲化是指欧盟、欧洲一体化对成员国形成适应性压力，成员国调整偏好、政策，其偏好、政策被欧洲化(自上而下)，并认为这种欧洲化的双向运动具有互动性、不对称性、历史性和开放性的特性"[①]。应该说，把欧洲化看作是双向的运动进程更能全面和系统地展现欧盟与成员国之间的互动关系。当然，要把这自下而上的主动欧洲化和自上而下的受动欧洲化结合起来进行研究，仍面临很大的挑战。不过，欧洲化理论特别是欧洲化双向运动的研究框架为我们研究欧盟超国家治理与成员国治理的关系提供了很好的理论借鉴和方法启示。

① 张骥:《欧洲化的双向运动:一个新的研究框架》,载《欧洲研究》2011 年第 6 期。

第三章　欧盟超国家治理与成员国治理互动的基本原则

虽然欧洲一体化理论研究要么只关注欧盟超国家层面，要么只关注成员国国家层面，而欧洲一体化的实践则始终是在两个层面的互动中前进的，并在长期的欧洲一体化发展中形成了规范欧盟超国家治理与成员国治理之间互动关系的一些基本原则，其中最为重要的是授权原则、辅助性原则、相称性原则，这些原则是欧盟超国家治理与成员国治理进行互动的前提和基础。

第一节　授权原则

欧盟治理的权限不是来自于欧盟本身，而是来自于成员国的授权，欧盟没有自我赋权的权力。也就是说，没有成员国的授权，就没有欧盟超国家治理，当然也就不存在欧盟超国家治理与成员国治理的互动问题。授权原则是欧盟基础条约所确立的根本性原则之一，它明确了欧盟治理权限的来源和范围，解决了欧盟与成员国之间治理权限的划分问题，是欧盟超国家治理与成员国治理进行互动的基本原则之一。

一、授权原则的提出及其内涵

欧洲一体化进程实际上就是成员国不断让渡国家主权的进

程。欧洲一体化每前进一步都或多或少、或深或浅地伴随着成员国国家职能和权限向欧盟层面的让渡和集中。[1] 因此，授权原则是始终伴随着欧洲一体化进程的，在欧盟基础条约的规定中都体现了授权原则的思想，如《罗马条约》第5条就规定："本共同体应在本条约所授予的权限范围内和为实现本条约确立的各项宗旨而采取行动。"应该说，该条款已经包含了授权原则的含义，尽管还没有明文提出"授权原则"。明文提出"授权原则"的是2007年12月13日签署并于2009年12月1日生效的《里斯本条约》。

《里斯本条约》第1条就开明宗义地指出了欧盟超国家治理权能的来源问题，规定："根据本条约，高级缔约各方在各缔约国之间建立一个欧洲联盟，成员国授予联盟权能以实现其共同目标。"[2]该条约第5条再次对欧盟权能来自于成员国的授予加以强调，该条第1款明确规定："联盟权能的范围由授权原则予以规范。"并在第2款中对联盟权能的范围加以划定，规定："根据授权原则，联盟仅在由成员国在两部条约（"两部条约"指经《里斯本条约》修改后的《欧洲联盟条约》和《欧洲联盟运行条约》，下同。——引者注）中赋予它的权能范围内行动，以实现两部条约规定的目标。两部条约未赋予联盟的权能属于成员国所有。"

《里斯本条约》所确立的授权原则表明，欧盟治理权能来自成员国而不是欧盟自身，欧盟必须也只能在成员国授权的范围内行动而不能自行扩大自己的权能。正是基于这个原则，上一章提到的政府间主义理论坚持认为欧洲一体化就是一种政府间合作，欧盟是一个国际组织，只不过是制度化程度更高的国际组织。国际组织的国际人格来源于有关组织章程的规定，即国际组织只拥有

① 参见戴炳然《深化与扩大：欧洲一体化处于发展的转折关头》，载《欧洲》1997年第2期。

② 程卫东、李靖堃译：《欧洲联盟基础条约——经〈里斯本条约〉修订》，社会科学文献出版社2010年版，第32页。本章后文中所引用的《里斯本条约》的内容均来自该书，因此，行文中只列出具体条款，不再一一注释，特此说明。

其章程明确列举的权利和义务。授权原则的重要意义在于:它指出了国际组织的国际人格与国家的此等人格相比有着本质的区别。国际组织的国际人格不是根据一般国际法而固有的,而是根据有关国际条约形成的。它们不像国家那样拥有完全的法律人格。[①] 也正是基于这个原则,欧洲一体化理论研究的政府间主义者强调欧盟政府间合作的性质,强调成员国在欧盟治理的主导地位和控制作用。

当然,欧盟远不止是一个普通的国际组织,因为其不仅具有超国家治理权能,而且权能范围非常广泛,并具有不断扩展的发展趋势。从最初的《巴黎条约》到《罗马条约》,继而到《单一欧洲文件》和《马斯特里赫特条约》,再到《阿姆斯特丹条约》和《尼斯条约》,再到目前的《里斯本条约》,我们看到,欧盟治理的权限也从最初的煤钢领域逐渐扩展到经济、政治、社会、文化、外交与安全等广大领域。这种权能的不断扩展虽然是成员国自愿授予的结果,但是也与欧盟够胜任其超国家治理的任务,能够实现联盟的目标密切相关。也就是说,授权原则虽然明确了欧盟的权限来源,划分了欧盟与成员国的权限范围,但其更深层的含义则在于通过权限划分来促进二者之间的相互尊重和真诚合作。对此,经《里斯本条约》修改后的《欧洲联盟条约》第 4 条第 1 款在规定“根据第 5 条,两部条约没有授予联盟的权能归成员国所有”之后,第 2 款接着规定:“联盟尊重成员国在两部条约面前的平等,尊重成员国政治和宪法基本结构所固有的国家特性,包括区域和地方自治;尊重成员国的基本国家职能,包括确保国家领土完整、维护法律和秩序以及保护国家安全的基本职能。特别是,国家安全仍是每个成员国独一无二的责任。”第 3 款则强调:“根据真诚合作原则,联盟与成员国在履行源于两部条约的任务的过程中,应在完全相互尊重的基础上相互支持。成员国应采取任何普遍的或特定的适当措施,以保证履行

① 参见曾令良《欧洲共同体与现代国际法》,武汉大学出版社 1992 年版,第 2 页。

两部条约的或由联盟机构的法令所产生的义务。成员国应促进联盟任务的完成，并避免采取任何可能损害联盟目标实现的措施。”可见，授权原则不仅仅表明欧盟治理权限来自于成员国的授予，欧盟要尊重成员国的基本国家职能，而且也意味着成员国既然赋权给欧盟，就要尊重并支持欧盟在授权的范围内开展行动。

二、欧盟权限的类型

授权原则毕竟只是比较笼统的原则，为了明确成员国授权给欧盟的具体领域和界限，《欧洲联盟运行条约》第一编“联盟权能范畴与领域”对授权原则作了细化和具体化，把成员国赋予欧盟的权能划分为三种类型，即专属权能、共享权能以及支持、协调或补充成员国行动的权能。

1. 专属权能

欧盟的专属权能（exclusive competence），亦即排他权能。关于该权能，《欧洲联盟运行条约》第 2 条第 1 款规定：“当两部条约赋予联盟在某一特定领域享有专属权能时，只有欧盟才可在此领域立法和通过具有法律约束力的法令，成员国仅在获得联盟授权或为实施联盟法令的情况下才可在此领域立法或通过具有法律约束力的法令。”根据《欧洲联盟运行条约》第 3 条的规定，欧盟在关税同盟、确立内部市场运行所必需的竞争规则、欧元区成员国的货币政策、根据共同渔业政策保护海洋生物资源、共同商业政策等五个政策领域享有专属权能。此外，欧盟还具有缔结某些国际协议的专属权能，即“在联盟的立法性法令就缔结某项国际协议有此规定，或者缔结某项国际协议对于联盟行使对内权能是必需的，或者缔结某项国际协议可能影响共同规则或改变其适用范围的情况下，联盟也具有缔结此类国际协议的专属权能”。

欧盟超国家治理在欧盟专属权能领域无疑居于主导地位，因为在这些领域只有欧盟享有治理权限，成员国不能采取行动，但是这并不意味着在这些领域不需要成员国治理，相反，成员国治理不可或缺,因为欧盟拥有的人力和物力资源比较少,也没有暴力机器作为后盾,其虽然能够在专属权能领域制定法律,但是法律的实施则必须依靠成员国的支持和配合。例如,反倾销事务属于欧盟的专属权能领域,由欧盟统一负责,但是正如邓德雄所指出的那样,成员国在反倾销事务中的作用仍然不容忽视。成员国在反倾销事务中的作用主要表现在如下五个方面:一是提请立案;二是参加调查;三是通过咨询委员会磋商机制过问和监督反倾销事务;四是提议采取紧急措施;五是执行反倾销措施。[①] 也就是说,即使在专属权能领域,欧盟超国家治理与成员国治理的合作与互动也是必不可少的。

2. 共享权能

与欧盟相对有限的专属权能相比,欧盟的共享权能(shared competence)就非常宽泛。共享权能,按字面意思理解,应该是指欧盟和成员国在这些领域都有治理权限,但是情况并非如此。根据《欧洲联盟运行条约》第 2 条第 2 款的规定,"当两部条约在某一特定领域赋予联盟一项与成员国共享的权能时,联盟与成员国均可在该领域立法和通过具有法律约束力的法令。在联盟未行使或决定停止其权能的情况下,成员国可行使该项权能"。也就是说,虽然欧盟和成员国在条约规定的领域共享权能,但是二者在行使共享权能的次序上还是有区别的,欧盟在共享权能的政策领域享有优先行动权,成员国则只能在欧盟未行使或停止行使其权能的情况下,才能够采取行动。

对于这种共享权能的次序差别,张彤在分析共享权能的特点时作了进一步的解读。她指出,虽然欧盟和成员国在共享权能领域内都享有权力,但是"这并不等于两者在特定领域内的权力是平分秋色的,在具体实践中,特定领域的权能有可能大部分属于欧

① 参见邓德雄《欧盟反倾销的法律与实践》,社会科学文献出版社 2004 年版,第 299～300 页。

盟，或相反，但这并不影响相关的领域或事项属于欧盟和成员国共享权能的范畴”，而且根据欧盟条约的规定，“成员国在共享权能领域似乎处于补充性或辅助性的地位，因为它们应在欧盟没有行使或决定停止行使其权能的情况下才能行使它们的权力，因此，欧盟的共享权能又进一步隐含着其‘先占’的权能”。[①] 当然，也有例外。如《欧洲联盟运行条约》第 4 条第 3 款就规定：“联盟在研究、技术发展和空间领域拥有采取行动的权能，特别是确定和执行计划的权能；但该权能的行使不得导致成员国无法行使其权能。”该条第 4 款也规定：“在发展合作和人道主义援助领域，联盟拥有采取行动、实施共同政策的权能；但该权能的行使不得导致成员国无法行使其权能。”可见，在欧盟和成员国共享权能的这两大领域，欧盟和成员国并行行使该项权能，欧盟不具有优先行动权。

根据《欧洲联盟运行条约》第 4 条第 2 款的规定，欧盟在以下领域与成员国共享权能：内部市场，社会政策中由本条约规定的部分，经济、社会和领土聚合，农业及除海洋生物资源保护以外的渔业，环境，消费者保护，运输，泛欧网络，能源，自由、安全和公正的区域，由本条约确定的公共卫生方面的共同安全问题。可见，与欧盟的专属权能相比，欧盟与成员国共享权能的领域非常广泛，除了第 2 款列举的 11 个主要领域外，还包括上面提及的该条第 3 款、第 4 款规定的政策领域，而且根据该条第 1 款的规定，“凡两部条约赋予联盟一项不涉及第 3 条(即欧盟专属权能。——引者注)与第 6 条(即欧盟支持、协调或补充成员国行动的权能。——引者注)所涉及领域的权能时，联盟与成员国共享该权能”，欧盟与成员国实际上在很多政策领域上共享权能。

但是这种共享权能的行使方式在不同的政策领域则是不同的。例如，在《欧洲联盟运行条约》第 4 条第 2 款列举的 11 个政策

① 张彤：《欧盟权能的划分——〈里斯本条约〉生效后的变化与问题》，载《国家行政学院学报》2010 年第 5 期。

领域内欧盟享有优先行动权，成员国只有在欧盟未行使或停止行使其权能的情况下方可采取行动。当然，对于欧盟在这些领域的优先权的范围，《里斯本条约》中《关于实施共享权能的议定书》也作了限定，规定："在《欧洲联盟运行条约》关于共享权能的第 2 条范围内，当联盟已在某一领域采取行动时，该权能的实施范围仅包括由相关法令所管辖的因素，因此并不包括整个领域。"对于在第 4 条第 3、4 款的政策领域，上面已经指出，欧盟与成员国并行行使其权能，欧盟不具有优先权。在《欧洲联盟运行条约》第 2 条第 3 款规定的经济与就业政策的协调方面，根据条约第 5 条的规定，"成员国应在联盟内部协调经济政策。为此目的，理事会应采取措施，特别是应为此类政策确定一般性的指导方针。某些具体规定适用于欧元区成员国。联盟应采取措施以确保成员国就业政策的协调，特别是应为这些政策确定指导性方针。联盟可动议提出以确保成员国社会政策的协调"。从上述规定可以看出，在经济政策、就业政策和社会政策的协调上，应该以成员国为主，欧盟只具有确定指导方针、提出动议的权能。根据《欧洲联盟运行条约》第 4 条第 1 款的规定，虽然条约把第 5 条单独列出，但仍可以视为欧盟与成员国的共享权能领域，不过欧盟在该领域的行动范围仅限于为协调成员国的经济政策和就业政策确定指导方针，并可以提出动议协调成员国的社会政策。《欧洲联盟运行条约》第 2 条第 4 款规定："联盟拥有按照《欧洲联盟条约》的条款制定和执行共同外交与安全政策（包括逐步构建共同防务政策）的权能。"在一定意义上，该权能也可以看作是欧盟与成员国的共享权能，但是由于外交与安全以及防务政策领域的特殊性和敏感性，欧盟基础条约并没有明确规定这类权限的属性，而且并没有把该政策领域纳入《欧洲联盟运行条约》中，而是作为《欧洲联盟条约》的单独一编另行规定，这一方面说明该权能领域的特殊性，另一方面也说明行使该权能的安排的特殊性，因此，不能简单地把欧盟在外交与安全以及防务政策领域的权能看作是共享权能，而应该把其看作是支持、协调或补充成员国行动的权能。

3. 支持、协调或补充成员国行动的权能

《欧洲联盟运行条约》第 2 条第 5 款规定:"联盟在某些领域及在两部条约规定的条件下,联盟有权采取行动以支持、协调或补充成员国的行动,但并不因此取代成员国在这些领域的权能。"可见,除了专属权能和共享权能外,欧盟还享有支持、协调或补充成员国行动的权能。《欧洲联盟运行条约》第 6 条规定欧盟在以下政策领域享有补充权能:保护和改善人类健康,工业,文化,旅游,教育、职业培训、青年和体育运动,民事保护,行政合作。在这些政策领域,主要以成员国治理为主,欧盟治理只是起着支持、协调和补充的辅助作用。由于欧盟在这些领域的立法并不能对成员国构成某种强制义务,因此,在这些领域,欧盟超国家治理与成员国治理的互动相对于上述两个权能领域要弱一些。

总之,授权原则规范的是欧盟治理权能的范围,即欧盟只能在成员国授权的范围内行动,这一原则总体上表明欧盟治理要受制于成员国,成员国可以根据需要决定是否授权给欧盟,授予欧盟什么类型的权能。实际上《里斯本条约》在《关于权能界限的声明》中除了再次重申了授权原则和共享权能的实施外,也明确了增加或减少欧盟权能的情况,根据《欧洲联盟条约》第 48 条第 2～5 款规定的普通修订程序,成员国政府代表在政府间会议上可以对《欧洲联盟条约》和《欧洲联盟运行条约》进行修改,也可以对两部条约赋予欧盟的权能进行修改。所有这些规定表明,成员国控制着欧盟权能的范围和界限,欧盟治理不是国家治理的取代和否定,而只是国家治理的延伸、补充和发展。[①] 当然,我们也不宜过分强调授权原则中的这种主次划分,因为授权原则更深层的含义在于通过权限划分来促进欧盟与成员国之间的相互尊重和真诚合作。一方面,

---

① 参见伍贻康等《多元一体——欧洲区域共治模式探析》,上海社会科学院出版社 2009 年版,前言第 6 页。

欧盟治理权限来自于成员国,欧盟要尊重成员国的基本国家职能;另一方面,成员国既然赋权给欧盟,就要尊重并支持欧盟在授权的范围内开展行动。

第二节　辅助性原则

如果说授权原则规范的是欧盟治理权能的范围的话,那么,辅助性原则(Principle of Subsidiarity)[①]约束的是欧盟治理权能的行使问题。不过,与授权原则不同的是,根据《欧洲联盟条约》第5条第3款的规定,辅助性原则只适用于欧盟与成员国共享权能的政策领域。

如上所述,欧盟在大多数政策领域享有与成员国共同行动的权能,在这些共享权能的政策领域,欧盟超国家治理与成员国治理的互动也最为频繁。从这个意义上说,辅助性原则不仅是规范欧盟行使其共享权能的基本原则,也是欧盟超国家治理与成员国治理进行互动的基本原则之一。

一、辅助性原则的提出

作为联邦制国家治理的一项基本原则,辅助性原则强调权力的分配要遵循自下而上的原则,要尽可能将权力保留在最低的政权层次上,联邦政府不能随意剥夺各邦、州或地方政府的权力,联邦政府只能从事各邦、州或地方政府无法完成的事务。在这个意义上,可以把辅助性原则看作是一种权限划分界限。一方面,在地方政府可自行运作时联邦政府不予介入;另一方面,联邦政府也可免于承受过重的行政负担。因此,也可以把辅助性原则看作是一种自上而下的政治权力分配方式。[②] 虽然辅助性原则早已广泛地

① 国内学术界对该原则的翻译有多种,如翻译成"从属原则"、"附属原则"、"辅从原则"等,本书一律采用"辅助性原则"的译法。

② 参见王鹤《评欧共体的辅助性原则》,载《欧洲》1993年第2期。

运用于联邦制国家中，但是对欧洲一体化和欧盟而言它仍是一个新概念，因为其作为欧盟运作的基本原则在 1992 年才被正式写入《马斯特里赫特条约》。

辅助性原则并没有写入欧洲一体化早期签署的《欧洲煤钢共同体条约》和《罗马条约》中。在那个时期，欧洲一体化进程刚刚启动，欧共体的权力相对较小，共同体与成员国的权力划分问题并未提上议事议程。进入 20 世纪 70 年代，欧洲共同体在关于财政联邦制的讨论中，辅助性原则作为一种重要的指导原则开始引起人们的关注。1970 年 10 月，时任卢森堡首相兼财政大臣的维尔纳领导一个高层金融小组，向欧共体部长理事会提交了一份《关于在欧共体内分阶段实现经济和货币联盟的报告》(简称“维尔纳报告”)。该报告指出：“在这个领域，有必要防止过分的中央集权化，向共同体机构转移权力必须在为使联盟的正常运转所必要的范围之内实行。”[①]这说明该报告已经包含了辅助性原则的思想，不过还没有明确提出这一原则。1975 年，欧共体委员会在其关于建立欧洲联盟的《廷德曼斯报告》中则明确提到了辅助性原则：“欧洲联盟不会超过现在的共同体所做的事情，不会造成一个集中化的超级国家。从而，按照‘辅助性原则’，联盟只会被授予处理各成员国不再能够有效地处理的事务的那些责任。”[②]黄正柏认为，这可能是首次明确提出这个原则。[③] 1984 年 2 月，欧洲议会在其起草的《建立欧洲联盟条约草案》中把辅助性原则写入了这一条约草案。在条约草案的序言中把其作为一项基本原则确定下来，指出：“按照辅助性原则，成员国将仅在那些必须由共同体机构执行才能完全成功的任

① 转引自黄正柏《从“辅助性原则”看欧洲一体化与国家主权的关系》，载《国际观察》2001 年第 2 期。

② 转引自黄正柏《从“辅助性原则”看欧洲一体化与国家主权的关系》，载《国际观察》2001 年第 2 期。

③ 参见黄正柏《从“辅助性原则”看欧洲一体化与国家主权的关系》，载《国际观察》2001 年第 2 期。

务时才授予共同体机构，而其他权力必须尽可能地保留在基层政权。”条约草案第 12 条第 2 款中也规定：“联盟只在那些比成员国各自独立行动能更有效地执行任务时才采取行动，尤其是那些范围和影响超出国界、必须由联盟采取行动的任务。”①1989 年，欧共体委员会主席德洛尔在其关于建立欧洲经济与货币联盟的《德洛尔报告》中也明确提到了辅助性原则，指出：在建立欧洲经济与货币联盟过程中要坚持辅助性原则，确保共同体内适当的权力平衡。1991 年 12 月达成的《马斯特里赫特条约》明确把辅助性原则作为联盟的共同条款和共同体法的基本原则写入该条约，从而确立了辅助性原则的法律地位。

二、《马约》对辅助性原则的规定及后续发展

如上所述，早在《马约》之前辅助性原则已被多次提出，但并没有正式写入欧盟基础条约。后来，随着《单一欧洲法令》的实施以及欧共体权力的扩大，德国、英国等一些成员国要求把辅助性原则写入欧盟条约，以便限制欧共体权力。在这些成员国的共同要求下，辅助性原则正式写入 1992 年初签署的《马约》。《马约》在序言以及条约第 2 条中都提到了辅助性原则，并指出该原则的最终目的在于使欧洲的决策尽可能地贴近欧洲公民。如《马约》序言宣称：各成员国“决心继续创建一个欧洲人民间日益紧密的联盟，使各事项的决策能依照辅助性原则，尽可能与其公民贴近”。《马约》第 2 条规定：“本联盟各项宗旨之实现，应根据本条约所规定的方式，依照其确立的条件和时间表，并尊重《建立欧洲共同体条约》第 5 条所确立的辅助性原则。”新的《欧共体条约》第 5 条对辅助性原则作了具体的规定：“共同体应在条约及其目标授予的权限范围内采取行动。在其非专属权能领域，共同体应根据辅助性原则，只有当成员

① 转引自黄正柏《从“辅助性原则”看欧洲一体化与国家主权的关系》，载《国际观察》2001 年第 2 期。

国没有充分能力实现拟议中的行动目标，且由于所拟行动之规模或影响，最好由共同体来实现时，才由共同体采取行动。共同体的行动不应超过实现条约目标所必需的范围。”

辅助性原则最初写入《马约》时并未引起特别重视，1992 年 6 月 2 日丹麦公民投票否决《马约》后辅助性原则才引起高度关注，欧盟政治领导人采取一系列行动强调该原则的重要性，并向欧洲民众保证欧共体将严格遵守这一原则。为了向丹麦和各国公民表示欧盟不是一个走向集权的组织，欧盟委员会主席德洛尔在丹麦否决《马约》后的几天内在欧洲议会发表演说，强调要创造一种更接近人民的共同体机构，必须坚决贯彻辅助性原则，可以由成员国政府和地方政府最有效制定的法律绝不能转移给欧盟。[①] 1992 年 6 月 26 日，里斯本首脑会议强调欧盟委员会未来之立法提案必须以辅助性原则为基础。1992 年 10 月 16 日，伯明翰首脑会议再次重申辅助性原则的重要性，强调要严格按照辅助性原则采取行动，欧盟的所有决定必须尽可能与公民接近。1992 年 12 月 12 日，爱丁堡首脑会议再次重申，把辅助性原则作为欧盟运作的指导原则，并对辅助性原则的含义和具体执行作了详细规定。1993 年 10 月 25 日，欧洲议会、欧盟理事会与欧盟委员会就辅助性原则的实施达成了机构间协议。

三、适用辅助性原则的指导方针、具体要求和程序

为了确保辅助性原则的适用，欧盟及其成员国在《阿姆斯特丹条约》（以下简称《阿约》）之后附加一个《关于适用辅助性原则和相称性原则的议定书》，明确辅助性原则适用的一些具体指导原则以及欧盟机构执行辅助性原则的具体步骤。议定书规定，欧共体的每一个机构在行使授予它的权力时都要确保遵守辅助性原则，同时也要遵守相称性原则，确保共同体的任何单独行动不应超出实

① 参见王鹤《评欧共体的辅助性原则》，载《欧洲》1993 年第 2 期。

现条约目标之所必需。议定书明确要求共同体行动必须符合辅助性原则的两个必要条件：一是各成员国不能充分实现行动之目标，二是由共同体行动能更好实现之。为证明由共同体行动能更好实现条约之目标，欧盟委员会必须从定量和定性两方面来说明理由。议定书还列出了是否由共同体采取行动的三条衡量标准：一是拟议中的议题是跨国性事务，由成员国单独行动不能圆满完成。二是成员国单独行动或缺乏共同体行动，将与条约的要求相冲突，或者会严重损害成员国的利益。三是由于规模或效果的原因，共同体采取行动要比成员国采取行动产生更明显的效益。

在被证明共同体可以采取行动的领域，共同体要尽可能选择指令的立法形式，以便成员国能够根据本国实际情况选择合适的实施形式和方法。共同体法律应充分尊重成员国的国内政治安排和成员国的法律体系，共同体措施要尽可能为成员国留下自由决策的空间，为成员国实现欧盟目标留有选择的余地。

关于辅助性原则的议定书规定，欧盟委员会在适用辅助性原则时应该采取下列措施：首先，除了在特别紧急或机密的情形下，委员会在提出立法动议前应进行广泛协商，并在适当的时候公开协商文件；其次，委员会要证明其立法建议符合辅助性原则和相称性原则的要求，必要时对共同体拟采取的行动要加以详细说明；最后，欧盟委员会要向欧洲理事会、欧洲议会和部长理事会提交关于适用辅助性原则的年度报告，报告应同时送交地区委员会和经济与社会委员会。[①] 欧洲理事会在向欧洲议会提交欧盟发展报告时，应该把欧盟委员会所提交的适用辅助性原则的年度报告考虑在内。欧洲议会和欧盟理事会负责审查共同体的所有立法建议是否符合辅助性原则的规定。

① 参见雷益丹《论欧盟条约中的辅助性原则》，载《西南政法大学学报》2007 年第 1 期。

四、《欧盟宪法条约》和《里斯本条约》对辅助性原则的进一步强化

如何更好地贯彻落实辅助性原则，是欧盟制宪运动讨论的重要议题之一，欧盟制宪委员会为此专门设立了工作组。讨论的结果是：构建“早期预警机制”，让成员国议会事前监督辅助性原则的遵守情况，同时加强欧洲法院的事后司法监督，进一步扩大辅助性原则的适用范围。这些改革建议都写入了附在《欧盟宪法条约》之后的《关于适用辅助性和相称性原则的议定书》中。《欧盟宪法条约》在 2005 年被法国和荷兰公民投票否决后，欧盟成员国领导人决定用新的改革条约——《里斯本条约》取而代之，但是关于辅助性原则的议定书前后没有什么变化。新修订的辅助性原则议定书与 1997 年附在《阿约》之后的辅助性原则议定书相比有了重大发展。

首先，新修订的辅助性原则议定书引入了“早期预警机制”，规定由成员国议会直接参与辅助性原则适用情况的监督，这是新修订的辅助性原则议定书的最大创新之处。新议定书规定：欧盟委员会在向欧盟立法机构提交其立法草案和修正后的草案的同时，应当送交成员国议会；欧洲议会应当把其立法草案和修正后的草案送交成员国议会；欧盟理事会应当把来自一组成员国、欧洲法院、欧洲中央银行和欧洲投资银行的立法草案和修正后的草案送交成员国议会；欧洲议会和理事会在作出立法决定之前，应将它们的决定送交成员国议会。

在收到欧盟立法草案的八周内，任何成员国议会或成员国议会的任一议院都可以向欧洲议会主席、欧盟理事会和欧盟委员会发表合理意见，说明立法草案不符合辅助性原则的理由。如果立法草案来自一组成员国，理事会主席应当把成员国议会的意见转交给这些成员国政府。如果立法草案来自欧洲法院、欧洲中央银行和欧洲投资银行，理事会主席应当把成员国议会的意见转交给这些相关机构。

立法草案提议者必须认真考虑成员国议会或议院发表的合理

意见。当认为一项立法草案不符合辅助性原则的合理意见至少代表分配给成员国议会的所有票数(每个成员国议会拥有两票,实行两院制的议会一个议院一票)的三分之一时,立法草案提议者必须重新审查其立法建议。在自由、安全与公正领域的立法草案,当合理意见占四分之一以上时就需要重新审查。根据审查意见,立法草案提议者可以决定维持、修订或撤销草案,但必须给出这样做的理由。

在普通立法程序下的立法草案,当合理意见占简单多数以上时就需要进行重新审查。根据审查意见,欧盟委员会可以决定维持、修订或撤销草案。如果委员会作出维持的决定,则必须说明合理意见,证明该立法建议符合辅助性原则,并将其合理意见以及成员国议会的合理意见一起提交给欧盟立法机构。欧盟立法机构(欧洲议会和理事会)在进行一读之前应当充分考虑大多数成员国议会的合理意见以及委员会的合理意见,审查立法建议是否符合辅助性原则。如果理事会成员有55%多数或者欧洲议会投票的多数票认为该立法建议不符合辅助性原则,那么该立法建议不应再予以考虑。

如上所述,欧盟委员会每年都必须发布关于适用辅助性原则的年度报告,并向欧洲理事会、欧洲议会、部长理事会、地区委员会和经社委员会提交该报告,根据新修订的议定书的规定,欧盟委员会也要向成员国议会提交该报告。

其次,新修订的辅助性原则议定书赋予欧洲法院在辅助性原则上的司法裁定权,在一定程度上加强了欧洲法院的事后司法监督职能。同时,为了将成员国议会的事前监督与欧洲法院的司法审查结合起来,新修订的议定书规定,成员国议会或者成员国议会的议院有权直接就违反辅助性原则的立法向欧洲法院提起司法审查。此外,地区委员会也可以对其被咨询的立法提出这样的司法审查。

再次,新修订的辅助性原则议定书扩大了辅助性原则的适用范围，欧盟所有行动都要遵循辅助性原则的规定。新修订的辅助性原则议定书规定，“欧盟立法草案”不仅仅是指委员会的立法提议，也包括来自一组成员国的动议、来自欧洲议会的动议、来自欧洲法院的请求、来自欧洲中央银行的建议和来自欧洲投资银行对采纳欧洲立法行动的请求。根据这样的界定，辅助性原则就不仅适用于委员会提起的立法动议，而且也适用来自其他欧盟机构的立法动议。这样，辅助性原则的适用范围就从原来仅限于共同体事务扩大到欧盟货币金融政策和第二、三支柱的事务领域。

总之，《欧盟宪法条约》和《里斯本条约》更加重视辅助性原则的贯彻落实，不仅扩大了辅助性原则的适用范围，而且引入了“早期预警机制”，把成员国议会的事前监督与欧洲法院的事后司法审查结合起来，有助于确保辅助性原则的有效执行。

五、辅助性原则引发的争议

辅助性原则自从正式写入《马约》之后，就引起了不少争议。对于辅助性原则的性质，有些人把其解读为防止欧盟过度集权、制服“布鲁塞尔怪物”的法宝，而有些人则把它看作是联邦主义分权原则的确立。[①] 王鹤认为：“辅助性原则的本质是符合联邦主义干预在各级政府之间分享权力的逻辑，这一原则被正式纳入马城条约(指《马斯特里赫特条约》。——引者注)，实际上是为欧共体走向联邦性质的欧洲联盟奠定了指导原则和法律基础。”[②]对此，陈玉刚提出了不同的看法，认为在欧盟这样的体系中，辅助性原则还不足以使其成为一个联邦体制，并提出了三方面的理由：一是辅助性原则的明确表述是在共同体部分，因而其运用基本要限于共同体事项范围；二是与辅助性原则相关联的剩余权力仍控制在成员国

---

① 参见陈玉刚《国家与超国家——欧洲一体化理论比较研究》，上海人民出版社 2001 年版，第 317 页。

② 王鹤：《评欧共体的辅助性原则》，载《欧洲》1993 年第 2 期。

手中；三是辅助性原则的解释权，条约没有明确规定。[①] 其实，不仅是不同的学者之间，而且欧盟成员国之间对辅助性原则也有不同的争议。主张欧洲一体化应坚持政府间主义合作的英国把辅助性原则看作是防止欧盟无限制发展、避免国家权力大幅度地转让给欧盟的有用工具，而坚持欧洲一体化向联邦制方向发展的德国则把其等同于联邦主义的分权原则。英国主张“市场指向的辅助性原则”，即主张由欧盟制定四大自由流通的法规，成员国和地方政府则保留除此之外的所有权力，把辅助性原则的适用范围局限于共同市场的四大自由建设，而以德国为首的欧洲大陆国家则支持“联邦制辅助性原则”，希望该原则成为一项普遍的在欧盟和成员国之间进行分权的原则。

上述争论虽然是围绕完成内部单一市场的建设展开的，但是争论并没有随着内部市场的完成和《欧盟基础条约》的修改而休止。这是因为，辅助性原则不仅仅是一项法律原则，而且也是一项政治原则。作为一项法律原则，《欧盟基础条约》已经规定得非常清楚，基本没有什么争议。《欧盟基础条约》第 5 条已经对辅助性原则作了明确的规定，明确了应当在欧盟还是成员国层面采取行动的基本原则，解决了欧盟与成员国权限划分的争端；条约的第二个议定书规定了辅助性原则的监督程序，成员国议会负责监督该原则的遵守。但是作为一项政治原则，辅助性原则就争议比较大，这涉及广泛的各种各样的情况。在有些情况下成员国要求超国家机构采取行动，有些情况下则表达保留意见；在有些领域希望欧盟实施更加广泛的政策，在其他领域则反对。不管争议如何，随着欧洲一体化的深入发展，辅助性原则作为一个政治、法律和行动信念已经得到了广泛的认可，目前人们所关注的是该原则如何在实际应用中得到更好的贯彻执行。

---

① 参见陈玉刚《国家与超国家——欧洲一体化理论比较研究》，上海人民出版社 2001 年版，第315～316 页。

深化对辅助性原则的应用获得了广泛的政治支持，而且欧盟也创立了许多工具来促进辅助性原则的实施，如更好地年度规划、影响评估和促进成员国议会的参与等。但是如何实施辅助性原则以及在提出欧盟政策时如何自我约束，仍然存在一些问题。这是因为，由于共同利益与成员国偏好的多样性之间的紧张，以及欧盟决策机制的复杂性，有时候，即使是欧盟委员会提出了简洁的立法提议，但是随后的理事会和欧洲议会的立法谈判导致各种各样的附加条款、细节等，使得最初简洁的立法提案最终演变成为过于复杂和细致的法律(关于这一点，下一章有详细分析)。所以导致了欧民众对于欧盟过度干预的抱怨，而且这种抱怨与近年来兴起的疑欧主义的思潮联系起来，带来了严重的政治后果：欧盟制宪大会历经一年多制定的《欧洲宪法条约草案》被法国和荷兰全民公决否决，宪法条约也最终被放弃；反对欧洲一体化的极右翼政党在欧盟政治舞台上迅速崛起，在 2014 年的欧洲议会选举中，许多极右翼政党如法国的“国民阵线”、英国的“独立党”等都成为大赢家。所有这些无疑对欧洲一体化进程带来了严峻的挑战，也使辅助性原则再一次成为欧盟政治的突出议题。不过，与辅助性原则最初写入马约时的争论不同，这次关于辅助性原则的争论更多的是关于在欧盟治理中如何更好地适用这一原则的问题。虽然欧盟与成员国之间以及各成员国之间在这一问题上存在着纷争，但是在各种挑战面前，欧盟和成员国对欧盟治理亟待改革是有广泛共识的。

事实上，随着欧洲一体化的发展，特别是欧债危机以来，为了应对欧债危机，欧盟采取了一系列改革措施来加强经济货币联盟的治理，特别是加强了对成员国的宏观经济政策、财政政策、银行业的监管，欧盟治理的权限因此而得到进一步的扩大，这也引起了英国、荷兰等部分成员国的担忧。为此，英国政府对欧盟权限的平衡问题进行了评估，荷兰政府则对欧盟辅助性原则的适用情况开展了评估。英国和荷兰政府开展的评估活动虽然只是两国政府的单独行为，与其他成员国以及整个欧盟关系不大，但是，评估进程本身实际上是对欧盟治理权限的一次全面审查，是对欧盟与成员国治理权限划分的一次重新检阅，评估结果将对欧盟超国家治理与成员国治理的互动关系、欧盟下一步的治理改革发展产生重要影响，本书将在第六章中对此加以详细分析。

第三节　相称性原则

与辅助性原则相比，相称性原则（Principle of Proportionality）[①]提出的时间相对要晚，它在 1997 年才被正式写入《阿姆斯特丹条约》。该条约明确规定："共同体的任何行动均不应超越实现本条约目标所需的限度。"[②]经《里斯本条约》修订后的《欧洲联盟条约》第 5 条第 4 款又对该原则作出了具体的规定："根据相称性原则，联盟行动的内容和形式不得超出实现两部条约之目标所必需的范围，联盟机构根据'关于适用辅助性原则与相称性原则的议定书'适用相称性原则。"很明显，根据相称性原则的规定，如果联盟的行动超出了实现条约目标所必需的范围，超过了必要性的界限，欧盟的权力和行动就被认为是不适当的。[③]

《欧洲联盟条约》第 5 条第 1 款规定："联盟权能的范围由授权原则予以规范。联盟权能的行使受辅助性原则和相称性原则约束。"可以看出，相称性原则是与授权原则、辅助性原则联系在一起的、用于规范欧盟治理权能的基本原则之一。事实上，相称性原则正是欧盟为了进一步明确辅助性原则的适用问题而提出来的。因此，附在《阿约》之后的《关于适用辅助性原则和相称性原则的议定书》把二者放在一起加以规定，并在随后的欧盟基础条约修改中也是如此。

---

① 国内学术界对该原则的翻译有多种，如翻译成"适度原则"、"比例原则"、"均衡原则"等，本书一律采用"相称性原则"的译法。

② 转引自戴炳然《评欧盟〈阿姆斯特丹条约〉》，载《欧洲》1998 年第 1 期。

③ 参见陈玉刚《超国家治理——国际关系转型研究》，上海人民出版社 2009 年版，第 181 页。

辅助原则与相称性原则都是欧盟超国家机构行使权力时必须遵守的基本原则，但是在二者的适用上则所有不同。在欧盟是否应该采取行动的问题上，应根据辅助性原则来作出判断，只有在根据辅助性原则欧盟有权采取行动的情况下，才能适用相称性原则。可见，这两项原则在功能上是一致的，但是在适用上则存在先后的逻辑顺序。除此之外，辅助性原则和相称性原则的适用范围也不尽一致，辅助原则主要适用于欧盟与成员国权力共享权能的政策领域，而相称性原则适用于包括专属权能领域在内的欧盟所有行动领域。①

从荷兰政府关于辅助性原则的评估报告所列出的54个需要纠正的行动要点可以看出，有相当一部分议题虽然根据辅助性原则欧盟有必要在这些领域采取行动，进行立法，但是欧盟的行动超出了必要的限度，违背了相称性原则：要么是欧盟立法规定得过于具体，没有留给成员国充分的行动余地；要么是欧盟立法没有考虑实施成本，给成员国带来沉重的行政负担。可见，相称性原则虽然逻辑上在辅助性原则之后，相对于授权原则和辅助性原则其重要性没有那么突出，也没有得到应有的重视，但是，从欧盟治理的实际情况来看，问题恰恰出在没有充分尊重这一原则上，欧洲民众对欧盟的抱怨、欧盟成员国对欧盟的过多行政干预的指责往往也都指向这一原则。而这一原则出了问题则直接影响到人们对辅助性原则和授权原则的评判，进而质疑欧盟治理的合法性。鉴于此，相称性原则同样应该被视为欧盟超国家治理与成员国治理进行互动的基本原则之一，并在实践中重视该原则的实际运用。

① 参见温树英《欧共体法中的相称性原则》，载《政法论坛》2004年第5期。

第四章　欧盟超国家治理与成员国治理互动的制度机制

欧盟是基于成员国授权而具有治理权能的，而为了有效地行使这些权能，成员国在欧洲一体化进程一开始就设计了一套独特的制度机制。这套独特的制度机制虽然随着欧洲一体化的发展而不断得到修改和完善，但是其根本特点没有变，即欧盟是国家与超国家规则和机制的独一无二的结合。[①] 正是这种独特的制度机制把欧盟超国家治理与成员国治理有机地联系起来，并进一步促进了二者的互动。为了便于分析欧盟超国家治理与成员国治理互动的制度机制，本章把欧盟治理进程分为三个阶段，即政策制定阶段、政策执行阶段和司法裁决阶段，具体分析每个阶段的互动机制。

第一节　政策制定中的制度平衡机制

治理的本质特征就是有意识地确定并努力实现一个政治目标，并确保行为者的行为是在朝这个方向努力。[②] 对于欧盟治理而言，确定政治目标并确保行为者为实现该目标而采取一致行动绝

① 参见陈玉刚《国家与超国家：欧洲一体化理论比较研究》，上海人民出版社2001年版，第182页。

② 参见[德]贝亚特·科勒—科赫、托马斯·康策尔曼、米歇勒·克诺特《欧洲一体化与欧盟治理》，顾俊礼等译，中国社会科学出版社2004年版，第176页。

非易事。这是因为欧盟拥有28个成员国,每个成员国的战略目标和优先事项不尽一致,有时甚至会相互冲突。例如在欧洲一体化发展的最终目标上,欧盟究竟要发展成为一个联邦性质的欧洲合众国还是维持在邦联性质的政府间合作组织,成员国之间就存在很大分歧,第二章所提到的政府间主义与超国家主义之争实际上就反映了成员国之间在这方面的分歧。即使是欧盟成员国面临同样的问题,如欧债危机,但他们对于欧债危机产生的根源却有不同的看法,进而对如何解决危机也存在很大的分歧,有的成员国主张实行财政紧缩政策,而有的则认为必须刺激增长。对于成员国之间这种不同的利益诉求,欧盟在政策制定过程中就必须予以充分的考虑,否则欧盟治理就无从谈起,因为欧盟是在成员国授权的基础上进行治理的。但是如果只考虑成员国的特殊利益,而忽视了欧盟的共同利益,欧盟治理也就失去了其本来的意义。因此,在欧盟的政策制定过程中,"欧盟总是处于两难的境地,一方面必须考虑各个成员国的利益,另一方面又要满足合作的愿望,从而通过合作去谋求共同的利益"[①]。

面对这种困境,欧盟建立了一套制度平衡机制。一方面,欧盟建立了代表欧盟整体利益的欧盟委员会、欧洲议会、欧洲法院等超国家机构,这些机构的成员虽然都来自成员国,但是他们一旦进入该机构工作,就必须保持其独立性,致力于识别、界定并促进欧盟的共同利益。另一方面,欧盟也建立了代表成员国利益的政府间性质的机构,如由成员国国家元首或政府首脑组成的欧洲理事会、由成员国部长或部长级代表组成的欧盟理事会等。这些机构也致力于促进欧盟的共同利益,但他们是从本国利益的角度来考虑欧盟的整体利益的。在欧盟政策制定过程中,两种性质的欧盟机构都参与其中,它们有着不同的立法权限,并分别扮演不同的角色,形成了相互分权和制衡的制度平衡决策机制。

---

① [德]贝亚特·科勒—科赫、托马斯·康策尔曼、米歇勒·克诺特:《欧洲一体化与欧盟治理》,顾俊礼等译,中国社会科学出版社2004年版,第99页。

一、把立法提议权赋予欧盟委员会

欧盟委员会为促进联盟的整体利益，应根据欧盟条约的规定提出相应的立法提议。欧盟委员会的立法提议权在《里斯本条约》第 17 条第 2 款中规定得非常明确："除两部条约另有规定外，联盟立法性法令只能在委员会提议的基础上通过。在两部条约有此规定的情况下，其他法令也应在委员会提议的基础上通过。"[①]这一规定说明欧盟委员会基本拥有排他性的立法提议权。不过，这种排他性的立法提议权只是意味着欧盟委员会是立法草案的最终提出者，由其向立法决策机构提出立法草案，并不意味着其完全控制着立法草案的形成过程以及立法草案的具体内容。相反，欧盟委员会在立法提议的过程中会以各种方式开展广泛的咨询，如所有立法提议在提出前都要进行影响评估(impact assessment)，邀请专家提交报告，咨询成员国专家、国际组织或非政府组织，通过发布绿皮书或白皮书开展咨询等，通过这些咨询来与各种利益攸关者特别是与成员国政府进行积极的互动，充分听取他们的意见和建议，确保最终的立法草案既能促进欧盟的整体利益，也符合成员国的利益。否则，欧盟委员会即使提出了立法草案，也难以获得通过成为欧盟的正式法律。

虽然欧盟委员会享有排他性的立法提议权，但是欧盟理事会和欧洲议会有权要求欧盟委员会提交合适的立法议案，也就是说，它们享有立法建议权。《欧洲联盟运行条约》第 241 条规定："理事会可要求委员会对理事会认为系实现共同目标所需的任何问题进行研究，并向理事会提交任何适当的提议。如委员会未提交提议，应向理事会说明理由。"[②]《欧洲联盟运行条约》第 225 条规定："经

① 程卫东、李靖堃译：《欧洲联盟基础条约——经〈里斯本条约〉修订》，社会科学文献出版社 2010 年版，第 39 页。

② 程卫东、李靖堃译：《欧洲联盟基础条约——经〈里斯本条约〉修订》，社会科学文献出版社 2010 年版，第 136 页。

其成员的多数同意，欧洲议会可要求委员会就其认为有必要通过一项联盟法令以实施两部条约的事宜提交适当的提议。如委员会未提交此类提议，它应向欧洲议会通报理由。”①这说明，虽然欧盟委员会拥有排他性的立法提议权，但是欧洲理事会、欧盟理事会和欧洲议会能够在立法提议上对欧盟委员会施加影响，有权向欧盟委员会提出建议，督促欧盟委员会就相关议题提出立法建议。虽然欧盟委员会没有必须采纳的义务，但是由于这些机构是欧盟的立法决策机构，欧盟委员会一般会接受它们的立法建议，纳入立法议程并启动立法程序。

虽然欧洲理事会不行使立法职能，但是其政治决定对于欧盟委员会的立法提议权有着重要的影响。特别是随着《里斯本条约》的生效，欧洲理事会成为欧盟的正式机构，并建立了常设的理事会主席职位，其在欧盟治理中的地位和作用日益突出和重要，虽然条约明确规定欧洲理事会不行使立法职能，但是由于成员国政府首脑或国家元首所具有的政治合法性和权威性，他们在欧洲理事会中作出的政治决定虽然不具有法律效力，但是其政治指导意义却非常重要，欧盟委员会需要根据欧洲理事会的政治创议提出相应的立法提议。

除了联盟机构外，《里斯本条约》规定联盟公民也可以要求欧盟委员会提出立法提议。《欧洲联盟条约》第 11 条第 4 款规定：“如公民认为某项联盟法律是实施两部条约所必需的，则来自相当数量成员国的、总数不少于 100 万的公民可以提出动议，提请欧盟委员会在其权力范围内就此事提交适当提议。”②也就是说，如果联盟公民提出的立法动议符合欧盟法律规定的程序和条件，那么欧盟委员会就应该采取相应的立法行动，包括审核立法动议是否符合

---

① 程卫东、李靖堃译：《欧洲联盟基础条约——经〈里斯本条约〉修订》，社会科学文献出版社 2010 年版，第 132 页。

② 程卫东、李靖堃译：《欧洲联盟基础条约——经〈里斯本条约〉修订》，社会科学文献出版社 2010 年版，第 36 页。

法定条件要求、是否是属于欧盟权限范围的事项等，并最终决定是否就此事提交适当立法提议。

总之，虽然欧盟其他机构甚至是联盟公民都可以向欧盟委员会施加影响，向其提出立法建议，但是立法提案的内容最终要由欧盟委员会来负责确定，并由其决定提交立法提案的时间，也就是说，只有欧盟委员会才享有正式的立法提议权。欧盟把立法提议权赋予欧盟委员会具有非常重要的意义，因为欧盟委员会独立于成员国，能够从欧盟整体的角度提出代表共同利益的立法提议，从而能够敦促成员国采取行动推动欧洲一体化和欧盟治理的发展，更重要的是欧盟委员会对立法提议权的垄断能够有效防止日后各国政府通过一致决定而在一体化道路上向后倒退，进而能够起到“定位销”的作用。[①] 因为根据《欧盟条约》的规定，一般情况下，欧盟理事会只能在欧盟委员会立法提议的基础上才能作出决定，而且根据《里斯本条约》第 293 条的规定，欧盟理事会只有通过一致同意的方式才可修改欧盟委员会的提议，而且只要欧盟理事会尚未采取行动，欧盟委员会即可在联盟法令通过程序期间的任何时候修改其立法提议。所有这些规定表明，作为享有排他性立法提议权的欧盟超国家机构，欧盟委员会能够通过其立法提议权对欧盟理事会等立法决策机构起到一定的制约和平衡作用。

二、把立法决策权赋予欧盟理事会和欧洲议会

欧盟委员会向欧盟立法决策机构提交立法提议之后，欧盟立法机构就要根据相应的立法决策程序作出决定。在《马约》规定共同决策程序之前，欧盟理事会是欧盟最主要的立法决策机构，欧盟立法进程就是由欧盟委员会提出立法提议，由欧盟理事会作出决定。因此，欧洲学者喜欢用双轮脚踏车来形容欧盟的政策制定过程，即只有在代表共同体利益的欧盟委员会和代表成员国利益的

① 参见[德]贝亚特·科勒—科赫、托马斯·康策尔曼、米歇勒·克诺特《欧洲一体化与欧盟治理》，顾俊礼等译，中国社会科学出版社 2004 年版，第 101 页。

欧盟理事会共同参与的条件下，才能制定出重要的政策和法律，才能推动欧洲一体化和欧盟治理的发展。[①] 不过随着欧洲议会立法权力的不断扩大，特别是随着《里斯本条约》的生效[②]，这种双轮脚踏车的立法过程已经变成了三轮脚踏车的运转模式。即只有当欧盟委员会、欧盟理事会和欧洲议会三方的密切配合协调，准备好向同一方向运动时政策才能够制定出来，只有当三者以同一速度运动时欧洲一体化和欧盟治理才能顺利向前发展。当然，以上只是欧盟立法决策进程的一般状况。具体到不同的政策领域，由于欧盟享有的权能不同，适用的立法决策程序也一样，因此，要全面理解欧盟政策制定过程的制度平衡机制，还需要对不同的立法决策程序进行具体分析。

欧盟立法决策中所确立的最早的立法程序是 1957 年《罗马条约》建立的咨询程序，根据该程序的要求，欧盟理事会在就欧盟委员会提交的议案作出决定前应先将欧盟委员会的议案送交欧洲议会征求意见，只有在获得欧洲议会的意见后理事会才能作出最终决策。对某些议案，理事会还必须征求经济和社会委员会以及地区委员会的意见。在欧洲议会、经济和社会委员会、地区委员会等发表了意见之后，欧盟理事会按照其内部决策程序决定通过或不通过议案。欧盟理事会可以不考虑欧洲议会的意见而作出决定，但是根据欧洲法院的案例判决，欧盟理事会在收到欧洲议会的意见之前不能作出决定，否则其立法决定无效。总之，在咨询程序中，理事会是唯一的最终决策者，欧洲议会只具有咨询权，没有真正的立法权，除了可以通过推迟发表意见而拖延立法进程外，无法

① 参见[德]贝亚特·科勒—科赫、托马斯·康策尔曼、米歇勒·克诺特《欧洲一体化与欧盟治理》，顾俊礼等译，中国社会科学出版社 2004 年版，第 100 页。

② 《里斯本条约》第 14 条第 1 款和第 16 条第 1 款都明确规定，欧洲议会和欧盟理事会共同行使立法和预算职能。也就是说，欧洲议会享有与理事会同等的立法权。参见程卫东、李靖堃译《欧洲联盟基础条约——经〈里斯本条约〉修订》，社会科学文献出版社 2010 年版，第 37～38 页。

对欧盟理事会构成真正制约。随着欧洲一体化的发展和《欧盟条约》的多次修改，欧洲议会的立法权不断扩大，咨询程序的适用领域越来越小，目前仅适用于内部市场豁免、竞争法等几个有限的政策领域，并从《欧洲经济共同体条约》中的通行立法程序变为《里斯本条约》中的“特别立法程序”(Special Legislative Procedure)，即只在条约有此规定的特别政策领域内适用该立法程序。

1986 年的《单一欧洲法令》确立了一个新的立法程序即“同意程序”(*Assent* Procedure)，该程序主要适用于欧盟谈判签署的国际协定、新成员国的加入、欧盟的年度预算等领域。根据该程序的规定，欧洲议会可以批准或否决所提交的立法提议，但是不能对此进行修改。在该程序下，没有征得欧洲议会的同意，欧盟理事会就无权作出决定，因此，在一定意义上，欧洲议会拥有最终的批准权，但是没有修改权限，其选择只限于要么接受要么否决，因此这一程序有时也被称为“批准程序”。在该程序下，欧洲议会能够对欧盟理事会形成一定的制约。与咨询程序一样，同意程序(《里斯本条约》把原来的“*Assent* Procedure”重新命名为“Consent Procedure”)在《里斯本条约》中也被界定为特别立法程序，其适用范围主要限于《里斯本条约》第 216～218 条规定的欧盟缔结的国际协议的批准和《里斯本条约》第 314 条规定的欧盟年度预算的批准。

1992 年的《马斯特里赫特条约》又确立了一个新的立法程序即共同决策程序(Co-decision Procedure)。该程序经《阿姆斯特丹条约》和《尼斯条约》修改后，其适用范围不断扩大，并在《里斯本条约》中被界定为“普通立法程序”(Ordinary Legislative Procedure)，成为除条约另有规定外适用于大多数政策领域的立法程序。根据《里斯本条约》第 294 条的规定，该程序的流程大体分为四个阶段：

1. 一读阶段。欧盟委员会向欧洲议会和欧盟理事会提交立法提议，欧洲议会应在一读时通过其立场并通报理事会，如果理事会赞同欧洲议会的立场，有关法令应以与欧洲议会立场相符合的文本通过，如果理事会不赞同欧洲议会的立场，理事会应在一读时通过其立场并通报欧洲议会，理事会应向欧洲议会充分通报一读时确定其立场的理由，欧盟委员会应向欧洲议会充分通报其立场。此后立法进入二读阶段。

2. 二读阶段。如果欧洲议会在上述通报后的3个月内同意理事会一读时的立场或未作出决定，则相关法令应被视为以符合理事会立场的文本通过；如果多数议员意见拒绝理事会的一致立场，则相关法令应被视为未获通过；如果多数议员意见提出对理事会一读时立场的修正案，经修正的文本应提交欧盟理事会和欧盟委员会，后者就此修正案发表意见。如果在收到欧洲议会修正案后的3个月内理事会以特定多数同意所有修正(对于欧盟委员会持否定意见的修正案，理事会应以一致方式采取行动)，则相关法令应被视为已获通过；如果不同意所有修正，则理事会主席应在征得欧洲议会议长同意后，在6周内召集调解委员会会议(Conciliation Committee)，此后进入调解阶段。

3. 调解阶段。调解委员会由理事会成员或理事会成员代表和相同人数的欧洲议会代表组成，其任务是在理事会和欧洲议会二读立场的基础上，在会议召开后的6周内以理事会成员或理事会成员代表的特定多数同意和欧洲议会代表的多数就共同文本达成一致。欧盟委员会参加调解委员会的议程，并提出一切必要的动议，以协调欧洲议会和理事会的立场。如在会议召开后的6周内调解委员会未能通过共同文本，则拟议的法令应被视为未获通过；如果通过了共同文本，则进入三读阶段。

4. 三读阶段。如在上述期限内调解委员会通过了一项共同文本，则通过文本后的6周内，欧洲议会以多数表决、理事会以特定多数表决，分别通过与共同文本一致的法令；否则，拟议的法令应被视为未获通过。经欧洲议会或理事会提议，普通立法程序中所提及的 3 个月和 6 周的期限可最多分别延长 1 个月和 2 周。[①]

从上述决策流程可以看出，在普通立法程序下，欧洲议会和欧盟理事会享有同等的立法决策权，双方都可以使欧盟委员会的立法议案搁浅。这也使得该程序异常复杂，使得欧盟立法决策进程冗长。例如，在 2004～2009 年立法周期内，在一读阶段通过的欧盟立法平均需要 16.2 个月，在二读阶段通过的欧盟立法平均需要 29.7 个月。[②] 为了避免出现联合决策的陷阱，欧盟委员会、欧盟理事会和欧洲议会早在《里斯本条约》签署之前就为加强它们之间在共决程序下的协调和互动签署了机构间协议，发表了共同声明，以便确保立法活动的顺利开展。这在一定程度上提高了欧盟的立法效率。例如，2004～2009 年立法周期与 1999～2004 年立法周期相比，在一读阶段就通过的欧盟立法数量比例从 28%上升到 72%，通过调解程序通过的欧盟立法数量比例从 21.8%下降到 5.1%。[③]《里斯本条约》第 295 条也规定，欧洲议会、理事会和欧盟委员会应相互磋商，在达成共识的基础上就相互合作作出安排，在遵守两部条约的基础上，它们可以缔结具有约束力的机构间协议。[④]

随着共同决策程序成为普通立法程序，欧洲议会发展成为与

---

① 参见程卫东、李靖堃译《欧洲联盟基础条约——经〈里斯本条约〉修订》，社会科学文献出版社 2010 年版，第 150～151 页。

② The EP Activity Report of the delegations to the Conciliation Committee, presented by the three Vice-Presidents responsible for Conciliation: Mrs Kratsa-Tsagaropoulou, Mrs Roth-Behrendt and Mr Vidal-Quadras, 1 May 2004－13 July 2009 (6th parliamentary term), PE427.162v01-00, see http://www.europarl.europa.eu/code/information/activity_reports/activity_report_2004_2009_en.pdf.

③ The EP Activity Report of the delegations to the Conciliation Committee, presented by the three Vice-Presidents responsible for Conciliation: Mrs Kratsa-Tsagaropoulou, Mrs Roth-Behrendt and Mr Vidal-Quadras, 1 May 2004－13 July 2009 (6th parliamentary term), PE427.162v01-00, see http://www.europarl.europa.eu/code/information/activity_reports/activity_report_2004_2009_en.pdf.

④ 参见程卫东、李靖堃译《欧洲联盟基础条约——经〈里斯本条约〉修订》，社会科学文献出版社 2010 年版，第 152 页。

欧盟理事会平起平坐的立法机构，这样欧盟立法进程就由原来的欧盟委员会和欧盟理事会主导的进程发展成为欧盟委员会、欧盟理事会和欧洲议会三方主导的进程。这种制度安排虽然使得欧盟的立法进程过于复杂和冗长，但是通过这种制度间的平衡制约，有助于确保各种不同的利益诉求之间能够得到协调和满足。欧盟委员会为促进欧盟的整体利益而提出立法建议，代表成员国利益的欧盟理事会和代表联盟公民利益的欧洲议会共同作出决定，制定法律。通过这样一个流程制定出的法律既能够维护各成员国的利益，也能够通过制度化的合作促进欧盟的共同利益，而且也能照顾到民众的诉求和增强决策的民主合法性。

总之，在欧盟的政策制定过程中，无论是欧盟层面的机构如欧盟委员会、欧盟理事会、欧洲议会，还是成员国层面的机构如成员国政府、成员国议会（通过审查欧盟委员会的立法提议是否符合辅助性原则）等都参与其中，形成了一种多层次的治理体系。正如第二章所分析的多层治理理论所指出的那样，欧盟立法权力不是集中在某一个层面，而是在超国家和国家甚至是次国家层面分享，各个层面之间形成了相互制约平衡的关系，这种多层次的制度平衡机制虽然容易导致欧盟的决策进程过于复杂和冗长，但是该体系有助于不同治理层次之间特别是欧盟与成员国之间的互动和协调，从而有利于欧盟治理的实现。

第二节　政策执行中的成员国控制委员会体系

欧盟立法决策机构在制定出法律政策之后就需要贯彻执行这些法律政策，这也是欧盟治理的另一个重要环节。欧洲一体化进程伊始，欧盟基础条约就把共同体法律和政策的实施职能赋予给了代表欧盟整体利益的欧盟委员会。《里斯本条约》第 17 条也明确规定，欧盟委员会“应确保两部条约及联盟机构根据两部条约所采取之措施的实施，应在欧洲联盟法院控制下监督联盟法的适用，应执行预算,并对规划进行管理”[①]。此外,欧盟委员会还要行使两部条约规定的协调、执行和管理职能。虽然条约规定欧盟委员会在履行职责时应完全独立,但是欧盟成员国对于委托给欧盟委员会的执行权仍有疑虑,担心欧盟委员会在执行欧盟政策时超出了所规定的范围,自行扩大自己的权力。为此,欧盟建立了成员国控制委员会体系(comitology)[②],该体系由大量成员国控制委员会(comitology committees)构成,成员国控制委员会都由来自成员国的代表组成,由欧盟委员会官员主持,但欧盟委员会官员不能参与投票。该体系的建立虽然是为了监督和控制欧盟委员会的执行权,但是该体系也加强了欧盟委员会与成员国行政机构之间的联系与协调、合作和互动。

一、《里斯本条约》之前的成员国控制委员会体系

由于欧盟本身的性质所决定,欧盟层面的法律政策的实际执行和落实主要由成员国政府来组织实施。具体而言,欧盟基础条约是欧盟各成员国谈判签署并批准生效的,具有欧盟准宪法的性质,欧盟各成员国必须遵守。欧洲法院在司法判例中所提出来的一些基本原则如保护人权、平等无歧视、相互承认等原则也对成员国产生直接约束力,各成员国必须遵守。由于欧盟基础条约是授

① 程卫东、李靖堃译:《欧洲联盟基础条约——经〈里斯本条约〉修订》,社会科学文献出版社 2010 年版,第 39 页。

② “comitology”是欧盟用来概述为协助欧盟委员会实施其执行权所设立的一系列委员会工作的简略表述方式。英语词典没有这个单词,欧盟法律文件中也没有使用过这个词,对于该词的翻译,国内学术界有好几种译法。曾令良将其译为“专门委员会”,刘文秀将其译为“体制性委员会”,朱淑娣则译为“特别委员会”,赵晨在其翻译的《欧洲的抉择——社会目标与政府权力》一书中将其译为“共同体事务委员会”,程卫东等在其翻译的《欧洲宪政》一书中将其译为“共同体法实施特别委员会”。笔者认为“共同体法实施特别委员会”这一译法比较贴切,不过由于《里斯本条约》第 291 条明确使用了“成员国控制委员会实施权力的机制“这一提法,因此本书把“comitology”译为“成员国控制委员会体系”,把该体系下的各种 committees 翻译为“成员国控制委员会”,欧盟法令中明确其名称的除外。

权性质的框架协议，它只是在原则上规定了欧盟的总体任务和所欲达到的目标，对于基础条约所提出的任务和目标的具体落实则授权欧盟机构通过制定二次立法来完成。也就是说，欧盟要通过制定大量的派生性法律法规来实现欧盟治理的目标。为此，《里斯本条约》把联盟法令划分为立法性法令(legislative acts)、授权性法令(delegated acts)和实施性法令(implementing acts)三个类别。条例、指令、决定、建议和意见都属于欧盟法令，但是它们的适用范围和法律约束力却不同。欧盟的条例(regulations)具有普遍适用性，它在整体上具有约束力，直接适用于所有成员国。欧盟的指令(directives)在其所欲达到的目标上对其所针对的每个成员国均具有约束力，相关成员国有义务在规定的期限内通过相应立法程序将指令的内容转化为本国的国内法，因此，指令不具有直接适用性，需要由成员国转换成国内法之后才能实施，而且实施指令的形式和方法由成员国自行决定。欧盟的决定(decisions)仅对其针对的对象具有法律约束力。欧盟的建议和意见(recommendations and opinions)不具有法律约束力。立法性法令一般要通过普通立法程序通过，正如上面所指出的那样，这个过程非常复杂冗长。

实际上，立法机构把法律的具体实施授权给行政机构都是非常必要的。主权国家是如此，欧盟更是如此，在欧盟中，有些政策领域是高度管治的，要求大量的具体的管治措施，并常常需要快速实施以便应对变化的情况。由欧盟立法机构欧洲议会和理事会来决定这些事项很明显不切实际，这会导致立法进程瘫痪。因此为了节省时间，也为了减轻自己的工作负担，理事会和欧洲议会往往把立法权授予给欧盟委员会，由其采取必要的措施来执行立法性法令中规定的基本原则和目标。《里斯本条约》把这种立法授权分为授权性法令和实施性法令两种，授权性法令主要是为了补充或修改立法性法令中某些非根本性的内容，欧盟委员会只有在立法性法令有此规定的情况下才拥有这种权力。欧盟委员会在通过授权性法令时应按照立法性法令界定的授权的目标、内容、范围和期限来进行，不能涉及立法性法令的根本性内容，经授权的法令仅在欧洲议会或理事会在立法性法令规定的期限内未表示明确反对的情况下才可生效，而且欧洲议会和理事会可以决定撤销它们的授权。授权性法令就是《里斯本条约》生效前按照规制审查程序通过的实施措施。

欧盟委员会在通过实施性法令时则应按照欧洲议会和理事会规定的成员国控制委员会行使实施权力机制的规则和普遍原则来进行。为了控制欧盟委员会的执行权力，并协助欧盟委员会执行欧盟的法律法规，欧盟理事会为各立法决策的执行设立了一系列成员国控制委员会，2013 年共设立了 302 个成员国控制委员会（见表 4-1）。这些成员国控制委员会的任务是对欧盟委员会所提交的执行措施草案发表意见。早在 1987 年，欧共体部长理事会就通过了关于授予给欧盟委员会的执行权的实施程序的决定，对成员国控制委员会的组成和职责以及欧盟委员会采取实施措施应适用的程序作了具体规定。[①] 1999 年，欧盟部长理事会通过了新的关于授予给欧盟委员会的执行权的实施程序的决定，把欧盟委员会采取实施措施应适用的程序从原来的 7 个削减为 4 个，即咨询程序、管理程序、规制程序和规制审查程序四种。具体规定如下：

表 4-1 成员国控制委员会的数量、召开会议的次数、发表意见数量、通过的实施性法令数量(2010～2013)

	成员国控制委员会的数量	召开会议的次数	书面程序次数	成员国控制委员会发表意见的数量	欧盟委员会采取的实施性法令数量	按照规制审查程序通过的实施性法令数量
2010	259	859	766	1868	1625	163
2011	268	783	838	1923	1657	167

① Council of Ministers, “Council decision of 13 July 1987 laying down the procedures for the exercise of implementing powers conferred on the Commission,” *OJL*, 197, 18 July 1987, pp. 33-35.

续表

	成员国控制委员会的数量	召开会议的次数	书面程序次数	成员国控制委员会发表意见的数量	欧盟委员会采取的实施性法令数量	按照规制审查程序通过的实施性法令数量
2012	270	796	889	1923	1657	167
2013	302	718	970	1916	1716	171

资料来源：European Commission, Annual Report from the Commission on the Working of Committees during 2010, 2011, 2012, 2013.

在咨询程序(advisory procedure)下，欧盟委员会在采取执行措施前应该听取咨询委员会(Advisory Committee)的意见，虽然咨询委员会的意见不具有法律约束力，但是欧盟委员会也要充分考虑该委员会的意见，这一程序主要适用于政治上不是很敏感的议题。

在管理程序(management procedure)下，欧盟委员会应将拟采取的执行措施提交给管理委员会(Management Committee)，管理委员会应在限定的时间内对其发表意见。如果欧盟委员会拟采取的措施与该委员会的意见一致，就可获得通过。如果该委员会对欧盟委员会拟采取的措施持否定意见，那么这些措施就不能通过，欧盟委员会必须将其政策草案提交给欧盟理事会，理事会可以在规定的期限内以特定多数作出不同的决定。这一程序主要适用于共同农业和渔业政策以及对欧盟预算有重要影响的管理项目。

在规制程序(regulatory procedure)下，欧盟委员会应将拟采取的执行措施提交给规制委员会(Regulatory Committee)，规制委员会应在限定的时间内对其发表意见。如果欧盟委员会拟采取的措施与该委员会的意见一致，就可获得通过。如果该委员会对欧盟委员会拟采取的措施持否定意见或没有发表意见，这些政策措施就不能获得通过，欧盟委员会必须将其政策草案提交给欧盟理事会。欧洲议会有权对政策草案进行监督，但是不能否决政策草案。理事会需要以特定多数表决制在规定的期限内作出决定。如果理事会表决通过，欧盟委员会就能采取这些措施；如果理事会表决不通过，欧盟委员会可以修改其政策建议，或者提出新的政策建议。这一程序主要适用于旨在实施立法性法令根本性内容的一般性措施，或旨在调整和更新基本立法性法令的非根本性内容的措施。[①]

在规制审查程序（regulatory procedure with scrutiny）下，欧盟委员会应将拟采取的执行措施提交给规制审查委员会（Regulatory Committee with Scrutiny），规制审查委员会应在限定的时间内对其发表意见，如果该委员会发表肯定意见。那么欧盟委员会拟采取的措施就可获得通过。如果该委员会发表否定意见，那么拟采取的措施就不能获得通过，在此情况下，欧盟委员会必须将其政策建议提交给欧盟理事会和欧洲议会。如果欧盟理事会或欧洲议会持否定意见，那么拟采取的措施就不能获得通过，在这种情况下，欧盟委员会可以选择修改其措施草案或提出新的政策建议。[②] 规制审查程序的目的是为了让欧洲议会参与监督在共同决策程序下通过的法律政策的实施。

二、《里斯本条约》之后的成员国控制委员会体系

《里斯本条约》第 291 条关于实施性法令的规定明确要求，欧盟立法机构应通过普通立法程序制定条例，预先为成员国控制委员会行使实施权力的机制制定规则和普遍原则。由此，2011 年 2 月 16 日，欧洲议会和理事会通过了关于成员国控制委员会行使实施权力机制的规则和普遍原则的条例（以下简称“2011 年成员国控制委员会条例”），该条例取消了 1999 年关于授予给欧盟委员会的执

---

① Council of Ministers, “Council decision of 28 June 1999 laying down the procedures for the exercise of implementing powers conferred on the Commission,” *OJL*, 184, 17 July 1999, pp. 23-26.

② Council of Ministers, “Council decision of 17 June 2006 amending Decision 1999/468/EC laying down the procedures for the exercise of implementing powers conferred on the Commission,” *OJL*, 200, 22 July 2006, pp. 11-13.

行权的实施程序的决定，但保留了成员国控制委员会体系，并把欧盟委员会采取执行措施应适用的程序从原来的 4 个简化为 2 个，即咨询程序和检查程序(examination procedure)。

检查程序主要适用于具有普遍适用性的措施和具有潜在重大影响的措施，如具有重要影响的项目、共同农业和渔业政策、环境、安全、对人类和动植物健康和安全的保护、共同商业政策、税收等。除了需要在检查程序下通过的上述措施外，所有其他执行措施一般都应在咨询程序下通过，而且即使是应该在检查程序下通过的执行措施，如果有适当的理由也可以在咨询程序下通过。尽管如此，从表 4-2 的数据可以看出，欧盟委员会采取实施性法令大多是适用检查程序，2013 年适用该程序的成员国控制委员会为 116 个，而适用咨询程序的只有 25 个。

表 4-2　根据程序划分的成员国控制委员会数量

	咨询程序	检查程序	规制审查程序	涉及多个程序	共计
2011	23	99	25	121	268
2012	24	99	24	123	270
2013	25	116	25	136	302

资料来源：European Commission, Annual Report from the Commission on the Working of Committees during 2011, 2012, 2013.

在适用咨询程序通过实施性法令的情况下，成员国控制委员会应当对欧盟委员会拟采取的执行措施发表意见，在必要的情况下可以通过投票的形式来发表意见。如果以投票的形式发表意见，则以成员国控制委员会组成成员的简单多数发表。欧盟委员会应当在充分考虑成员国控制委员会内部讨论结果和发表意见的结论的基础上，对拟采取的实施性法令作出决定。这一规定与以前的咨询程序没有什么区别。

在适用检查程序通过实施性法令的情况下，成员国控制委员会应当对欧盟委员会拟采取的执行措施以有效多数发表意见，有效多数票的规定与理事会的有效多数决策一样，成员国控制委员会中成员国代表的投票权重也与理事会中成员国的投票权重一样。如果成员国控制委员会对欧盟委员会拟采取的实施性法令持肯定意见，那么该实施性法令就应获得通过。

如果成员国控制委员会对欧盟委员会拟采取的实施性法令没有发表意见，那么该实施性法令也可获得通过，但是下列情况除外：(1)涉及税收、金融服务、保护人类和动植物健康与安全、界定多边贸易确保措施的实施性法令；(2)基本法令规定，成员国控制委员会没有发表意见的情况下实施性法令草案不能通过的情形；(3)成员国控制委员会的简单多数反对实施性法令的情况。在上述三种情况下，欧盟委员会均不能通过实施性法令。如果该实施性法令被认为是必要的，那么成员国控制委员会的主持人即欧盟委员会的代表可以在 2 个月内向该委员会提交该实施性法令的修正草案，也可以在 1 个月内把该实施性法令草案提交给上诉委员会(Appeal Committee)进一步审议。此外，对于涉及确定性的反倾销和反补偿的实施性法令草案，如果成员国控制委员会没有发表意见或者简单多数反对，那么欧盟委员会应当与成员国协商并将协商结果通知成员国控制委员会成员，同时向上诉委员会提交实施性法令草案。

如果成员国控制委员会对欧盟委员会拟采取的实施性法令持否定意见，则该实施性法令就不能获得通过。如果该实施性法令被认为是必要的，那么成员国控制委员会的主持人可以在 2 个月内向该委员会提交该实施性法令的修正草案，也可以在 1 个月内把实施性法令草案提交给上诉委员会进一步审议。

与上面提到的成员国控制委员会一样，上诉委员会也由成员国的代表组成，由欧盟委员会的代表主持，不过上诉委员会的成员国代表级别要高一些，一般情况下成员国代表的级别不低于成员国常驻代表委员会成员的级别。[①] 上诉委员会应该对提交的实施性法令草案以有效多数的方式发表意见，有效多数的规定与理事会的有效多数一样。在上诉委员会发表意见之前，上诉委员会的任何成员都可以对实施性法令草案提出修改建议，上诉委员会的主持人应考虑所提交的修改建议，特别是修改建议在得到上诉委员会的广泛支持的情况下更是如此，主持人可以决定是否对草案作出修改。在上诉委员会发表肯定意见的情况下，该实施性法令草案获得通过。如果上诉委员会没有发表意见，该实施性法令草案也可获得通过。如果上诉委员会对拟采取的实施性法令持否定意见，则该实施性法令就不能获得通过。从实际情况看，诉诸上诉委员会的情况比较少，2012 年上诉委员会总共只召开了 3 次会议，讨论了欧盟委员会提交的 6 个实施性法令草案，对这 6 个法令草案，上诉委员会都没有发表意见，欧盟委员会最终决定采取这 6 项实施性法令。[②]

除了咨询程序和检查程序外，条例还规定了在特殊情况下采取实施性法令的程序。为了避免对欧盟的农业市场造成巨大震荡和对联盟带来金融风险，欧盟委员会可以采取立即生效的实施性法令，在这种情况下，欧盟委员会要立即把采取的实施性法令提交给上诉委员会，上诉委员会发表肯定意见或不发表意见，则该实施性法令继续有效，如果上诉委员会发表否定意见，欧盟委员会则应立即取消该法令。在基本法令有规定的情况下，欧盟委员会可以在不事先向成员国控制委员会提交实施性法令草案的情况下就采取该法令并立即生效，但通常不超过 6 个月。采取之后，委员会才把采取的实施性法令提交给成员国控制委员会。该程序类似于以前的“确保程序”(Safeguard Procedure)。

① Rules of procedure for the Appeal Committee [Regulation (EU) No. 182/2011] Adopted by the Appeal Committee on 29 March 2011 (2011/C 183/05).

② http://ec.europa.eu/transparency/regcomitology/docs/annual_report_2012_en.pdf.

通过上面的分析可以看出，检查程序实际上代替了以前的管理程序和规制程序，只是上诉机构由原来的欧盟理事会变为现在的上诉委员会。以前的规制审查程序继续适用，所以在欧盟委员会关于成员国控制委员会的年度报告中仍然包含对此程序下的委员会数量和通过的法令的统计（见表 4-1、4-2），但适用于该程序的执行措施将逐渐按照授权性法令的形式通过，直到完全由授权性法令取代为止。

三、成员国控制委员会体系在欧盟治理中的地位和作用

如上所述，成员国控制委员会由成员国的代表组成，并根据不同的程序对欧盟委员会的执行权施加不同程度的控制和影响。在政府间主义者看来，成员国控制委员会体系就是一种政府间体系，建立该体系的目的就是为了监督和控制欧盟委员会对其行政权的实施，防止欧盟委员会利用成员国的授权扩大其权力和加快一体化发展。这种解释有一定的道理，但是没有揭示出成员国控制委员会体系的另一种重要的作用，即该体系使得成员国治理与欧盟层面治理之间的互动制度化和常态化，通过该制度化的体系，欧盟与成员国之间能够进行经常性的对话、交流、协商和互动。

首先，成员国控制委员会体系使得成员国能够对欧盟层面的执行措施提出意见和建议。根据 2011 年成员国控制委员会条例的规定，在成员国控制委员会发表意见之前，该委员会的任何代表都可以提出对草案修改的建议，成员国控制委员会的主持人即欧盟委员会的代表则要充分考虑这些修改建议，并提出能够得到该委员会最广泛支持的修正案。用欧洲化理论的术语来说，成员国能够通过该体系把自己的治理偏好上传给欧盟。在欧洲一体化进程中，成员国往往只是对总体战略和一般性原则达成一致和共识，但在具体的政策细节上往往产生很多分歧。成员国控制委员会无疑为解决这些分歧提供了可以进行协商的论坛。

其次，成员国控制委员会体系使得欧盟委员会能够充分利用

成员国行政管理人员的资源以便行使其实施欧共体法的职能。欧盟委员会虽是欧盟的执行机构，是欧盟条约的监护者，但是它缺少实施欧盟法律、法规所必需的人力、物力和财力资源，更没有强力机关作为后盾，因此它只能选择与成员国主管机构密切合作的方式来确保欧共体法的遵守和执行，成员国控制委员会体系无疑为这种合作提供了制度化的渠道和平台。而且成员国控制委员会中的大部分成员国代表都是在本国负责具体政策的行政官员，他们自然会积极实施他们自己参与制定的欧盟政策。此外，还有一些是由技术专家组成的科学委员会，这些技术专家的专业知识和科学权威也为欧盟委员会实施其执行权提供了智力支持。

再次，成员国控制委员会体系使得欧盟政策的实施进程更加合法和有效。欧盟的许多执行措施可能看起来就是一些技术细节，没有什么重要性，但事实上它对生产者、消费者等不同社会群体都产生重要的影响。成员国代表能够把这些利益攸关者的关切带入到欧盟实施性措施的决策进程中来，从而使得欧盟政策执行进程更加合法有效。欧盟委员会非常清楚，任何试图通过集中行政权限来实施新的任务的努力都会引起很强的政治反应，而且会使自己非常有限的行政能力负担过重。因此，欧盟委员会提交给成员国控制委员会的实施性法令草案一般是与各成员国行政机构和独立专家广泛咨询的结果，尤其那些需要在检查程序下通过的实施性法令更是如此。法令草案不仅要反映欧盟的整体利益，也要反映各成员国的利益，特别是有效多数以外的参与方的利益。这是至关重要的，因为采取的任何措施的有效性取决于成员国把该措施充分地转变为他们的国内法律。在没有有效的等级实施机制的背景下，这种情况只有在代表们看到他们的合法关切得到认可并在决策中得到保护的情况下才可能会出现。

总之，成员国控制委员会体系成立的初衷可能如政府间主义者所指出的那样是为了监督和控制欧盟委员会对其行政权的实施，但是该体系更多的是促进了欧盟成员国与欧盟委员会之间在实施欧盟法令上的密切合作，为成员国和超国家的行政官员和技术专家进行讨论和协商寻求解决共同问题的办法提供了制度化的合作机制。成员国控制委员会通常由有关政府官员和专家组成，他们对于所讨论的事务精通且有第一感受，因而更有发言权，由于他们讨论的多是技术性问题，因而各国代表之间很容易找到共同语言，很容易建立起相互理解和认同。[①] 当然，成员国控制委员会体系不仅仅是在执行落实共同体法律的制度体系，同时也是超国家和国家之间以及在政府和社会行为体之间的政治协商体系，不仅仅有技术要求，而且同时也有政治和规范性的要求。因此，在一定意义上说，成员国控制委员会体系更是一种制度化的合作解决问题的体系，该体系的重要性从其每年通过的 1600～1700 部实施性法令的数量就可以看出来(见表 4-1)。从欧洲化理论的视角看，该体系不仅能把成员国的治理偏好上传到欧盟层面，也能把欧盟的治理要求下载到成员国层面。该体系无疑为欧盟超国家治理与成员国治理的双向互动提供了制度平台和合作机制。

第三节　司法仲裁中的初步裁决制度

欧盟的政策制定和实施无疑是欧盟治理进程的关键，但是司法仲裁也是欧盟治理进程不可或缺的环节，因为在对欧盟法律有歧义的时候，需要欧盟法院对此作出司法解释，在违背欧盟法律的情况下需要欧盟法院进行司法裁决，以确保欧盟立法决策能够得到统一和有效的实施。与欧盟立法决策和实施阶段一样，在欧盟治理的司法仲裁阶段，欧盟同样建立了一种制度来确保欧盟超国家层面的司法机构与成员国层面的司法机构之间的合作与互动，

① 参见陈玉刚《国家与超国家——欧洲一体化理论比较研究》，上海人民出版社 2001 年版，第 190 页。

这种制度就是初步裁决制度(preliminary ruling procedure)[①]。

一、初步裁决制度的内容

初步裁决制度是指依据欧盟条约规定的请求权或请求义务，成员国法院在审理案件作出判决之前向欧洲联盟法院提出请求，请其就案件涉及的欧盟法的解释或有效性问题作出初步裁决。提出此请求的成员国法院应根据欧洲法院初步裁决的结果，对其审理的案件作出判决。《里斯本条约》第 19 条第 3 款规定，欧洲联盟法院行使下列职权：对某一成员国、机构、自然人或法人提出的诉讼作出裁决；应成员国法院或法庭的要求，就联盟法的解释或联盟机构所通过的法令之合法性作出初步裁决(preliminary ruling)；对两部条约规定的其他案件作出裁决。[②] 可见，欧洲联盟法院除了具有一般法院所具有的诉讼管辖权外，还具有初步裁决权。对于这种初步裁决权，《里斯本条约》第 267 条作出了明确的规定，欧洲联盟法院对两部条约的解释和联盟机构、团体、机关或办事机构之法令的有效性及其解释拥有初步裁决权。该条款还规定："任何成员国法院或法庭在遇到此类问题时，如果认为关于该问题的裁决对其作出判决是必需的，则可请求欧洲联盟法院就此问题作出裁决。如果此类问题出现在成员国法院或法庭正在审理的案件中，而根据国内法，对该法院或法庭的裁决不存在司法救济，则该法院或法庭应将该事项提交欧洲联盟法院。如果此类问题出现在成员国法院或法庭正在审理的案件中，而该案件涉及人员拘押，则欧洲联盟法院应在最短期限内采取行动。"[③]

---

① 国内学术界对其的翻译有多种，如翻译成"先决裁决制度"、"初步裁决程序"、"先予裁决机制"等，本书一律采用"初步裁决制度"的译法。

② 参见程卫东、李靖堃译《欧洲联盟基础条约——经〈里斯本条约〉修订》，社会科学文献出版社 2010 年版，第 41～42 页。

③ 程卫东、李靖堃译：《欧洲联盟基础条约——经〈里斯本条约〉修订》，社会科学文献出版社 2010 年版，第 143 页。

作为一种独特的司法制度，初步裁决制度早在欧洲一体化进程之初，即在1952年生效的《欧洲煤钢共同体条约》中就有了初步的法律规定，该条约第41条规定，欧洲法院具有对欧洲煤钢共同体法令之有效性作出初步裁决的权力。此后，初步裁决制度在《罗马条约》中得到了改进。这种改进主要表现在两个方面：一是扩大了欧洲法院初步裁决权的范围，从原来的仅限于对欧共体法令之有效性的初步裁决扩展为对欧共体条约、欧共体法令的解释的初步裁决；二是明确把成员国法院或法庭纳入到初步裁决程序之中，而不是由欧洲法院单独实施这一权力。[①] 此后，随着《单一欧洲法令》、《马斯特里赫特条约》、《阿姆斯特丹条约》、《尼斯条约》的生效，欧洲法院的初步裁决权的范围也随着欧洲一体化的发展而不断扩大，特别是扩展到司法内政等非常敏感的领域。2009年生效的《里斯本条约》则进一步明确了初步裁决制度的适用范围，规定欧洲联盟法院的初步裁决权范围涵盖对两部条约的解释和对联盟机构、团体、机关或办事机构之法令的有效性及其解释。

初步裁决制度确立后，成员国法院或法庭就开始向欧洲法院就涉及欧盟法的案件请求初步裁决。随着欧洲一体化的发展，成员国法院审理的涉及欧盟法的案件数量也急剧上升，成员国法院提出的初步裁决的请求也在增多。目前欧洲法院受理的初步裁决案件在数量上远远超过了其所直接受理的各种诉讼案件，如欧洲法院每年受理的诉讼案件数量是80～100个，而每年受理的初步裁决的请求数量都在250个左右。[②] 随着初步裁决案件的不断增加，欧洲法院的工作量不断加大，不仅延长了初步裁决案件的裁决时间，而且也影响到初步裁决的质量。为了解决这个问题，《里斯本条约》把欧洲联盟法院划分为三类，即欧洲法院、综合法院和专门

① 参见张英：《论欧洲法院的初步裁决程序》，载《法商研究》2001年第4期。

② European Commission, "Commission Staff Working Document. Annex to the Report from the Commission on the Working of Committees During 2005," *SEC* (2006) 1065, Bruxelles.

法院。为分担欧洲法院审理初步裁决案件的负担,《里斯本条约》第256条第3款规定,在欧洲联盟法院规约规定的特定领域,综合法院有权对根据第267条提交初步裁决的问题进行审理并作出裁决。如果综合法院认为案件所要求的对原则的裁决有可能影响联盟法的统一性或一致性,综合法院可将案件提请欧洲法院裁决。综合法院对提请初步裁决的问题所作出的裁决仅在例外的情况下,即在联盟法的统一性或一致性受到严重威胁时,才可根据欧洲联盟法院规约规定的条件和在规约规定的范围内由欧洲法院进行审查。① 通过这种工作分工和职能定位,综合法院承担起审理初步裁决案件的主要任务,这在很大程度上减轻了欧洲法院的负担,使其专注于监督和指导欧盟法的司法发展。

初步裁决制度的建立,为在所有成员国统一贯彻和实施欧盟法律和政策提供了司法保障。尽管根据欧盟基础条约的规定,欧洲联盟法院对欧盟法律享有排他性的解释权,但是欧洲联盟法院不能直接受理成员国境内自然人之间、法人之间以及自然人或法人与成员国政府之间发生的涉及欧盟法的纠纷,这些纠纷案件只能由成员国法院审理判决,而成员国之间的法律体系又各有不同,这就必然会引起欧盟法解释和适用的统一性问题。因此,为了防止欧盟法在不同的成员国法院得到不同的适用而导致"共同体法被成员国法律淹没"②,为了消除欧盟法和成员国法两种法律制度的不协调,使属于不同法律体系、适用不同诉讼规则的各成员国法院在审理涉及欧盟法的案件时能在欧盟法的解释上保持一致,欧盟就建立了初步裁决制度。③ 该制度的建立不仅能有效缓解欧盟

① 参见程卫东、李靖堃译《欧洲联盟基础条约——经〈里斯本条约〉修订》,社会科学文献出版社2010年版,第140页。

② [英]弗兰西斯·斯奈德:《欧洲联盟法概论》,宋英编译,北京大学出版社1996年版,第67页。

③ 参见王千华《欧洲法院先决裁决制度在欧洲一体化进程中的作用》,载《当代法学》2002年第1期。

法律解释权集中在欧洲联盟法院而适用权分散在各成员国法院之间的矛盾，而且也把成员国法院纳入到欧盟的司法体系之中，与欧洲联盟法院共同行使欧盟法的司法权，其意义和影响非常深远。

二、初步裁决制度在欧盟治理中的地位和作用

欧盟治理主要是通过制定法律并确保法律的实施而实现的。如上所述，欧盟委员会作为欧盟的执行机构在确保欧盟立法决策的实施方面发挥着重要作用，但是欧洲联盟法院作为欧盟的司法机构在“确保在解释和适用两部条约时遵守法律”方面负有特殊的责任。[①] 也就是说，作为欧盟的超国家机构，欧洲联盟法院在欧洲一体化和欧盟治理中也发挥着重要作用。而且，与欧盟委员会一样，欧洲联盟法院在行使其司法权时也必须依靠成员国的司法力量和资源，也只有在与成员国法院密切合作的基础上才能充分实现其司法职能，而欧洲联盟法院与成员国法院保持合作的机制就是上面分析的初步裁决制度。不过，与成员国控制委员会体系不同的是，初步裁决制度确立的目的不是为了监督欧洲联盟法院、防止其自行扩大自己的权限，而是为了确保欧盟法律和政策能够在所有成员国得到统一的贯彻和实施。如果说成员国控制委员会是为了帮助欧盟委员会更好地履行其执行权能的话，那么初步裁决制度就是为了帮助成员国法院统一地适用欧盟法律。因此，与成员国控制委员会体系一样，初步裁决制度不仅是欧洲联盟法院与成员国法院之间的对话合作机制，而且也是在欧盟超国家治理与成员国治理的重要互动机制。

1. 初步裁决制度使得成员国法院能够积极主动地与欧洲联盟法院合作，参与到欧盟司法进程中来

在初步裁决制度下，成员国法院特别是基层法院能够绕开本

① 程卫东、李靖堃译：《欧洲联盟基础条约——经〈里斯本条约〉修订》，社会科学文献出版社 2010 年版，第 41 页。

国高等法院而直接与欧洲联盟法院建立联系，进行司法对话，这无疑大大调动了成员国法院请求初步裁决的积极性和主动性，这是因为通过初步裁决制度，初级法院及其法官不仅获得了参与欧盟最高层次的司法判决的便利条件，而且也获得了对立法和行政机关进行司法审查的权力，即使在这种司法权力较弱或者根本不存在这种司法权力的国家也是如此。[①] 这种准司法审查权对成员国的基层法院而言相当重要，因为通常只有成员国最高立法机构或司法机构（如宪法法院）才有权判断某法律的有效性或对某法律作出解释。[②] 这样，成员国基层法院通过初步裁决制度不仅提高了其在本国司法体系中的权力和地位，而且也使得司法部门的权力相对于其他政府部门的权力得到了加强。因此，在这一制度下，成员国法院在实施欧盟法方面会积极主动地与欧洲联盟法院进行合作，这种自愿合作非常重要，因为成员国法院掌握着提出初步裁决请求的主动权，没有它们提出初步裁决请求，初步裁决制度就形同虚设，没有它们的自愿合作，欧洲联盟法院的权力只是空中楼阁。[③]

2. 初步裁决制度使得欧洲联盟法院能够借助成员国法院的资源和力量来充分实现其司法职能

欧洲联盟法院非常清楚，离开成员国法院的合作，单凭自己有限的司法力量根本无法完成欧盟基础条约所赋予的司法职能，因此，欧洲联盟法院也积极寻求成员国法院的支持。首先，欧洲联盟法院充分尊重成员国法院的独立性，强调其与成员国法院在法律地位上的平等性。在行使其初步裁决权时，欧洲联盟法院从不解释成员国法律或明确判定某成员国法律是否与欧盟法律相抵触，

---

① 参见[美]约瑟夫·威勒《欧洲宪政》，程伟东等译，中国社会科学出版社 2004 年版，第 198 页。

② 参见王千华《欧洲法院先决裁决制度在欧洲一体化进程中的作用》，载《当代法学》2002 年第 1 期。

③ 参见[美]约瑟夫·威勒《欧洲宪政》，程伟东等译，中国社会科学出版社 2004 年版，第 198 页。

而是由成员国法院自行裁决该国法律是否有效、该法律有关条款应作何解释或该成员国法律是否与欧盟法相抵触等问题，欧洲联盟法院尽量避免对成员国法律作出任何评论。其次，欧洲联盟法院注重加强成员国法院的政治地位。欧洲联盟法院通过发挥其司法能动性，扩大了初步裁决申请权适用的主体范围，这不仅帮助成员国法院在适用欧盟法时摆脱国内保守力量的干扰，而且也在一定程度上扩展了欧洲联盟法院的管辖范围，而且这种扩展是在欧盟境内自下而上的广泛支持下进行的，从而确保欧盟法能够得到统一的适用和遵守。①

3. 初步裁决制度能够促进欧盟法内化为成员国国内法律规范

在初步裁决制度下，成员国法院在审理涉及欧盟法的案件时，可以请求欧洲联盟法院就案件所涉及的欧盟法的有效性及其解释作出初步裁决。这意味着当成员国法院请求初步裁决时，它就接受并认可了欧洲联盟法院的权威地位；当成员国法院接受了欧洲联盟法院的初步裁决时，欧盟法就通过国内法院的裁决而成为成员国国内法律体系的一部分。这样，欧盟法就经由成员国法院的表述从一种国际法律规范转变成为成员国的国内法律规范，欧盟法也就具备了成员国法律规范所具有的约束力、执行价值和遵从习惯。而且，与欧洲联盟法院相比，成员国政府发现它总是更难违背自己本国国内法院的裁决。② 因此，初步裁决制度不仅有助于成员国法院更好地适用欧盟法，而且也为欧盟法内化为成员国国内法律规范提供了坚实的制度保障。一旦欧盟法内化为成员国国内法律规范，欧盟法在成员国的执行和遵从就会成为成员国政府自觉的行为。

总之，成员国法院或法庭通过初步裁决制度而顺理成章地成

① 参见王千华《欧洲法院先决裁决制度在欧洲一体化进程中的作用》，载《当代法学》2002 年第 1 期。

② 参见[美]约瑟夫·威勒《欧洲宪政》，程伟东等译，中国社会科学出版社 2004 年版，第 195 页。

为欧盟法律体系的重要组成部分，它们在实施国内法的同时，也通过初步裁决制度实施欧盟法，并与欧洲联盟法院一起共同对成员国履行欧盟法所规定的义务进行司法监督。同样，通过初步裁决制度，欧洲联盟法院保持着与广大成员国法院的密切联系和司法对话，能够及时发现并解决欧盟法有效性及其解释中存在的问题，监督与指导欧盟法的司法发展，欧盟法的直接效力原则（principle of direct effect）、最高性原则（principle of supremacy）、相互承认原则（principle of mutual recognition）等重要原则都是欧洲联盟法院通过对成员国法院提交的初步裁决案件的裁决而确立的，这些基本法律原则的确立不仅进一步发展和完善了欧盟法律体系，而且也有助于确保欧盟法得到遵守。这样，初步裁决制度就为欧洲联盟法院与成员国法院的合作互动奠定了制度基石，提供了制度保障。

第五章　欧盟超国家治理与成员国治理互动的案例研究

——以经济货币联盟治理为例

前几章主要从理论视角、基本原则、制度机制等方面对欧盟超国家治理与成员国治理的互动规律和特点进行了总体分析和考察，本章则以经济货币联盟为例具体分析欧盟超国家治理与成员国治理在该政策领域中的互动，以便从实践层面更好地把握两个治理层面之间的内在联系、互动规律和特点。正如导言中所指出的那样，经济货币联盟是研究欧盟超国家治理与成员国治理互动的典型案例，这不仅仅是因为该政策领域涉及欧盟的专属权限，而且也涉及欧盟与成员国的共享和协调权能，还因为近几年来在应对欧债危机的过程中欧盟超国家治理与成员国治理的互动不断得到增强。

第一节　经济货币联盟的制度框架及其治理特点

1991 年签署、1993 年生效的《马斯特里赫特条约》正式确认了建立欧洲经济货币联盟的目标和路线图，欧洲经济货币联盟建设从此具有了明确的法律依据。经过近十年的准备和努力，单一货币欧元正式诞生，一个以欧元为货币的经济货币联盟正式建立了起来。但是建立欧洲联盟的《马约》同时也明确规定，财政、税收等经济政策归成员国所有，属于成员国的政策权限，也就是说欧洲联盟实行的是分散的财政政策。欧洲经济货币联盟的这种制度框架,即统一的货币政策与分散的财政政策,决定了经济货币联盟的治理在这两大支柱领域呈现出非常不同的特点。本节将重点分析欧盟在货币政策和财政政策两大领域的制度安排和治理特点。

一、单一货币的超国家治理

经济货币联盟的核心是建立欧元区,实行单一的货币政策。《欧洲联盟运行条约》第 3 条规定,联盟在欧元区成员国的货币政策领域享有专属权能。为了有效地行使这一专属权能,欧盟建立了新的超国家机构,即欧洲中央银行(European Central Bank, ECB),并把成员国中央银行整合到欧洲中央银行体系(European System of Central Banks, ESCB)和欧元体系(Eurosystem)之中。欧洲中央银行和欧洲中央银行体系是"欧洲经济货币联盟所带来的最大的制度变化"[①]。单一货币政策的实施意味着欧元区内各成员国的货币主权已经让渡到超国家层面,由欧洲中央银行来行使成员国让渡的货币权力。根据本书第一章中所分析的超国家治理理论,经济货币联盟中的货币政策治理是一种典型的超国家治理。作为欧盟主要机构的欧洲中央银行在单一货币政策的超国家治理中无疑居于中心地位,发挥着关键作用。

(一)欧洲中央银行体系与欧洲中央银行

根据欧盟基础条约的规定,欧元区的中央银行职能由欧洲中央银行体系来承担,但是,由于欧洲中央银行体系不具有法人地位,没有决策机构,没有采取行动和作出决定的能力,而且由于一些欧盟成员国尚未加入欧元区,因此,具有独立法人地位的欧洲中央银行和欧元区成员国中央银行才是真正负责欧元区货币政策的主要机构。《欧洲联盟运行条约》第 282 条规定:"欧洲中央银行和成员国中央银行一起构成欧洲中央银行体系(ESCB)。欧洲中央银

① 王鹤:《欧洲经济货币联盟》,社会科学文献出版社 2002 年版,第 122 页。

行和其货币是欧元、构成欧元体系的成员国的中央银行，共同实施联盟的货币政策。”[①]不过，由于在起草欧盟基础条约时假定所有成员国都将最终加入欧元区，因此，《欧洲联盟运行条约》中一般都提及欧洲中央银行体系而不是欧元体系，但是只要有欧盟成员国没有加入欧元区，把两者区分开来还是非常必要的。

欧洲中央银行体系包括欧洲中央银行和欧盟所有成员国的中央银行。有些欧盟成员国没有加入欧元区，如英国和丹麦就选择不加入，瑞典以及其他成员国尚未达到加入欧元区的条件。由于这些成员国没有加入欧元区，没有把它们的货币主权让渡给欧盟，仍然保留了它们自己的货币主权，所以它们的中央银行就不能参与执行该体系的核心职能。因此，为了便于区分，欧洲中央银行行长委员会就把欧洲中央银行和加入了欧元区的成员国的中央银行称为“欧元体系”。那么，欧盟为什么要由中央银行体系而不是由一个单一中央银行来执行整个欧元区的中央银行职能呢？主要有以下几个原因：首先，由于欧盟包括许多成员国，而且每个成员国都有自己的中央银行，为整个欧元区建立一个单一中央银行在政治上将难以被接受；其次，欧元体系建立在成员国中央银行的经验之上，保留了成员国中央银行的制度设置、组织资源和运作能力和技巧，而且，欧元体系未涉及的业务则必须由成员国中央银行来承担；再次，考虑到欧元区涵盖的地域范围非常广，以及欧元区各成员国民族和文化的多样性，作为包括成员国中央银行的欧元体系更容易被接受和认可。

总之，欧洲中央银行体系实际上是在欧洲中央银行和成员国中央银行建立起有机联系的制度框架，它确保欧盟条约赋予欧洲中央银行体系的职责能够得到共同和一致的执行，实现单一货币政策的超国家治理。

---

① 程卫东、李靖堃译：《欧洲联盟基础条约——经〈里斯本条约〉修订》，社会科学文献出版社2010年版，第145页。

1. 欧洲中央银行体系的目标和任务

《欧洲联盟运行条约》第 127 条第 1 款规定:“欧洲中央银行体系的首要目标是保持价格稳定。在不影响这一目标的情况下,欧洲中央银行体系应支持联盟总体经济政策,以努力实现《欧洲联盟条约》第 3 条确定的目标。”[①]《欧洲联盟条约》第 3 条确定的欧洲联盟目标包括了和平、安全、可持续发展、社会公正、文化多样性等许多方面的内容,价格稳定也在其中。可见,实现价格稳定不仅仅是欧洲中央银行货币政策的首要目标,也是欧洲联盟的整体目标之一,因此,《里斯本条约》确立了欧元体系的政策目标等级,把价格稳定放在最重要的位置,认为价格稳定是货币政策对实现经济可持续发展和充分就业的最重要贡献。欧洲中央银行体系在实现条约规定的目标时,应根据自由竞争的开放市场经济原则采取行动,支持资源的有效分配,同时要维护价格的稳定,确保公共财政和货币状况的健全,保证支付平衡的可持续性。

《欧洲联盟运行条约》第 127 条第 2 款对欧洲中央银行体系的基本任务规定如下:“制定和实施联盟的货币政策,开展符合规定的外汇业务,持有并管理加入欧元区各国的官方外汇储备,促进支付系统的平稳运行。”[②]除了这四项基本任务外,该条第 6 款规定:“理事会经咨询欧洲议会和欧洲中央银行,可以以一致方式,根据一项特别立法程序通过条例,就除保险业以外的信贷机构和其他金融机构的谨慎监管政策赋予欧洲中央银行以特定任务。”[③]这一规定为后来建立欧洲银行业单一监管机制,由欧洲中央银行负责监管欧元区的重要银行等奠定了法律基础。

---

① 程卫东、李靖堃译:《欧洲联盟基础条约——经〈里斯本条约〉修订》,社会科学文献出版社 2010 年版,第 97 页。

② 程卫东、李靖堃译:《欧洲联盟基础条约——经〈里斯本条约〉修订》,社会科学文献出版社 2010 年版,第 97 页。

③ 程卫东、李靖堃译:《欧洲联盟基础条约——经〈里斯本条约〉修订》,社会科学文献出版社 2010 年版,第 97 页。

除了这些基本任务外，欧洲中央银行还承担在联盟内批准发行欧元纸币的职责和权力，从成员国主管机构或直接从经济部门搜集必要的统计信息，在涉及赋予欧洲中央银行体系之任务的国际合作领域开展国际合作等。

2. 欧洲中央银行体系的组织结构

根据《关于欧洲中央银行体系与欧洲中央银行章程的议定书》第 8 条和第 9 条第 3 款的规定，欧洲中央银行体系应由欧洲中央银行决策机构负责管理，欧洲中央银行的决策机构应为管理委员会(Governing Council)和执行委员会(Executive Board)。此外，为了确保欧元体系与非欧元区成员国的中央银行之间的制度联系，欧盟还设立了行长委员会(General Council)，以此作为欧洲中央银行的第三个决策机构来参与欧洲中央银行的各方面工作。

(1)管理委员会(另译为“董事会”或“行长理事会”)负责制定欧元区的货币政策，是欧洲中央银行的最重要的决策机构，其有权为欧元区作出最重要的决定。《欧洲联盟运行条约》第 283 条第 1 款规定：“管理委员会应由欧洲中央银行执行委员会成员和货币为欧元的成员国中央银行行长组成。”[①]管理委员会应根据欧盟基础条约的规定，严格履行欧洲中央银行体系的职责，制定必要的指导方针，作出必要的决定。管理委员会应制定联盟的货币政策，其中包括必要情况下与货币政策的中介目标、核心利率以及欧洲中央银行体系的储备供应有关的决策，并为上述决策的实施制定必要的指导方针。在涉及银行业监管的欧洲中央银行的新职责方面，管理委员会要对拟采取的监管决定的一般框架作出决定，并对监管委员会提出的决定草案作出决定。

管理委员会通常一个月召开两次会议，每年至少召开 10 次会议，会议一般在德国法兰克福欧洲中央银行总部举行。管理委员

① 程卫东、李靖堃译：《欧洲联盟基础条约——经〈里斯本条约〉修订》，社会科学文献出版社 2010 年版，第 197 页。

会每6周召开一次货币政策会议，对欧元区的经济和货币发展作出评估，并对货币政策作出决定。管理委员会主席即欧洲中央银行行长将在随后的新闻发布会上详细解释管理委员会的货币政策决定。除了定期召开货币政策会议外，管理委员会还召开其他会议就货币政策以外的事项作出决定。管理委员会的上述会议要分开举行，以便把欧洲中央银行的货币政策和其他任务与其监管职责区分开来。管理委员会实行一人一票制，一般采取简单多数的原则采取行动。在赞成票和反对票数量相等的情况下，管理委员会主席（由欧洲中央银行行长担任）应拥有决定性的一票。管理委员会的法定投票人数为有投票权的成员总数的2/3。在无法达到法定人数的情况下，主席可以召开特别会议。

根据《关于欧洲中央银行体系与欧洲中央银行章程的议定书》的规定，管理委员会就有关欧洲中央银行的资本、认购资本的方法、向欧洲中央银行转移外汇储备资产、成员国中央银行货币收入的分配、欧洲中央银行纯利润和亏损的分配等事项作出决定时，“管理委员会成员应根据各国中央银行在欧洲中央银行已认缴资本所占的份额，根据加权票数进行投票。执行委员会成员的表决票权重应为零。如果赞成票数代表了欧洲中央银行至少2/3的已认缴资本和至少1/2的股东，则某项要求以特定多数通过的决定获得通过。如果某位行长不能出席，他可以指定一名代理人代替其按其表决权重进行投票。”①

2015年1月，立陶宛加入欧元区，欧元区成员国达到19个，这样，管理委员会中的成员国中央银行行长的数量超过了18个，于是

① 程卫东、李靖堃译：《欧洲联盟基础条约——经〈里斯本条约〉修订》，社会科学文献出版社2010年版，第198页。

根据规定，就需要启动轮换投票制。[①] 根据《关于欧洲中央银行体系与欧洲中央银行章程的议定书》的规定，行长应分为两组，其划分标准为，根据各成员国在依市场价格计算的总的国内生产总值中所占的份额的多少排序，以及根据其在货币为欧元的成员国的货币金融机构总的合并资产负债表中所占份额的多少排序。排名在第 1～5 位的成员国中央银行行长组成第一组，目前分别是德国、法国、意大利、西班牙和荷兰，这 5 位行长分享 4 个投票权。余下的 14 个成员国的中央银行行长为第二组，享有 11 个投票权。每个小组的行长按月进行轮换投票，在每个小组内部，行长拥有投票权的时间应相同。这是目前的轮换制安排。等行长人数达到 22 名之后，即欧元区成员国达到 22 个国家之后，行长仍将按照上述标准进行排序，但是行长将分为三组，第一组仍然由排在前 5 位的行长组成，享有 4 个投票权，第二组由全部行长的半数组成，任何余数都四舍五入成整数，享有 8 个投票权，余下的行长组成第三组，享有 3 个投票权。应该说，实行轮换制对管理委员会的影响不大，因为所有成员都参加会议并有权在会议上发言，因此就会议讨论而言并没有什么变化。而且考虑到管理委员会往往以合作的精神在共识的基础上作出决定，因此决策进程也没有发生很大的改变。当然，在轮换制下一人一票的原则只适用于拥有投票权的那些行长。这与 2015 年之前的管理委员会会议不同，以前是每位行长都拥有投票权。

(2)执行委员会(另译为“执行董事会”)负责处理欧洲中央银行的日常事务。《欧洲联盟运行条约》第 283 条第 2 款规定，执行委员会应该由主席、副主席和其他 4 名成员组成。执行委员会的 6 名成员都应由欧洲理事会根据欧盟理事会的推荐，并经咨询欧洲议

① 根据《关于欧洲中央银行体系与欧洲中央银行章程的议定书》的规定，行长人数超过 15 名之日起，就应实行轮换投票制，但是管理委员会可以决定将轮换制的开始日期推迟到行长人数超过 18 名之日。根据这一规定，管理委员会在 2002 年 12 月的会议中作出了推迟实施轮换制的决定，因此立陶宛加入欧元区之后就需要启动轮换投票制。

会和管理委员会，以特定多数方式从公认的在货币或银行业方面具有突出专业经验的人士中选任，执行委员会的成员必须是欧盟成员国公民。如果执行委员会出现空缺，则按照上述规定予以补全。为了确保货币政策连续性，执行委员会成员任期较长，一般为8年，但不得连任，执行委员会成员均为专职人员，不论是否有报酬，都不得从事其他任何职业，除非得到管理委员会的特别许可。

执行委员会成员在出席执行委员会会议时均有一票投票权，执行委员会应以简单多数采取行动，除非另有规定。在赞成票和反对票数量相等的情况下，执行委员会主席拥有决定票。执行委员会的主要职能是根据管理委员会制定的指导方针，实施欧元区的货币政策。此外，执行委员会可根据管理委员会的决定，拥有某些授权权力。除此之外，作为负责处理欧洲中央银行日常事务的机构，执行委员会还要负责筹备管理委员会的会议，编制欧洲中央银行的年度账目，编制欧洲中央银行体系的合并资产负债表。

(3)行长委员会(另译为"普通理事会"或"总理事会")由欧洲中央银行行长、副行长和欧盟所有28个成员国的中央银行行长组成。该机构的设立主要是基于并非所有的欧盟成员国都已经加入欧元区的这一现实考虑。由于各种原因，目前仍有9个欧盟成员国没有加入欧元区。欧洲中央银行需要加强与欧元区之外的欧盟成员国中央银行的合作，并就有关政策事宜在整个欧盟范围内进行磋商，因此，为了确保欧元体系与非欧元区成员国的中央银行之间的制度联系，欧盟特设立行长委员会。有学者认为，该机构的设立是欧元区内的成员国与欧元区之外的欧盟成员国达成的一种妥协，即尚未加入欧元区的欧盟成员国担心被排斥在欧元区的决策进程之外，而希望能够进入欧洲中央银行的决策机构管理委员会之中，而欧元区内的成员国却想排斥欧元区之外的成员国，避免它们参与其中，这样欧盟通过设立行长委员会就使双方达成了一种妥协。[①] 在这个意义上,可以说,行长委员会是一个过渡性的机构,一旦所有成员国都加入欧元区,采用了欧元,那么该机构就将被解散。

行长委员会会议一般由欧洲中央银行行长来筹备和主持,每三个月召开一次会议,会议在欧洲中央银行总部法兰克福召开。执行委员会的其他四位成员也可参加行长委员会会议,但是没有投票权。作为一种过渡性的机构,而且是妥协性的产物,行长委员会在制定货币政策方面没有任何作用,因为如前所述,欧元区的货币政策由管理委员会制定,而未加入欧元区的欧盟成员国的货币政策则由本国自己制定。尽管如此,行长委员会也参与欧洲中央银行的咨询工作,参与收集统计信息资料,参与准备欧洲中央银行的年度报告,协助管理委员会为各成员国中央银行制定必要的标准化的会计制度和报表制度,协助制定欧洲中央银行职员的雇佣条件,参与为经减损不使用欧元的成员国的货币确定不可撤销的固定汇率所进行的必要的准备工作等。其中比较重要的任务是为未加入欧元区的欧盟成员国制定和管理汇率给予指导,监督这些国家的趋同进展。[②]

3. 欧洲中央银行的独立性

作为欧洲中央银行体系和欧元体系的核心机构,欧洲中央银行被赋予了专属权限负责欧元区的单一货币政策。根据欧盟基础条约的规定,单一货币政策的首要目标是确保价格稳定。为了实现价格稳定的货币政策目标,欧洲中央银行必须保持应有的独立性,这是因为,中央银行的独立性越强,通货膨胀率就越低,价格就越稳定。[③]

一般认为,中央银行的独立性主要指在三个领域中的独立性,

---

① 参见[荷兰]塞尔维斯特尔・艾芬格、雅各布・德・汉《欧洲货币与财政政策》,向宇译,中国人民大学出版社 2003 年版,第 53 页。

② 参见王鹤《欧洲经济货币联盟》,社会科学文献出版社 2002 年版,第 130 页。

③ 参见[荷兰]塞尔维斯特尔・艾芬格、雅各布・德・汉《欧洲货币与财政政策》,向宇译,中国人民大学出版社 2003 年版,第 58～65 页。

即人事方面的独立性、融资的自主性和政策的独立性。中央银行在这三个领域中必须排除或大大削减政府的影响。[①] 上述界定虽然是针对国家中央银行而言的，但是同样适用于欧洲中央银行，特别是考虑到欧元区是由 19 个独立自主的成员国构成，而且成员国之间经济发展水平存在巨大差距这一事实，欧洲中央银行在这三个方面的独立性就显得尤其必要。就欧洲中央银行而言，其独立性主要体现在以下几个方面：

首先，欧洲中央银行拥有政策上的独立性。这种独立性写入了欧盟基础条约以及欧洲中央银行的章程之中，具有明确的政治和法律保障。《欧洲联盟运行条约》第 130 条明确规定："在行使与执行两部条约及欧洲中央银行体系与欧洲中央银行章程授予的权力和职责时，欧洲中央银行、成员国中央银行及其决策机构不得寻求或接受联盟机构、团体、机关或办事机构、成员国政府或任何其他团体的指令。联盟机构、团体、机关或办事机构、成员国政府应保证尊重该原则，不试图对欧洲中央银行或成员国中央银行决策人员履行职责施加影响。"[②]《关于欧洲中央银行体系与欧洲中央银行章程的议定书》第 7 条也重申了上述规定。这些规定都是经全体成员国一致同意后写入欧盟基础条约之中的，具有宪法性地位。

其次，欧洲中央银行拥有法人资格上的独立性。虽然欧洲中央银行与欧洲议会、欧洲理事会、欧盟理事会、欧盟委员会、欧洲法院一样，是欧洲联盟的组织机构之一，但是与其他机构不同的是，欧洲中央银行是具有独立法人资格的组织机构，享有广泛的法律行为能力。同时，欧洲中央银行拥有自己的组织和决策机构，在组织上是独立的，这种组织上的独立性无论是在欧盟层面还是在成员国层面都体现得非常明显。欧盟成员国在加入欧元区之前，都

---

① 参见[荷兰]塞尔维斯特尔·艾芬格、雅各布·德·汉《欧洲货币与财政政策》，向宇译，中国人民大学出版社 2003 年版，第 57 页。

② 程卫东、李靖堃译：《欧洲联盟基础条约——经〈里斯本条约〉修订》，社会科学文献出版社 2010 年版，第 98 页。

要根据欧盟基础条约的要求，从国内立法上保证本国中央银行的独立。《欧洲联盟运行条约》第131条明确规定，各成员国应保证本国立法(包括本国中央银行章程)与两部条约及《关于欧洲中央银行体系与欧洲中央银行章程的议定书》保持一致。独立的法人资格和组织机构有利于确保欧洲中央银行的独立性，为欧洲中央银行独立开展行动，维护欧元区的价格稳定提供了组织保障。

再次，欧洲中央银行拥有人事上的独立性。这种独立性主要体现在欧洲中央银行决策机构的人员组成和任命上。如上所述，欧洲中央银行的执行委员会成员都由欧洲理事会根据欧盟理事会的推荐，并经咨询欧洲议会和管理委员会，以特定多数方式从公认的在货币或银行业方面具有突出专业经验的人士中选任，而且执行委员会委员的任期很长，为8年，不得连任。同样，欧洲中央银行的管理委员会成员主要由成员国中央银行行长组成，为了避免成员国政府对本国中央银行施加影响，保证成员国中央银行的独立性，欧盟基础条约规定，成员国中央银行章程应特别规定，成员国中央银行行长任期不得少于5年，这种任职期限的安排一般均超过成员国政府的任期。[①] 总之，欧洲中央银行决策机构的成员不但任期较长，而且不能随便解除其职务，只有在这些人员“不再能够满足履行其职责所需的条件，或者犯有严重行为不当的情况下”[②]，才可以强制其退职。

最后，欧洲中央银行拥有财务上的独立性。这种财务上的独立性主要体现在欧洲中央银行有自己的预算，并且独立于欧盟的预算之外。这样的安排使得共同体其他机构不可能干涉欧洲中央银行的行政事务，并且把欧洲中央银行的预算同共同体的财政利益区分开来。根据《关于欧洲中央银行体系与欧洲中央银行章程的议定书》的规定，“成员国中央银行是欧洲中央银行资本的唯一

① 王鹤：《欧洲经济货币联盟》，社会科学文献出版社2002年版，第140页。

② 程卫东、李靖堃译：《欧洲联盟基础条约——经〈里斯本条约〉修订》，社会科学文献出版社2010年版，第199页。

认购人和持有人”，而且“成员国中央银行在欧洲中央银行的认购资本中所占有的份额不得转让、抵押或被扣押”。①《欧洲联盟运行条约》第123规定：“禁止欧洲中央银行或成员国中央银行以联盟机构、团体、机关或办事机构、成员国中央政府、地区或地方当局及其他公共当局、受公法规范的公共团体或公共企业的名义提供透支信用或任何其他类型的信用贷款，也禁止欧洲中央银行或成员国中央银行从上述机构直接购买债券。”②这些规定可以防止成员国政府依靠欧洲中央银行体系发行货币来弥补财政赤字，承担救助成员国的风险。

总之，从上述分析可以看出，欧洲中央银行拥有政策上、组织人事上、财政上的独立性，这种独立性使其能够独立地制定和实施单一的货币政策，履行自己的职责，完成欧洲中央银行体系的目标和任务。

（二）单一货币超国家治理中的成员国中央银行

如上所述，欧洲中央银行是具有高度独立性的超国家组织机构，是欧盟在单一货币领域实行超国家治理的关键行为体。尽管如此，欧洲中央银行在进行超国家治理时注意坚持“权力分散原则”，充分发挥成员国中央银行的作用。欧洲中央银行之所以这样做，主要是基于以下几点考虑：

首先，欧盟基础条约明确规定，欧洲中央银行与其货币是欧元、构成欧元体系的成员国中央银行共同实施联盟的货币政策。成员国中央银行是欧洲中央银行体系的重要组成部分。欧元区成员国中央银行行长都是欧洲中央银行决策机构——管理委员会的成员，欧洲中央银行的执行委员会成员也是由成员国推荐，而且曾经在成员国中央银行或国际金融机构担任过重要职务的人员。

① 程卫东、李靖堃译：《欧洲联盟基础条约——经〈里斯本条约〉修订》，社会科学文献出版社2010年版，第204页。

② 程卫东、李靖堃译：《欧洲联盟基础条约——经〈里斯本条约〉修订》，社会科学文献出版社2010年版，第94页。

其次，成员国中央银行在管理委员会的21个投票权中拥有15个投票权，在管理委员会中占绝对优势，由于管理委员会负责制定欧元区的货币政策，成员国中央银行在货币政策上拥有重要发言权。如果不看投票权，而单纯从管理委员会的成员人数来看，目前的25位成员中有19位来自成员国中央银行。

再次，不仅欧洲中央银行拥有法人资格，而且各成员国中央银行在各自国家法律内也都拥有法人资格，各成员国中央银行的预算是与欧洲中央银行分开的。另外，各成员国中央银行可以有自己的组合资产，开展与欧洲中央银行无关的活动。而且欧洲中央银行工作人员的数量不论是同各成员国中央银行相比，还是同其他联邦制的中央银行体系的员工数相比，相对较少，因此，欧洲中央银行很多工作都需要"借助成员国中央银行进行政策操作"。[①]

总之，欧洲中央银行在货币政策的实施和操作方面坚持"权力分散原则"，充分发挥成员国中央银行的作用。不过，这一分权原则是建立在欧洲中央银行享有的专属性和排他性权限基础之上的，换句话说，建立在成员国中央银行把货币政策权限转让给欧洲中央银行的基础之上的，是先有货币政策决策的集中化，后有货币政策实施的分权化。这从《关于欧洲中央银行体系和欧洲中央银行章程的议定书》的规定中就可以看出来。章程第12条第1款第3段规定，在认为可能和适当且不影响本条规定的情况下，欧洲中央银行可通过成员国中央银行实施构成欧洲中央银行体系任务一部分的业务。章程第14条第3款规定，成员国中央银行是欧洲中央银行体系不可分割的一部分，应遵守欧洲中央银行的指导方针和指示。管理委员会应采取必要措施，以确保成员国中央银行遵守欧洲中央银行的指导方针和指示，并应要求向其提供任何必要的信息。章程第35条第6款则规定，如果欧洲中央银行认为成员

① 参见[荷兰]塞尔维斯特尔·艾芬格、雅各布·德·汉《欧洲货币与财政政策》，向宇译，中国人民大学出版社2003年版，第50～53页。

国中央银行没有履行应该承担的义务,它可以在给予相关成员国中央银行提交意见的机会之后,对所涉及的事项提出附带理由的意见。如果相关成员国中央银行在欧洲中央银行规定的期限内没有执行其意见,欧洲中央银行可向欧洲联盟法院提起诉讼。章程第 14 条第 4 款规定,成员国中央银行可以行使本章程之外的其他职责,除非管理委员会经由 2/3 多数票认定其行为有损欧洲中央银行体系的目标和任务。成员国中央银行在履行此类职责时应自行承担相关责任与债务,不得视为欧洲中央银行体系职能的一部分。所有这些规定表明,成员国中央银行必须在欧洲中央银行指导下发挥作用。

总之,与国家中央银行以及联邦制中央银行不同的是,欧洲中央银行是对包括 19 个很大程度上独立的国家的经济区执行单一货币政策的中央银行,其虽然获得了欧盟成员国的明确授权,享有超国家治理的排他性权限,但是其政策和措施也要通过成员国中央银行来实施,单一货币政策的超国家治理也需要充分发挥成员国中央银行的积极性。

二、财政政策的成员国协调治理

与货币政策的超国家治理不同,经济货币联盟中的经济政策治理主要采取成员国之间协调的方式进行。在建立经济货币联盟的谈判过程中,成员国政府同意把货币政策的主权让渡给欧盟,由独立的欧洲中央银行来统一行使,但是财政、税收等经济政策则由成员国自己掌握,不让渡给欧盟,不过,成员国政府同意协调它们之间的经济政策,接受欧盟财政纪律的约束,以便确保经济货币联盟的有效运转。下面就以《马斯特里赫特条约》和《稳定与增长公约》(以下简称《稳约》)的规定为基础分析经济货币联盟中的财政政策的协调治理。

(一)《马约》中的财政协调体系

如上所述,由于欧洲经济货币联盟中的货币政策实行超国家治理，成员国因此而失去了对本国货币政策的控制权，无法运用货币政策来调整本国的宏观经济运行，在此情况下，确保对本国财政政策的控制权对于成员国而言就显得特别重要，这不仅是因为财政权是国家主权的重要象征，而且也是国家行使其基本职能如提供安全、教育、社会福利等公共政策的物质基础，更是国家实现宏观经济调控的基本工具之一。因此，在创建经济与货币联盟的过程中，成员国政府坚决反对建立财政联盟，坚持自己的财政主权不放。但是，为了确保经济与货币联盟的正常运转，成员国的财政自主权不能放任自流，而是必须受到一定的限制和制约，为此，就需要建立欧盟层面的财政约束规则。对于建立欧盟财政约束规则的必要性，周念利把其归结为以下几个方面①：

首先，货币联盟的组建会激发成员国的财政扩张动机并导致债务累积。这种财政扩张动机主要来自三个方面：第一，“由于货币政策统一制定，单个成员国实施过度财政扩张可能带来的通胀成本会由整个货币联盟中的所有成员国共同承担。基于这种免费搭车的动机，货币联盟中的成员国会以邻为壑，竞相实施不负责任的财政扩张政策”。第二，“在经济与货币联盟财政决策机构多元化的情况下，相对于共同的中央银行，单一成员国财政决策机构的战略地位有所削弱，其采取的财政扩张行为不易引起欧洲中央银行的强烈反应，因此分散的财政政策所导致的财政溢出效应明显，财政扩张国往往获益更多”。第三，“经济与货币联盟的组建使成员国之间的经济联系日益紧密，因而容易形成风险共担的保险机制。入盟成员国会产生这样的心理预期：一旦本国出现偿债困难，中央银行和联盟中的其他成员国不会袖手旁观”。② 为了防止出现上述“道德风险”，欧盟基础条约专门规定了“不救助”条款，但是当

---

① 参见周念利《欧洲经济与货币联盟中的财政约束研究》，武汉大学出版社2008年版，第10～19页。

② 周念利：《欧洲经济与货币联盟中的财政约束研究》，武汉大学出版社2008年版，第10、10～11、11页。

希腊等南欧国家发生债务危机、威胁到欧元存亡的时候，欧洲中央银行和欧盟其他成员国不得不进行救助，就证明了这一点。

其次，随意财政政策的实施会给成员国经济带来恶劣影响。这种影响主要表现在以下方面：导致过度负债累积威胁一国财政的可维持性，不加约束的财政政策会导致成员国经济周期出现过度波动，过度财政赤字会对成员国金融体系稳定构成威胁。

再次，成员国过度财政赤字会造成负面溢出效应。一是成员国过度财政赤字会给货币联盟中的其他成员国带来额外经济负担和成本；二是成员国过度财政赤字会导致经济与货币联盟中出现通货膨胀现象。

除此之外，在货币联盟中实行财政约束规则会带来显著的积极意义。从整个经济与货币联盟的角度看，对成员国实施适当的财政约束有利于促进货币联盟内的物价和汇率稳定，促进成员国的财政趋同，提高货币联盟整体的内聚力和稳定性等。对于单个成员国而言，财政约束规则的实施有助于保障其财政的可维持性，降低经济周期波幅，维护金融体系的稳定性，有利于增强成员国财政政策的灵活性和财政自动稳定器功能，也有利于促进成员国实现经济结构调整和改革。

可见，为了确保经济与货币联盟的正常运转，建立欧盟层面的财政约束规则是非常必要的。为此，欧盟在创建经济与货币联盟的过程中，特别是在 1991 年 12 月达成的《马约》中就规定了欧盟层面的财政政策规则。周念利把这些财政政策规则划分为三大类，具体见表 5-1。

表 5-1　　　　　　　　经济货币联盟财政规则分类

财政规则类别	基本内容
财政约束规则	规定成员国应避免出现过度财政赤字，超过上限的豁免条款和过度赤字程序，通过限制各成员国制定的财政政策，使欧洲央行免受救援财政危机的压力，维护欧洲央行的独立地位，促进货币政策目标的实现
财政自主规则	规定由成员国执行其经济政策包括财政政策，成员国与共同体要根据有利于资源有效配置的市场原则行事
财政协调规则	规定成员国应认识到其财政政策是整个欧盟共同关注的事务，由欧盟理事会每年议定成员国与欧盟的经济政策的基本方针，同时，对成员国执行基本方针实施多边监管机制

资料来源：周念利《欧洲经济货币联盟中的财政约束研究》，武汉大学出版社 2008 年版，第 53～54 页，略有改动。

从上述三类财政规则看，欧盟试图在尊重成员国财政自主权的同时对成员国的财政政策进行协调和约束。由于成员国的财政自主权早就有之，因此，《马约》中所规定的财政政策的核心是财政约束和协调规则。

《马约》中规定的财政约束规则包括数量性规则和程序性规则。数量性规则指的是《马约》为欧盟成员国进入经济与货币联盟第三阶段所设定的财政趋同标准。《马约》规定，只有符合趋同标准的成员国才能最终加入经济与货币联盟，这些标准包括：(1)价格稳定标准，指相关成员国的价格行为具有可持续性，而且在进行检查之前 1 年内的观察表明，其平均通货膨胀率最多不超过在物价稳定方面表现最好的 3 个成员国的通货膨胀率 1.5 个百分点。(2)政府预算状况标准，指在进行检查之时相关成员国未被欧盟理事会认定存在过度赤字，即计划或实际的政府赤字与国内生产总值的比率不应超过 3%，政府债务与国内生产总值的比率不应超过 60%。(3)汇率机制标准，指相关成员国遵守欧洲货币体系汇率机制规定的正常浮动范围，至少在检查前的最后 2 年内没有出现严重的紧张局面，未对欧元贬值。(4)利率趋同标准，指在进行检查前的1年内相关成员国平均名义长期利率最多不能超过在价格稳定方面表现最好的3个国家2个百分点。毫无疑问，上述数量性规则对成员国自主的财政政策构成了一定的约束和限制，成员国要加入欧元区就必须满足这些要求，接受这些限制和约束。

程序性规则指的是《马约》通过对成员国财政预算状况进行监督和控制，引导成员国制定严格的财政政策。《马约》规定：

> 欧盟委员会应监督成员国预算及政府债务的变化情况，以确定是否存在严重失误，特别是，应根据以下两条标准审查预算纪律是否得到遵守：
>
> (1)计划或实际的政府赤字与国内生产总值的比率是否超过了参考值，除非该比率已连续大幅下降，并不断接近参考值的水平，超过参考值的情况只是偶然的和暂时的，而且比率仍接近参考值。
>
> (2)政府债务与国内生产总值的比率是否超过了参考值，除非此比率正以令人满意的速度减小并接近参考值。[①]

根据上述标准审查成员国的财政预算状况，并根据情况决定是否启动过度赤字程序。根据《马约》的规定，过度赤字程序的实施步骤如下：

> (1)如果一成员国未满足上述标准中的一项或全部两项要求，欧盟委员会应起草报告，委员会的报告还应考虑政府赤字是否超过政府投资支出，并考虑所有其他相关因素，包括成员国的中期经济和预算状况。尽管某一成员国已达到上述标准的要求，但如果欧盟委员会认为该国存在出现过度赤字的风险，也可以准备一份报告。
>
> (2)经济与货币委员会应就欧盟委员会的报告提出意见。

---

① 程卫东、李靖堃译：《欧洲联盟基础条约——经〈里斯本条约〉修订》，社会科学文献出版社2010年版，第95页。

(3)如果欧盟委员会认为某一成员国存在过度赤字或可能出现过度赤字,它应向理事会提交意见。

(4)理事会应就欧盟委员会的建议,并考虑有关成员国可能希望提出的任何意见,以特定多数作出全面评估,决定是否存在过度赤字。

(5)如果理事会认定有关成员国存在过度赤字,它应向有关成员国提出建议,以使此种状况在规定时间内结束,此类建议不应公开。

(6)如果理事会确认有关成员国未在规定期限内就其建议采取有效行动,它可以公开其建议。

(7)如果某一成员国坚持不实施理事会的建议,理事会可以决定向该成员国发出通知,要求该成员国在规定期限内采取理事会认为补救此局面所必需的削减赤字的措施,在此情况下,理事会可要求相关成员国按照规定的时间表提交报告,以审查成员国为调整所作的努力。

(8)只要某一成员国未遵守理事会上述的决定,理事会可以决定实施,或者根据情况决定加强以下一项或多项措施:要求成员国在发行债券和证券前,公布由理事会认定的附加信息;要求欧洲投资银行重新考虑其针对该成员国的贷款政策;要求该成员国向联盟支付一笔适当数额的无息保证金,直至理事会认为过度赤字已得到纠正;处以适当的罚金。

(9)理事会如认为有关成员国的过度赤字已得到纠正,则应撤销以前的全部或部分决定或建议。如果理事会此前已经公布了建议,则在撤销决定时,应立即公开声明有关成员国已不再存在过度赤字。①

上述程序性规则,特别是关于过度赤字程序的规定虽然非常

① 程卫东、李靖堃译:《欧洲联盟基础条约——经〈里斯本条约〉修订》,社会科学文献出版社2010年版,第95～96页。

严格复杂,但是在具体实施过程中成员国仍然有很多回旋的余地,而且由于《马约》规定了成员国财政赤字或政府债务超过上限参考值的豁免条款,这些豁免条款也为成员国提供了较大的灵活性。这样,《马约》虽然为成员国的财政协调体系确立了法律基础,但是这一协调体系仍带有一定的折中性特征,“仅限于对仍由成员国自主决定的财政变量和财政行为进行限制和低层次的监督”①。

(二)《稳约》中的财政协调体系

如上所述,欧盟为了确保经济货币联盟的有效运转,建立了财政协调体系,但是《马约》确立的财政协调体系仍然是一种“软性”的协调体系,其有效性受到了质疑。正是“由于怀疑《马斯特里赫特条约》中所规定的过高赤字程序的有效性,德国当时的财政部长韦格尔就财政纪律适用更为严厉的规则提出了建议”②。德国的建议认为,“在经济周期正常的情况下,为了创造一个低于3%的安全空间,财政预算赤字不应该高于国内生产总值的1%,当财政预算赤字超过3%的参考值时,应该自动地开始施加制裁”③。德国的上述提议引起了很大争议,以法国为代表的一些成员国认为,不考虑各国经济实际情况实施过于严厉和僵硬的财政纪律必然会阻碍经济增长。而且德国提出的自动施加制裁的建议也被认为是与《马约》相悖的,因为《马约》事先规定,在过度赤字程序的每一个阶段上各成员国都享有自主决策的权利。④

经过激烈的讨论,特别是在吸收了法国提出的促进经济增长和充分就业的建议之后,1997年6月欧洲理事会最终就《稳定与增

① 周念利:《欧洲经济与货币联盟中的财政约束研究》,武汉大学出版社2008年版,第56页。

② [荷兰]塞尔维斯特尔·艾芬格、雅各布·德·汉:《欧洲货币与财政政策》,向宇译,中国人民大学出版社2003年版,第120页。

③ [荷兰]塞尔维斯特尔·艾芬格、雅各布·德·汉:《欧洲货币与财政政策》,向宇译,中国人民大学出版社2003年版,第120页。

④ 参见[荷兰]塞尔维斯特尔·艾芬格、雅各布·德·汉《欧洲货币与财政政策》,向宇译,中国人民大学出版社2003年版,第121页。

长公约》(以下简称《稳约》)达成了一致。该公约由两个理事会条例和一个理事会决议组成。《稳约》中的两个条例与过度赤字程序及监督相联系,具有法律强制力,被视为《稳约》最重要的两大基石。[①]《稳约》中的理事会决议不具有法律效力,主要是成员国致力于实现中期财政平衡或盈余的政治承诺。因此,《稳约》的核心内容还是集中于约束成员国的财政政策和行为,对成员国可能出现的财政赤字情况进行预防和监督,其具体内容如下。

首先,《稳约》建立了早期预警机制。为了便于对成员国财政状况实施监督,《稳约》根据《马约》第 103 条中有关加强经济政策合作与协调的规定,建立了一个早期预警机制。该机制要求,已经采用单一货币的成员国每年必须向欧盟经济和财政部长理事会和欧盟委员会提交稳定计划(Stability Programme)报告,非欧元区成员国则要提交趋同计划(Convergence Programme)报告,这些计划报告应包括接近平衡或盈余的中期财政预算目标以及达到此目标的调整手段。欧盟委员会必须对每个计划报告提出建议,经济与财政部长理事会应在委员会建议的基础上以特定多数决定是否批准这些计划,或者是否请有关成员国调整其稳定或趋同计划。理事会要负责监督稳定和趋同计划的贯彻执行,如果理事会认为某一成员国的财政状况与其计划中的目标有较大偏离时,有权向成员国提出建议,敦促该国采取补救措施。成员国每年都需要提供弥补赤字的详细计划,并对计划进行更新。早期预警机制的建立旨在提前分辨和发现成员国财政预算中的问题,通过事前监督,有利于保证成员国实现中期财政平衡或盈余的目标,是《稳约》中加强财政监督的核心要素。[②]

其次,《稳约》完善了《马约》所确立的过度赤字程序。《稳约》

① 参见[荷兰]塞尔维斯特尔·艾芬格、雅各布·德·汉《欧洲货币与财政政策》,向宇译,中国人民大学出版社 2003 年版,第 129 页。

② 参见周念利《欧洲经济与货币联盟中的财政约束研究》,武汉大学出版社 2008 年版,第 62 页。

在《马约》规定的基础上进一步明确了财政赤字可以突破3%参考值的例外情况：如果某成员国的国内生产总值下降幅度大于2%，则属于例外情况；如果某成员国国内生产总值下降幅度低于2%但高于0.75%，经理事会同意可以认定为例外情况，但是处于这种情况的成员国要提供充分的证据，证明经济衰退是在突然情况下发生的；成员国国内生产总值下降幅度小于0.75%，不能声称其遇到例外情况。

《稳约》还明确了处于过度赤字程序中的成员国受到制裁的时间和规模。《稳约》首先对过度赤字程序规定了严格的时间限制："从成员国向欧盟委员会提交数据资料到理事会真正采取制裁措施的时间间隔是10个月。成员国必须每年向欧盟委员会提交两次财政预算的数据资料，成员国提交报告以后，理事会有3个月的时间判定有关成员国是否存在财政过度赤字。如果理事会通过特定多数决定认为存在过度赤字的话，那么它必须就如何消除过度赤字提出建议，有关成员国必须在最高期限4个月以内采取有效措施。从成员国提交报告开始7个月以内，理事会判定其建议是否已经被贯彻执行。如果有关成员国遵循了理事会的建议，那么过度赤字程序即告终止。否则从提交报告8个月内，理事会必须决定是否通知有关国家对削减财政赤字采取具体措施，在理事会要求采取具体措施以后，成员国还有最多2个月的时间，仍然可以通过采取必要的措施避免制裁的实施。"①

其次，《稳约》对过度赤字程序中的违规成员国的处罚金额作出了明确规定：如果成员国没有采取切实的措施，或者理事会发现采取的措施不充分，理事会则要立即作出实施处罚的决定。"处罚采用无息存款的方式，初始存款包括固定部分和可变部分，固定部分相当于国内生产总值0.2%，可变部分是该国财政赤字超过3%的每一个百分点处罚相应增加国内生产总值的0.1%，不过，年度

① 王鹤：《欧洲经济货币联盟》，社会科学文献出版社2002年版，第198～199页。

存款额的上限是国内生产总值的0.5%。在赤字得到纠正以前，要求每年进行追加存款。这种追加存款是该国财政赤字超过3%的每一个百分点增加国内生产总值的0.1%。如果该成员国在两年内没有纠正其过度赤字，这一存款转为罚款。来自无息存款的收益和罚金将按照欧元区国家国内生产总值的比例在没有过度赤字的成员国之间分配。"[①]

再次，《稳约》明确了成员国实现中期财政平衡或盈余的政治义务。《稳约》中的理事会决议明确了欧元区成员国应该承担的政治义务，包括成员国必须承诺尊重财政状况接近平衡或盈余的中期目标，保证在中期内（1997～2004年）实现财政基本平衡或者略有盈余。"承诺除非出现严重经济衰退，各成员国应尽量避免援引豁免程序，或者万一启动了豁免程序，成员国承诺应及时采取措施使其财政状况回到《马约》规定的范围内。"[②]虽然《稳约》中的理事会决议不具有法律效力，但是这种政治承诺也能对未能履行承诺的成员国施加一定的同行压力。

总之，《马约》确立、《稳约》加以完善的欧盟财政协调体系，虽然规定了成员国必须遵守的财政纪律，欧盟层面的机构如欧盟委员会和理事会也全程参与到这一协调进程中来，但是毫无疑问这一协调体系仍以成员国的财政自主权为主，各成员国自主决定自己的财政政策，而不是像货币政策那样由欧盟层面单一的超国家机构来制定和实施。这种由成员国主导的财政协调体系在具体实践过程中存在着"弱化"风险[③]，这在2002年以来法、德等成员国财政赤字超过《稳约》标准而未受到应有的处罚以及2005年对《稳约》的修改就可以看出这种协调体系所存在的"弱化"和"失灵"问题。

---

① 王鹤：《欧洲经济货币联盟》，社会科学文献出版社2002年版，第199页。

② 周念利：《欧洲经济与货币联盟中的财政约束研究》，武汉大学出版社2008年版，第60页。

③ 参见江涌《述论〈稳定与增长公约〉的僵化与弱化》，载《欧洲研究》2003年第2期。

经济货币联盟的这种"统一的货币政策与分散的财政政策"的治理框架导致了"传统上统一于国家的货币政策和财政政策权力被分裂到了两个层次的决策中心手中"[①]，这种职能的分割不仅会导致欧盟层面超国家治理的失灵，也会引发成员国层面的治理危机，近年来发生的欧债危机就充分暴露了这种治理体制的缺陷及其蕴含的风险。

第二节　欧债危机背景下经济货币联盟的治理改革

2009 年 10 月爆发的希腊主权债务危机很快波及欧元区其他成员国，从而引发了欧洲主权债务危机（即欧债危机），这是欧洲经济货币联盟自 1999 年建立以来所发生的最严重的危机。对于这场危机的爆发原因，国内外学者从不同的视角进行了分析，提出了各种各样的观点，但是学术界普遍认为，统一的货币政策与分散的财政政策之间的结构性矛盾是欧债危机爆发的根源之一。[②] 这场危机不仅暴露出欧盟原有的经济货币联盟治理结构的弊端，而且还倒逼欧盟与成员国加强它们之间的互动和协调，加快推动经济货币联盟的治理改革。本节重点分析欧债危机爆发以来欧盟为了应对这场危机而加强经济货币联盟治理的改革措施。

一、建立永久救助机制

在希腊主权债务危机爆发之初，欧盟成员国在是否救助希腊的问题上产生了分歧，因为根据《马约》"不救助条款"（no bail-out clause）的规定，欧盟和成员国不得向成员国政府或公共机构的债务提供担保或者承担责任。该条款主要是为了避免"道德风险"，

---

① 杜若洋：《从超国家与国家间的职能分割到超国家失灵——以欧盟〈稳定与增长公约〉失灵为例》，载《欧洲研究》2004 年第 3 期。

② 参见徐明棋《欧债危机的理论评述与观点辨析》，载《国际金融研究》2013 年第 6 期。

并确保欧洲中央银行的独立性及其货币政策目标的实现。欧盟有些成员国据此反对对陷于主权债务危机的希腊进行救助,欧盟迟迟无法做出救助的行动,结果希腊债务危机越演越烈,并开始波及欧元区其他成员国,危及整个欧元区的稳定。为此,欧盟被迫在一定程度上放弃了长期以来所坚持的"不救助"原则,相继建立了临时性与永久性的救助机制。

2009 年 10 月 20 日,希腊政府宣布当年财政赤字占国内生产总值的比例将超过 12%,远高于欧盟允许的 3%的上限,希腊政府债务总额达到 3000 亿欧元,占国内生产总值的比例高达 113%,远超过欧元区规定的 60%的上限。2009 年 12 月,全球三大信誉评级公司分别下调了希腊主权债务评级,希腊陷入主权债务危机。为了阻止希腊债务危机的蔓延,2010 年 5 月 10 日,欧盟与国际货币基金组织共同设立为期三年的临时性救助基金。这笔总额为 7500 亿欧元的救助资金除由国际货币基金组织提供 2500 亿欧元外,其余的由欧洲金融稳定工具(European Financial Stability Facility, EFSF)和欧洲金融稳定机制(European Financial Stabilization Mechanism, EFSM)两部分构成,欧洲金融稳定工具由欧元区各成员国根据其在欧洲央行缴纳的资本份额按比例进行担保、在金融市场上筹资,融资总额为 4400 亿欧元,该救助资金主要用于对处于困境的欧元区成员国提供贷款援助。欧洲金融稳定机制则在欧盟预算担保下由欧盟委员会在金融市场筹资,融资总额为 600 亿欧元,该机制主要对处于困境的欧盟成员国提供贷款援助。欧盟在"2010 年 5 月和 2012 年 2 月通过欧洲金融稳定工具先后两次批准向希腊提供救助贷款 1100 亿和 1300 亿欧元,向爱尔兰和葡萄牙提供的救助贷款分别为 850 亿和 780 亿欧元"①。这些应急性金融救助机制在阻止欧债危机的蔓延和扩散方面发挥了一定作用。

① 周茂荣:《论欧洲主权债务危机下欧盟的经济治理改革》,载《广东社会科学》2012 年第 6 期。

上述金融救助机制只是为了救助希腊、爱尔兰、葡萄牙等陷于债务危机的成员国而建立的临时性应急机制，为了避免以后出现类似的情况，欧盟需要建立一个永久性的救助机制。2010 年 11 月 28 日，欧元集团同意建立一个永久性的欧洲稳定机制（European Stability Mechanism, ESM）。随后欧洲理事会就欧元区成员国建立永久性的稳定机制达成一致，并同意对《欧洲联盟运行条约》进行修改，为建立永久性的“欧洲稳定机制”提供法律依据。2011 年 3 月 25 日，欧洲理事会通过了《修订〈欧洲联盟运行条约〉第 136 条关于其货币为欧元的成员国的稳定机制的 2011/199/EU 号决定》，在第 136 条第 1、2 款之后加入新的第 3 款：“如果对于确保欧元区作为一个整体非常重要，其货币为欧元的成员国可以建立有效的稳定机制。在该机制下，提供任何金融援助都将受严格条件的约束。”[①]这一修改是根据《里斯本条约》第 48 条第 6 款规定的简易修订程序进行的，在各成员国根据各自宪法的要求完成国内批准程序之后于 2013 年 5 月 1 日生效。这是自《里斯本条约》生效以来，首次采用简单修约程序。[②] 有意思的是，基于该修正案而签署的《欧洲稳定机制条约》在欧元区成员国完成批准程序后于 2012 年 9 月就生效了。2013 年 7 月，欧洲稳定机制取代前述临时性的欧洲金融稳定工具和欧洲金融稳定机制成为欧元区的永久性救助机制。

根据《欧洲稳定机制条约》，欧洲稳定机制由欧元区成员国联合签署并共同出资组建，总资本 7000 亿欧元，由欧元区成员国根据本国国内生产总值在欧元区内的比重出资，德国、法国、意大利和西班牙出资额分别为 1900 亿欧元、1427 亿欧元、1254 亿欧元和

---

① European Council Decision of 25 March 2011 Amending Article 136 of the Treaty on the Functioning of the European Union with Regard to a Stability Mechanism for Member States Whose Currency is the Euro, *OJL*, 91, 6 April 2011.

② 参见叶斌《欧债危机下欧盟经济治理与财政一体化的立法进展》，载《欧洲研究》2013 年第 3 期。

833亿欧元，占欧洲稳定机制总资本的77.35%。总资本中实收资本800亿欧元，另外6200亿为欧元区成员国承诺通知即付资本。欧洲稳定机制的有效借贷规模5000亿欧元，欧洲稳定机制的最高决策机构是由欧元区各成员国财政部长组成的欧洲稳定机制理事会，该机构负责融资授权、确定救援条件与信贷规模等重要决定，该理事会决策采取一致同意原则，需要迅速行动的紧急议案至少应获得85%的表决通过，投票权根据成员国出资份额分配。①

虽然《欧洲稳定机制条约》是欧元区成员国之间签署的国际条约，不是欧盟法律，但是欧盟委员会、欧盟理事会等欧盟机构却参与该条约的实施，欧洲法院也享有对该条约的解释权。这说明，欧洲稳定机制不仅仅是成员国间进行经济协调的机制，也是欧盟与成员国进行协调，加强欧元区机制建设的重要举措。从“不救助”到设立临时救助机制再到建立永久性救助机制，说明欧元区对其危机管理机制作出了重大改进②，这为防范和应对以后的经济危机奠定了基础。

二、加强经济政策协调

在对希腊等陷于主权债务危机的成员国进行紧急救助的同时，欧盟也对确保经济货币联盟稳定的《稳定与增长公约》进行了修订，引入“欧洲学期”机制，加强对成员国经济政策的协调，制定“六部立法”，设立宏观经济失衡程序，加强对成员国宏观经济政策的监督。

(一)“欧洲学期”机制

“欧洲学期”(European Semester)机制是欧盟在对《稳定与增长公约》的《行动准则》修订的基础上而引入的新协调机制，旨在指

① http://www.european-council，europa. eu/ media/582311/05-tesm2. enl2. pdf.

② 参见周茂荣《论欧洲主权债务危机下欧盟的经济治理改革》，载《广东社会科学》2012年第6期。

导成员国的预算及财政政策，预防宏观经济过度失衡，加强经济政策协调。[①]

欧洲学期机制始于每年1月欧盟委员会发布的《年度增长调查报告》(Annual Growth Survey, AGS)。该报告不仅对全球及欧洲经济形势作出研判，而且还要在评估成员国经济增长与结构性改革状况的基础上，指出欧盟当年刺激经济增长和创造就业所面临的首要问题和存在的风险。2～3月，欧洲议会及欧盟理事会对该报告进行讨论，欧盟首脑春季峰会基于该报告对成员国财政预算方案、经济结构改革以及经济增长等方面提出指导意见。4月，欧盟成员国根据欧盟委员会的建议起草《稳定或趋同计划》(Stability or Convergence Programmes)(欧元区成员国起草《稳定计划》，非欧元区成员国起草《趋同计划》)以及为实现"欧洲2020战略"所采取的《国家改革计划》(National Reform Programmes)，制定可行的财政与改革措施，以及促进就业、创新、能源利用与社会融合等方面的政策。欧洲统计局同时公布上年度的债务及赤字数据，以检查成员国财政政策的执行情况。5～6月，欧盟委员会对成员国提出的方案进行评估并向各国政府提出指导意见。6～7月，欧洲理事会对欧盟委员会向各成员国提出的指导意见进行讨论并作出决定。最后，各成员国政府将结合这些指导意见完成下一年度财政预算方案和经济结构改革方案并提交本国议会批准。[②]

为期半年的"欧洲学期"机制对成员国经济政策的监督与协调主要涉及三个方面[③]：一是在"欧洲2020战略"下的结构性改革。2010年6月17日，欧洲理事会审议并通过了欧盟委员会提出的

① 参见周茂荣、杨继梅《"欧洲学期"机制探析》，载《欧洲研究》2012年第3期。

② Council of the European Union, "The European Semester", in Special Reports, 15 March 2013, http://www.consilium.europa.eu/special-reports/european-semester.

③ 参见杨继梅、周茂荣《"欧洲学期"：欧盟改善经济治理的重要一步》，载《经济学家》2012年第1期。

"欧洲2020战略"(Europe 2020: A Strategy for Smart, Sustainable and Inclusive Growth)。该战略所要实现的三项经济增长的优先目标是:以知识和创新为基础的灵巧增长,以提高能源效率、倡导绿色环保和强化竞争力为内容的可持续增长,以扩大就业、促进社会融合为宗旨的包容性增长。为此,该战略还提出了到2020年所要实现的五个量化核心目标和七项"旗舰行动"。① 为落实该战略,欧盟要求各成员国把该战略的目标、任务分解在每年的《国家改革计划》中,并对成员国落实情况加以评估和提出改革建议。可见,"欧洲学期"机制把成员国实施"欧洲2020战略"的进展情况纳入其中,成为实施"欧洲2020战略"的重要机制。二是《稳定与增长公约》框架下的预算监督。"欧洲学期"机制在《稳约》的预算监督规定的基础上强化了对成员国"过度赤字"的预防与纠正,更加注重成员国债务和财政的可持续性。三是对于宏观经济失衡的监督。为了实现欧盟内部经济的均衡增长,欧盟通过次级立法设立了宏观经济失衡程序,"欧洲学期"机制把宏观经济失衡程序也纳入其中。

总之,在"欧洲学期"机制下,欧盟层面的机构如欧盟委员会、欧洲议会、欧盟理事会、欧洲理事会等可以介入成员国经济政策制定过程中,可以对成员国的结构改革、预算方案和宏观经济政策进行事前监督和指导。虽然成员国政府和议会拥有对本国财政预算和经济结构改革计划的最终决定权,但是"欧洲学期"机制使得欧盟能及时了解成员国的财政状况和结构改革计划,能对存在的问题进行事前预警,督促相关国家进行及时纠正,防止成员国出现过度赤字和宏观经济过度失衡的情况,避免欧债危机的重演。总之,"欧洲学期"机制加强了欧盟层面与成员国层面的政策协调,有助于加强欧盟与成员国间的交流和互动。

① European Commission, "Europe 2020: A Strategy for Smart, Sustainable and Inclusive Growth," *COM* (2010) 2020, Brussels, March 3, 2010.

（二）欧盟宏观经济失衡程序

2011年12月，欧盟制定了旨在加强经济治理的“六部立法”(Six-Pack)，包括五部条例和一部指令。其中，有三部条例和一部指令旨在加强财政政策协调与监督，另外两部条例(《条例：宏观经济失衡的预防和纠正》和《欧元区纠正宏观经济过度失衡的执行措施》)则旨在加强宏观经济政策的协调与监督。在此只分析加强宏观经济失衡监督的改革措施，财政政策的协调与监督则在下一部分中分析。

为了纠正和避免成员国宏观经济失衡问题，欧盟通过上述次级立法设立了宏观经济失衡程序(Macroeconomic Imbalance Procedure, MIP)。该程序包括对成员国宏观经济失衡的预防与纠正机制。在预防方面，欧盟基于一系列指标建立了预警机制，以便及早识别和监督成员国的宏观经济失衡情况。为此，欧盟委员会每年都要根据由10项指标构成宏观经济的评分表(scoreboard)对成员国经济和财政状况进行分析和评估，发布年度《预警机制报告》(Alert Mechanism Report)。欧盟设立的评分表包括以下10项宏观经济指标：(1)过去3年经常收支项目的平均余额，盈余不超过国内生产总值的6%，赤字不超过国内生产总值的4%；(2)净国际投资头寸负值不高于国内生产总值的35%；(3)5年内以市场价值衡量的出口市场份额下滑的百分比不高于6%；(4)欧元区国家3年内名义单位劳动力成本的变动率不超过9%，非欧元区国家不超过12%；(5)3年内基于调和消费者物价指数(HICP)或CPI平均价格指数计算的、相对于其他35个工业化国家的实际有效汇率变动幅度，欧元区国家在上下5%之间，非欧元区国家在上下11%之间；(6)私人部门债务占国内生产总值百分比的上限为160%；(7)私人部门信贷流动占国内生产总值的百分比不超过15%；(8)房价相对于欧洲统计局消费价格缩减指数的同比变动幅度不超过6%；(9)政府部门总体债务水平占国内生产总值的百分比不超过60%；

(10)过去3年失业率的平均变动幅度不超过10%。[1]

欧盟委员会在其发布的年度《预警机制报告》将指出那些存在宏观经济失衡风险的成员国。如果某成员国违反了上述指标规定,存在经济失衡风险,欧盟委员会将对该成员国开展深度评估,并发布深度评估报告,分析该成员国宏观经济失衡的原因、性质及程度,并对纠正经济失衡的应对措施提出建议。如果欧盟委员会认为该成员国不存在宏观经济失衡的问题,那么就不需要采取进一步的行动。

相反,如果欧盟委员会认为成员国存在宏观经济失衡问题,将通知欧洲议会、财经理事会和欧元集团,欧盟理事会要对该成员国提出整改建议。如果欧盟委员会认为成员国经济失衡问题十分严重,威胁到货币联盟的正常运行,欧盟委员会将建议欧盟理事会启动过度失衡程序(Excessive Imbalance Procedure)。存在过度经济失衡问题的成员国应在一定期限内根据欧盟的建议制定纠正行动计划(Corrective Action Plan),并将其提交给欧盟理事会和欧盟委员会批准,欧盟将监督这些行动计划的实施。该纠正行动计划中的政策措施必须与预算和经济伙伴计划(Budgetary and Economic Partnership Programmes)一致,必须涵盖所有重要的经济领域,包括财政、工资政策、劳动力市场、产品与服务市场以及金融市场。如果成员国提交的纠正行动计划不充分有效,欧盟理事会将要求成员国重新制定新的计划。未能根据欧盟建议采取相应纠正行动的成员国,必须缴纳金额为国内生产总值0.1%的有息保证金。如果该成员国一直不采取必要的纠正行动,其所缴纳的保证金将转变为罚金,除非有效多数表决反对进行罚款。这种"逆向多数投票"(Reverse Qualified Majority Voting)程序使得欧盟的制裁措施更具有威慑力和自动性。

① Commission of the European Communities, " Scoreboard for the Surveillance of Macroeconomic Imbalances", European Economy Occasional Paper 92, February 2012.

总之，宏观经济失衡程序的确立，一方面通过预警机制可以及早发现成员国的宏观经济失衡问题，提前加以预防；另一方面通过纠正机制可以及时采取必要的纠正措施，防止过度失衡的扩大，威胁到整个经济货币联盟的稳定。虽然宏观经济政策的最终决定权仍然在成员国手中，但是，与"欧洲学期"机制不同的是，宏观经济失衡程序包含制裁机制，具有强制性，这进一步加强了欧盟层面与国家层面的宏观经济政策协调。

(三)《欧元附加公约》和《增长与就业公约》

除了通过立法引入"欧洲学期"机制和宏观经济失衡程序之外，欧盟还签署了不具有法律约束力的《欧元附加公约》和《增长与就业公约》，以此进一步加强成员国之间经济政策协调的政治承诺。2011年3月25日，欧元区17国以及保加利亚、丹麦、拉脱维亚、立陶宛、波兰和罗马尼亚的国家元首和政府首脑签署了《欧元附加公约：为了竞争力和趋同而进行更大的经济政策协调》(The Euro Plus Pact: Stronger Economic Policy Coordination for Competitiveness and Convergence)。该公约"再次重申欧盟现有的经济治理，包括'欧洲2020战略'、'欧洲学期'机制、一体化指南、《稳定与增长公约》和宏观经济监管框架；承诺将行动和优先日程集中在有利于提供竞争力和趋同的政策领域，参加国将每年承诺具体的宏观经济指标，参加国还承诺完善单一市场，认为这对于增强欧盟和欧元区的竞争力具有重要意义"[①]。周茂荣认为，该公约的主要目的"在于通过高级政治承诺来达到提高竞争力、促进就业、增强公共财政的可持续性、促进金融稳定等四项目标，其中的具体建议包括取消工资指数化、推迟退休年龄等劳动市场改革以及增加研发投入、加强税收政策协调等。该公约并不具有很强的法律约束

① 叶斌：《欧债危机下欧盟经济治理与财政一体化的立法进展》，载《欧洲研究》2013年第3期。

效力，更多的是只具软约束力的协调机制”[①]。

2012年6月，为了在财政紧缩背景下促进经济增长和解决失业问题，欧洲理事会签署了《增长与就业公约》(Compact for Growth and Jobs)。该公约“旨在弥补当前欧盟各国紧缩政策下对经济刺激和就业刺激的严重不足。它强调成员国应当实施有差别的‘增长友好型的财政紧缩’(growth-friendly fiscal consolidation)，要求利用欧盟预算来吸引私营投资，并要求各国首脑刺激‘高就业增长’，同时确保研发、教育和能源领域的公共投入；解决根深蒂固的不平衡问题并深化财政改革，将促进就业作为欧盟优先事项；进一步加强经济协调，保持欧元区金融稳定等等”[②]。与《欧元附加公约》一样，《增长与就业公约》也是政治协议，不具有严格的法律约束力。但是这些政治文件的签署表明，欧盟成员国致力于加强经济政策的协调。因此，我们可以说，虽然成员国仍然保持了自己本国的经济治理特性，但是在欧债危机倒逼的背景下，成员国层面经济治理必须与欧盟超国家层面的经济治理进行协调和配合，通过二者的积极互动来加强经济治理。

三、加强财政监督和协调

虽然欧洲经济货币联盟在建立之初就规定了成员国必须遵守的财政纪律，但是正如第一节所述，无论是《稳定与增长公约》还是过度赤字程序都没有得到有效的执行，德、法等大国甚至带头违反欧盟的财政政策和纪律。正是由于欧盟的财政政策和财政纪律没有得到有效的执行，才造成了部分欧盟成员国的债务和赤字水平居高不下，最终导致了主权债务危机的爆发，这可以说是欧债危机爆发的直接原因。因此，欧债危机爆发后，欧盟采取了一系列措施

① 周茂荣:《论欧洲主权债务危机下欧盟的经济治理改革》，载《广东社会科学》2012年第6期。

② 叶斌:《欧债危机下欧盟经济治理与财政一体化的立法进展》，载《欧洲研究》2013年第3期。

如制定“六部立法”、签署《欧洲经济货币联盟稳定、协调和治理公约》(简称“财政契约”)、通过“两部立法”等,加强对成员国的财政监督和财政政策的协调。

(一)制定“六部立法”,强化《稳定与增长公约》的财政纪律

如上所述,欧盟于2011年12月制定了旨在加强经济治理的“六部立法”(Six-Pack),除了上面分析的关于加强宏观经济政策的监督与协调的两部立法之外,其余立法都是旨在强化《稳定与增长公约》的财政纪律,加强该公约的预防功能和矫正功能。

首先,《关于强化预算监督、经济政策监督与协调的第1175/2011号条例》通过对《稳约》所规定的中期预算目标的量化,进一步加强了对成员国的预算监督。该条例量化了“接近平衡或盈余的中期预算目标”(MT0)的“严重偏离”,即一年内偏差超过国民生产总值的0.5%或连续两年内超过0.25%。如果超出了上述量化标准,就可以被认定为严重偏离中期预算目标,成员国就应该采取调整措施以便达到或接近各自的中期预算目标。对严重偏离中期预算目标的量化规定有助于更加严格地实施财政规则。

其次,《关于加快和厘清过度赤字程序执行的第1177/2011号条例》通过对政府债务规则的修订,进一步加强了过度赤字程序。过度赤字程序以往主要集中在政府财政赤字上,而对政府债务关注较少。新修订的条例则“将财政监管的重点由以往考察政府赤字与国内生产总值之比改为公共债务与国内生产总值之比,即使一国的财政赤字不超过国内生产总值的3%,但债务总额超过国内生产总值的60%,也将进入过度赤字程序,必须限期整改”①。对于成员国政府债务,修订后的过度赤字程序条例要求负债超过国内生产总值60%的成员国以每年5%的比例削减债务。该条例要求欧盟委员会“应考查成员国政府中期债务状况、变化情况和可持续

① 周茂荣:《论欧洲主权债务危机下欧盟的经济治理改革》,载《广东社会科学》2012年第6期。

性，特别是要包括风险因素，如债务期限结构和货币面值、存量与流量调节及其构成、累积储备金及其他金融资产和特别是与金融部门有关的担保，以及任何与长期债务和私人债务有关的隐形负债”[①]。

再次，《关于有效执行欧元区预算监管的第1173/2011号条例》强化了违约处罚规则。以往，只能在过度赤字程序的最后阶段才能对违约成员国进行惩罚，这样惩罚起来就比较困难。根据这个条例，在过度赤字程序的开始阶段就可以对存在过度赤字的成员国课以无息保证金。“如果某成员国在多边监管程序中已经被课以有息保证金，则将其转变为无息保证金，从而使其承担较前述情况更重的惩罚。另外，如果欧盟委员会发现成员国严重不遵守预算政策义务，也可以课以这种保证金；在这种情况下，欧盟委员会可以建议理事会，以新的决定要求成员国上交上年度国民生产总值的0.2%的无息保证金。”[②]这样对欧元区成员国的财政处罚从预防阶段就开始实行，并逐渐发展到矫正程序的最后阶段，对违约的欧元区成员国的处罚最高会达到该国国民生产总值的0.5%，而且这些程序同样适用逆向投票规则，即除非理事会有效多数反对欧盟委员会的制裁建议，否则欧盟委员会的制裁建议就自动生效，这种带有自动执行性质的过度赤字程序的修订，无疑增强了该程序的有效性。

最后，《关于成员国预算框架要求的第2011/85号指令》对成员国财政统计规则与数据收集与报告制度作出了具体规定，要求成员国进一步增强财政透明度。为了确保成员国所提交数据的可靠性，该指令规定成员国财政计划必须采用最新的信息，基于务实的宏观经济和预算预测，并且政府财政的所有子项数据必须对外公

① 叶斌：《欧债危机下欧盟经济治理与财政一体化的立法进展》，载《欧洲研究》2013年第3期。

② 叶斌：《欧债危机下欧盟经济治理与财政一体化的立法进展》，载《欧洲研究》2013年第3期。

开，成员国政府无论故意还是严重疏忽而对赤字和债务数据做假，都会遭到理事会的罚款处罚。[①]

总之，经过上述立法修改，《稳定与增长公约》的预防和矫正功能得到了进一步加强，欧盟也通过“六部立法”而加强了对成员国财政预算政策的监管和协调，欧盟与成员国之间在经济治理中的互动也有了更好的法律保障。

（二）制定“两部立法”，强化欧元区的财政监管

应该说，上述经济政策协调的“欧洲学期”机制和“六部立法”已经在很多方面加强了《稳定与增长公约》，但是考虑到欧元区内成员国预算政策的溢出效应更加明显，需要制定针对欧元区成员国预算政策的更加严格的监管机制，为此，欧盟依据《里斯本条约》第 136 条制定了“两部立法”（Two-Pack），这“两部立法”已于 2013 年 5 月 30 日生效。这“两部立法”包括两部条例：一部适用于欧元区所有成员国，有些特殊规则只适用于那些处于过度赤字程序中的成员国；另一部则适用于正在面临严重财政困难或者正在接受金融援助的欧元区成员国，该条例明确了对这些国家进行强化预算监管的更加清楚和简化的规则。总体而言，这“两部立法”进一步加强了欧元区的预算政策协调和财政监管。

首先，“两部立法”加强了欧元区的预算政策协调。这“两部立法”为欧元区成员国制定了共同的预算规则和明确的预算监督时间。每年 4 月 30 日前，欧元区成员国必须发布其中期财政计划（即稳定计划），以及为促进经济增长和就业的政策计划（即国家改革计划），这也是上面分析的“欧洲学期”机制的政策协调内容。每年 10 月 30 日之前，欧元区成员国必须发布其来年的预算草案。每年 12 月 31 日之前，欧元区成员国必须通过其来年的预算。

“两部立法”的创新之处在于，欧盟委员会在每年的 11 月 30 日

① 参见叶斌《欧债危机下欧盟经济治理与财政一体化的立法进展》，载《欧洲研究》2013 年第 3 期。

之前对每一个成员国的预算草案进行检查并提出意见。如果欧盟委员会发现存在严重偏离《稳定与增长公约》所规定的义务，它将要求该成员国提交修改后的预算草案。对于整个欧元区，欧盟委员会将发布一份来年的预算状况的总体评估报告。欧盟委员会对成员国预算的意见和对欧元区预算状况的评估将作为欧元集团内部讨论和协调预算政策的基础。

由于对欧元区的预算监管和协调的时间发生在秋季，即在两个"欧洲学期"之间，因此是对目前欧盟经济治理框架的有益补充。而且"两部立法"也使得预算政策与其他经济政策的协调进程保持一致，并都整合在"欧洲学期"机制之内，确保了欧盟层面各种协调和监管机制的整合和统一。对于欧元区成员国而言，"两部立法"也使得它们必须把它们的预算草案建立在欧盟宏观经济预测之上，而且由欧盟负责监督它们是否遵守了本国的财政规则，这将增强成员国预算进程的合理性。

其次，"两部立法"加强了欧元区的财政政策监管。对于处于过去赤字程序中的成员国，"两部立法"在《稳定与增长公约》规定的基础上补充了新的要求，要求该成员国必须定期向欧盟委员会提供其所采取的纠正其过度赤字措施的进一步信息。这样，欧盟委员会就能够更好地发觉其中的任何风险。当发现风险之后，欧盟委员会能够直接对该成员国提出建议，以便该成员国采取一切必要措施规避风险，避免被欧盟委员会判定为不遵守欧盟的规定而受到财政制裁。"两部立法"也加强了对那些正在面临严重财政困难或者正在接受金融援助的欧元区成员国的财政监管。监管的强度将依据成员国财政状况的严重程度而定。在这种强化监管的基础上，如果欧盟委员会认为一个成员国的财政状况可能会对欧元区的金融稳定产生严重不利影响，它可以得出结论要求该成员国必须采取进一步的措施。在这种情况下，欧盟委员会可以向欧盟理事会提议，要求该成员国采取纠正措施或把纠正措施包括在宏观经济调整计划之中。

(三)签署《欧洲经济货币联盟稳定、协调和治理条约》,推动财政联盟建设

除了通过制定上述"六部立法"、"两部立法"来加强财政政策的协调与监督之外,欧盟还希望通过修改欧盟基础条约,从欧盟基础条约层面约束成员国的财政行为,加强经济政策的协调,但是由于英国首相卡梅伦的坚决反对,欧盟只好在欧盟条约之外签署了政府间条约——《欧洲经济货币联盟稳定、协调和治理条约》(Treaty on Stability, Coordination and Governance in the Economic and Monetary Union, TSCG),简称"财政契约"。除捷克、英国之外,欧盟其他成员国都签署了该条约。该条约于 2013 年 1 月 1 日生效。

该条约不是对欧盟基础条约的修订,不属于欧盟立法,而是一个政府间协议。该条约只对欧元区成员国有约束力,而对其他签约国,只有当它们加入了欧元区或者希望提前接受契约规则约束的情况下才对它们有约束力。该条约不仅包括财政方面的内容,还包括了经济政策协调等方面的内容,但是核心则是财政规则,这也是把该条约称为"财政契约"的原因所在。

"财政契约"主要包括以下六项核心规则:第一,签约国政府预算必须平衡或有盈余,"年度结构赤字"不超过其国内生产总值的 0.5%,对于政府债务显著低于 60%且财政风险较低的国家,结构性预算赤字可以提高至其国内生产总值的 1.0%;由欧盟委员会制定各国中期目标趋同时间表;明显偏离中期目标或偏离调整路线的签字国应在规定的时间内自动启动纠正机制。在条约生效一年之内,各签约国应将"实现财政收支平衡或有盈余"写进本国宪法或同等法律。第二,签约国政府债务超过其国内生产总值 60%的,该国应每年以 5%的平均比例作为基准实施减债。第三,出现过度赤字的签约国应进行必要的结构改革,其方案须得到欧盟委员会和欧盟理事会的认可和监督,其实施及相应的年度预算计划要接受欧盟委员会和欧盟理事会的监督。第四,签约国应事先向欧盟委员会和欧盟理事会报告其公共债券的发行计划。第五,欧盟委

员会可以认定某签约国违反了赤字标准，但其他签约国可以特定多数否决该决定。第六，如果签约国未能按时将“实现财政收支平衡或有盈余”写入宪法或同等法律，或者未能按过度赤字程序规定期限对财政超标予以纠正，欧洲法院可就此作出裁决，裁决具有约束力，如果欧洲法院发现签约国未能遵守规定，可以向其征收一次性罚款，罚款金额不超过该国国内生产总值的0.1%。欧元区成员国的罚款将进入欧洲稳定机制，非欧元区成员的罚款则进入欧盟预算。[①]

从上述条约的核心规则可以看出，“财政契约”只是重申了上述“六部立法”的一些规定，并赋予欧盟委员会和理事会一定的财政监督权力，尤其是欧盟委员会通过该条约获得了多项财政建议权和监管权，使得欧盟委员会在一定程度上拥有了协调和监管签约国财政经济政策的权能，这使得欧盟委员会在财政事项上具有了初步的超国家权能。[②] 虽然这种超国家权能并没有取代欧盟成员国的财政自主权，但是却加强了欧盟超国家层面与成员国层面之间的互动。

四、加强金融监管，建立银行业联盟

欧债危机爆发的原因之一是欧盟缺乏统一的金融监管体系。自单一货币实施以来，欧洲金融市场的一体化在不断深化，金融业务的跨国经营在欧元区和欧盟内更加普遍，这无疑对金融监管提出了更高要求。但是，由于经济、金融发展程度与历史背景不同，欧盟各成员国的金融监管理念、监管体制也大相径庭。从维持各国金融监管的最大自由度出发，欧盟一直遵循“母国控制”原则，实

① 参见叶斌《欧债危机下欧盟经济治理与财政一体化的立法进展》，载《欧洲研究》2013 年第 3 期。

② 参见叶斌《欧债危机下欧盟经济治理与财政一体化的立法进展》，载《欧洲研究》2013 年第 3 期。

行离散的金融监管体系。[①] 但是欧债危机表明，在欧盟金融市场高度一体化的背景下，遵循"母国控制"原则，离散的欧盟金融监管体系无法有效地维护欧盟金融市场的稳定，而金融市场的动荡反过来又导致主权债务危机的恶化。[②] 正是基于这样的认识和欧债危机的惨痛教训，欧盟决定在对其离散的金融监管体系进行深刻反思的基础上建立集中统一的金融监管体系，以便维护欧洲金融体系的稳定。

（一）建立新的金融监管体系

肇始于美国的全球金融危机促使欧盟反思其金融监管体系所存在的问题。2008 年 10 月，欧盟决定对其金融监管体系进行评估，特委托法国央行前行长雅克·德拉罗西埃（Jacques de Larosière）领导一个八人工作小组开展这项工作。2009 年 2 月 25 日，该工作小组向欧盟委员会提交了《欧盟金融监管改革报告》（又称《德拉罗西埃报告》）。根据该报告的改革建议，欧盟委员会制定了欧洲金融监管体系改革方案，决定对原有的金融监管体系进行全面的改革，"建立一套以'一会三局'为架构的新的金融监管新体系，这套体系已从 2011 年 1 月 1 日开始运作，这标志着欧盟金融监管格局发生了重大变革，在向建立超国家性质的金融监管体系上迈出了重要的一步"[③]。新的金融监管体系如下：

首先，建立"欧洲系统性风险委员会"（European Systemic Risk Council，ESRC），加强宏观层面的审慎监管，防范系统性金融风险。作为新建立的欧盟层面的宏观审慎监管机制，"欧洲系统性风险委员会"由来自欧盟成员国中央银行的代表、欧盟银行业监管机构负

① 参见周茂荣《论欧洲主权债务危机下欧盟的经济治理改革》，载《广东社会科学》2012 年第 6 期。

② 参见胡坤、刘东民《欧债危机下欧盟银行规制与监管体系的转型与创新》，载《欧洲研究》2013 年第 3 期。

③ 周茂荣：《论欧洲主权债务危机下欧盟的经济治理改革》，载《广东社会科学》2012 年第 6 期。

责人和欧盟保险业及证券业监管机构负责人、欧盟委员会的代表组成。该委员会主席由欧洲中央银行行长担任。[①] 该委员会的职能是“监控和评估危害欧洲金融体系稳定发展的潜在威胁,在必要时发布风险预警和提出补救方案,并对补救方案的执行情况进行监督,目的在于帮助欧盟内部市场的顺利运作和确保金融部门对经济增长作出可持续性贡献”[②]。不过,作为一个不具有法人资格的协商机构,欧洲系统性风险委员会没有强制执行权力,不能就金融监管问题向成员国下达指令,而只能提出政策建议。因此,欧盟层面的宏观审慎监管需要微观层面的监管机构的支持与配合。

其次,建立新的金融监管机构。为了加强微观层面的审慎监管,欧盟建立了三个新的金融监管机构:欧洲银行业管理局(European Banking Authority,EBA)、欧洲保险与职业养老金管理局(European Insurance and Occupational Pensions Authority,EIOPA)和欧洲证券与市场管理局(European Securities and Market Authority,ESMA)。这三个新成立的金融监管机构分别取代了欧盟层面原有的三个金融监管委员会:欧洲银行业监管者委员会(the Committee of European Banking Supervisors, CEBS)、欧洲保险与职业养老金监管者委员会(the Committee of European Insurance and Occupational Pensions Supervisors, CEIOPS)、欧洲证券监管者委员会(the Committee of European Securities Regulators, CESR)。上述三个金融监管委员会不具有法人地位,也没有监管权,只有咨询权;相反,取代这些委员会的新的金融监管机构不仅具有独立的法人地位,而且能够发布有约束力的指令,能够对成员国监管冲突作出仲裁,这将有助于加强欧盟层面的金融监管,而且也有助于欧盟成员国在金融监管方面的协调与统一。新成立的三

① 参见戴启秀《希腊危机背景下欧盟金融监管制度建设及配套措施》,载《德国研究》2010 年第 3 期。

② 石坚、潘文:《论欧盟在欧元区主权债务危机中的改革与发展》,载《四川大学学报》2012 年第 1 期。

个金融监管机构与成员国金融监管机构组成欧洲金融监管者体系(European System of Financial Supervisors,ESFS),共同致力于微观审慎监管。

通过建立上述金融监管机构,欧盟构建了一个新的金融监管体系。在这一新的监管体系下,成员国金融监管当局有义务将国内金融机构的微观审慎监管信息传递给上述三个欧盟金融监管局,这三个机构在对收到的信息进行汇总后再传递给欧洲系统性风险委员会,欧洲系统性风险委员会则据此发布风险预警。欧盟金融监管局有权对成员国国内金融市场的监管进行干预,在成员国金融监管当局间出现监管冲突的情况下,欧盟金融监管局有权进行仲裁。可见,欧盟所建立的新的金融监管体系将宏观审慎监管与微观审慎监管紧密结合起来,这无疑有助于加强欧盟层面与成员国层面的互动,有助于对欧盟金融系统性风险的监控,维护欧盟的金融稳定,并促进促进欧盟金融监管的趋同。①

(二)建立银行业联盟

在欧洲金融体系中,银行业占据着举足轻重的地位,对银行监管的成败关乎整个欧盟金融市场的稳定。② 欧债危机表明,银行业危机与主权债务危机之间存在着恶性循环,要打破这种恶性循环,必须加强对银行业的监管。但是"在欧盟银行业高度一体化的背景下,'母国控制'原则下离散的银行监管体系无法确保欧盟金融体系稳定,甚至还增添金融市场风险,在危机爆发后又难以实现及时高效的危机管理,这些问题在欧债危机中得到充分体现"③。鉴于此,在 2012 年 6 月的欧元区峰会上,欧盟领导人决定建立由银行

---

① 参见杨松、王勇《金融危机以来的欧盟银行法变革:立法修正与经验借鉴》,载《南京大学法学评论》2011 年春季卷,第 297～298 页。

② 参见胡坤、刘东民《欧债危机下欧盟银行规制与监管体系的转型与创新》,载《欧洲研究》2013 年第 3 期。

③ 胡坤、刘东民:《欧债危机下欧盟银行规制与监管体系的转型与创新》,载《欧洲研究》2013 年第 3 期。

业单一监管机制(Single Supervisory Mechanism，SSM)、单一清算机制(Single Resolution Mechanism，SRM)和单一存款保险计划(Single Deposit Insurance Scheme)三大支柱组成的银行业联盟(Banking Union)，从欧盟层面打破银行业危机与主权债务危机之间的恶性循环。

1. 建立银行业单一监管机制

2012年9月11日，欧盟委员会提出了由欧洲中央银行监管欧元区所有银行的银行业单一监管机制计划。2013年3月19日，欧洲议会和欧盟理事会就单一监管机制的细节达成一致，此后欧洲议会和欧盟理事会分别于2013年9月12日和2013年10月15日通过了单一监管机制条例。该条例规定，欧洲中央银行和成员国银行监管机构共同构成欧盟银行业单一监管机制的监管主体，负责对欧元区成员国和选择参加的非欧元区成员国的银行和信贷机构进行监管。条例还规定，单一监管机制自2014年11月4日起正式启动运行，欧洲中央银行开始承担起监管职责。

根据单一监管机制决议，参加单一监管机制的欧盟成员国所有信贷机构都将处于欧洲中央银行的监管之下，但是这并不意味着监管任务都由欧洲中央银行承担，相反，欧洲中央银行将与成员国银行监管机构本着分工合作的原则共同承担监管职责。欧洲央行除直接负责所有银行的执照发放注销与股权转让事宜外，只对下列这些银行进行直接监管：资产超过300亿欧元的；资产占本国国内生产总值20%以上的；被成员国监管当局认定为对国民经济有显著影响的；接受或者申请欧洲稳定机制或欧洲稳定基金直接救助的银行。其余银行仍由各国实施直接监管，但欧洲央行拥有最终决定权，并有权直接监管任何银行。

单一监管机制把监管权授予欧洲中央银行，使得该机制不仅具有法律上的独立性，而且也独立于任何单一成员国政府或成员国金融体系。这种独立性还反映在该机制的组织结构中，为避免金融监管职能与货币政策职能相冲突，欧洲中央银行内部成立了专门监管委员会，该委员会由一名主席、一名副主席（欧洲央行执行委员会委员）、四名欧洲央行代表以及参与国监管机构代表各一名组成，投票实行简单多数原则，在票数相同情况下，主席拥有决定权。[①] 同时，在对每一个重要银行进行监管时，监管小组将由来自不同成员国的监管者组成。单一监管机制不仅具有很大的独立性，而且由于该机制把监管权力直接授予给欧洲中央银行，而欧洲中央银行同时负责欧元区的货币政策，因此，单一监管机制也有动机和政策工具来加强监管，更好地识别出现的风险，并及时采取干预措施。单一监管机制不仅使母国监管与东道国监管的划分成为历史，而且也将取代欧盟成员国各不相同的监管模式和监管文化，所有这些不仅有助于加强监管，维护欧洲金融体系的稳定，而且也有助于促进银行业一体化发展，为银行业联盟的建立奠定了基础。

2. 建立单一清算机制

除了加强监管外，欧盟还需要建立一个单一清算机制，以避免由政府用纳税人的钱来救助破产银行，从而避免银行业危机引发主权债务危机。2013 年 7 月，欧盟委员会提出了建立单一清算机制的计划。2014 年 3 月 24 日，欧洲议会和欧盟理事会就单一清算机制条例达成一致，此后欧洲议会和欧盟理事会分别在 2014 年 4 月 15 日和 7 月 14 日通过了该条例，2014 年 8 月 19 日该条例生效。根据该条例规定，参加单一监管机制的欧盟成员国都将自动参加单一清算机制。

单一清算机制主要包括两个方面的内容：一是建立总额为 550 亿欧元的单一清算基金（Single Resolution Fund），该基金将通过向银行征收税赋的方式募集，该基金的建立先是要求各成员国建立自己的清算基金，在未来 8 年内逐步合并为一个在欧洲层面统一管理的单一清算基金。未来问题银行的清算成本将由区域内银行业

① 参见胡坤《欧盟银行业联盟建设》，载周弘主编《欧洲蓝皮书：欧洲发展报告（2013～2014）》，社会科学文献出版社 2014 年版。

募集的清算基金承担,这无疑有助于减轻银行倒闭破产对单个成员国财政的冲击和压力。二是设立一个由一名主席、四名专职委员和参与国代表组成的清算委员会(Single Resolution Board)。该委员会将直接负责欧洲中央银行监管下的重要银行的清算问题,而小银行的清算工作则由成员国清算机构负责。①

单一清算机制首先确保银行破产倒闭的成本要由银行股东及债权人承担,只有在特殊情况下政府才出面提供救助。2013 年 12 月,欧盟通过《欧洲银行复苏与清算指令》(Bank Recovery and Resolution Directive, BRRD),为单一清算机制运行所依据的"内部纾困原则"(bail-in principle)奠定了法律基础。根据该指令,银行破产和重组时,银行股东及债权人必须根据"内部纾困原则"先行自救,而不是像欧债危机时那样接受政府"救助"(bail-out),用纳税人的钱来救助破产银行,这样可以切断银行业危机与主权债务危机的恶性循环。单一清算机制通过建立单一清算基金可以使问题银行的清算成本在欧元区银行部门间平均分担,而不会过于集中在受影响的成员国。因此,单一清算机制也可以看作是一种风险分担机制。

3. 建立"单一存款保险机制"

欧盟认为,在成员国层面仍未普遍设立存款保险机制的情况下,单一存款保险计划目前并不具备立即建立的条件,而应先致力于完善各成员国各自的存款保险机制。2013 年 12 月 17 日,欧盟理事会与欧洲议会就存款保险机制(Deposit Guarantee Schemes, DGS)达成协议,以强化各国现有的存款担保机制。根据存款保险机制指令,储户在银行破产时可获得最高 10 万欧元的赔偿不变,但储户可以比以前更快更早地获得担保的赔偿款,偿付期限将从目前的 20 天逐渐缩短至 2024 年的 7 天;同时,银行将向储户提供更透明的银行信息,并且存款保险基金占存款余额的比例须在 10 年

① 参见胡坤《欧盟银行业联盟建设》,载周弘主编《欧洲蓝皮书:欧洲发展报告(2013～2014)》,社会科学文献出版社 2014 年版。

内达到0.8%。[①] 存款保险机制在性质上还是成员国的，欧盟委员会将在2019年之前对存款保险机制的运转情况作出评估，以决定是否建立欧盟层面单一的存款保险机制。存款保险机制的确立不仅能够确保储户的储蓄能够得到更好的保护，避免银行出现问题后出现挤兑风潮，而且也确保了所有成员国存款担保机制的一致，为最终建立单一的存款保险机制奠定了基础。

总之，欧债危机发生以来，欧盟及其成员国为应对这场危机采取了一系列诸如建立永久性救助机制、加强经济政策的协调、加强财政监督与协调、加强金融监管、建立银行业联盟等措施，这些改革措施在危机发生以前几乎是难以想象的，但是在欧债危机的倒逼之下，欧盟与成员国加强了它们之间的互动与协调，加快推进经济货币联盟治理结构的改革，为走向真正的经济货币联盟奠定了基础。

第三节　经济货币联盟中超国家治理与成员国治理的互动

从本章前两节的分析可以看出，经济货币联盟无论从其最初的建立还是到欧债危机以来的治理改革，都始终是在欧盟超国家治理与成员国治理的互动进程中实现的，而且随着经济货币联盟的深入发展，欧盟超国家治理与成员国治理在密集和频繁的互动中已经高度融合在一起，难以清晰地把二者区分开来。但是为了便于分析，笔者还是把经济货币联盟中的超国家治理和成员国治理分开来谈，以便更好地把握二者的互动。

① 参见胡坤《欧盟银行业联盟建设》，载周弘主编《欧洲蓝皮书：欧洲发展报告（2013～2014）》，社会科学文献出版社2014年版。

一、经济货币联盟中的成员国治理

1. 成员国治理是欧盟超国家治理的前提和基础

正如本书第三章所指出的那样，授权原则是欧盟超国家治理与成员国治理互动的基本原则，只有在成员国授权的基础上，欧盟才能够在授权的政策领域采取行动，进行超国家治理，而且在进行超国家治理时还要遵循辅助性原则和相称性原则。就经济货币联盟而言，成员国授权把货币政策主权让渡给欧盟，欧盟才能够建立独立的欧洲中央银行，并由欧洲中央银行负责欧元区的货币政策治理。而且欧盟在货币政策领域的超国家治理所采取的模式主要是德国货币政策治理模式，按照欧洲化的理论视角，德国成功地把本国的治理模式“上传”到欧盟层面，无论是欧洲中央银行的独立性还是欧洲中央银行维持价格稳定的首要任务，都很像德国联邦银行。实际上，德国联邦银行在1979～1999年间基本上控制了欧洲的货币事务，成为事实上的欧洲中央银行。欧洲经济货币联盟在1999年建立之后，欧洲中央银行也就顺理成章地采取了德国联邦银行的模式，就连欧洲中央银行的总部所在地都设在德国的法兰克福。欧盟货币政策的超国家治理采取德国治理模式不仅仅是因为德国经济在欧盟经济中占有特别重要的分量和地位，更重要的是因为德国货币政策治理模式被证明是比较成功的路径选择，欧盟其他成员国事实上也在向德国模式靠拢，如法国密特朗政府在实行新凯恩斯主义的扩张性经济政策后通货膨胀严重，不得不采取货币紧缩政策，用德国式的货币自由主义取代了法国传统的货币干预主义。[①] 也就是说，德国货币政策治理模式作为最佳实践得到了广泛认可和接受，因此就出现了德国货币政策的欧洲化或欧洲货币政策的德国化的情况，这样德国货币政策就“上传”到欧

① 参见[美]薇安·施密特《欧洲资本主义的未来》，张敏、薛彦平译，社会科学文献出版社2010年版，第73～85页。

盟层面而成为欧盟货币政策治理模式。

事实上，相反的情况也存在，即成员国治理中的糟糕表现也会被“上传”到欧盟层面，当然这种“上传”不会成为欧盟治理的效仿对象，即不是成员国治理的欧洲化，而是成为欧盟层面治理的对象。这次希腊债务危机就是比较典型的例子。由于希腊政府在财政经济治理中的不善，没有严格遵守《稳定与增长公约》所规定的财政赤字和政府债务的条件要求，导致希腊出现了债务危机，而欧元区成员国之间的高度相互依赖导致希腊债务危机很快波及其他欧元区成员国并威胁到整个欧元区的稳定，在这种情况下欧盟就需要从超国家层面加强治理，控制成员国治理失误所造成的外部性问题。所以我们看到，在欧债危机发生以前几乎难以想象的治理措施，如对深陷债务危机的欧元区成员国进行救助的欧洲稳定机制、加强对成员国财政政策监督和宏观经济政策协调的“六部立法”和“两部立法”、签署《财政契约》、建立“银行业联盟”等都在短短的几年内相继出台，如果没有希腊等成员国债务危机的“上传”，欧盟超国家层面的治理也难以有如此大的发展。当然，这并不是说成员国治理不善是受到欢迎的，甚至是欧盟层面所期望的，而是说成员国的治理不善倒逼欧盟实行超国家治理。

欧盟成员国治理模式的多样性和差异性事实上随着欧盟的不断扩大和成员国的增多而变得更加突出，成员国不同治理模式之间不可避免地存在着矛盾和冲突，这在一定程度上会阻碍欧盟超国家治理发展。但是，欧盟成员国治理模式的多样性及其存在的矛盾和冲突也会倒逼欧盟层面进行协调，通过相互承认原则或规定最低程度的标准等实行超国家治理。

2. 成员国治理是欧盟超国家治理的重要组成部分

就以货币政策的超国家治理为例，正如本章第一节所指出的那样，欧洲中央银行作为独立的超国家机构无疑发挥着重要的作用，但是成员国中央银行也是欧洲中央银行货币体系的重要组成部分，特别是欧元区成员国的中央银行行长是欧洲中央银行的最重要决策机构——管理委员会的成员，负责制定欧元区的货币政策，有权力为欧元区作出最重要的决定。而且随着银行业联盟的建立，欧洲中央银行在单一监管机制中发挥着监督欧元区银行的重要职能。但是欧洲中央银行不可能也无法监管欧元区的所有银行，而是与成员国相关监管机构分工合作，由成员国相关监管当局负责监督本国的中小银行，欧洲中央银行只负责对大银行的监管。实际上，无论是货币政策的执行还是对金融机构的监管，都需要借助成员国的制度设置、组织资源、运作能力和技巧。经济政策协调更是如此，如果成员国不配合，经济政策协调往往就是一句空话。如《稳定与增长公约》之所以失灵，主要是有些成员国特别是德国和法国等重要成员国不认真履行条约规定的义务，在 2003 年之后财政赤字连续超过条约规定的标准而未受到惩罚。欧债危机爆发后，欧盟通过的一系列加强财政监督和经济政策协调的措施也需要成员国的密切配合，如需要成员国提交稳定与趋同计划、国家改革计划，进入过度赤字程序和宏观经济失衡程序的成员国还要提交纠正行动计划等。而且无论是实现中期财政平衡或盈余，确保宏观经济平衡，还是进行结构性改革，提高经济竞争力，最终都要依靠成员国层面的努力。也就是说，无论从治理对象、治理进程还是从治理目标来看，欧盟层面的治理都内在地包含了成员国治理，成员国治理是欧盟超国家治理的重要组成部分。

3. 成员国政府间协调机制是欧盟经济治理的主要方式

如果说经济货币联盟中的货币政策治理是一种典型的超国家治理，那么其中的经济政策治理就是一种政府间协调治理。欧债危机的倒逼机制也没有改变这一点。相反，欧债危机使得欧盟层面的治理模式更多地偏向政府间协调，而不是超国家治理。也就是说，成员国政府本来并不打算在这些领域由欧盟层面来治理，欧盟基础条约也没有明确授权欧盟进行干预，但是在欧债危机的挑战面前，欧盟成员国认识到只能通过协调一致的共同行动才能克服这些挑战，解决欧债危机的治理方案只能从欧盟层面寻求。本章第二节在分析应对欧债危机的各种治理措施时就指出，欧盟成员国政治领导人在危机面前越来越将欧盟机制看作是解决欧债危机的最佳层级，以应对成员国治理不善和治理能力的不足，但是欧盟成员国政府却拒绝将本国经济和财政政策领域的核心主权让渡到欧盟层面。这就出现了所谓的"层级困境"，即成员国政府出于"解决问题的本能"而转向欧盟层面，但是因受"主权的惯性思维"的影响而拒绝将本国经济和财政领域的核心主权交给欧盟。在选择合适的解决问题层级时又面临一个新的困境，即"决策困境"：一方面，各成员国政府都寻求欧盟层面最有效的解决机制，以便及时高效地应对欧债危机；但另一方面，各国国家政府又因国家预算主权的敏感性而坚持成员国的"最终决定权"，保留成员国的一票否决权。①

上述"层级困境"和"决策困境"表明，欧盟成员国既不想进一步让渡主权，也不想阻止欧洲的解决方案。成员国的这种矛盾态度和困境决定了欧盟经济治理总体上偏向政府间政策协调，使得经济货币联盟的治理更多地采用了"联盟方法"，而不是"共同体方法"。"共同体方法"是欧盟立法决策机制，即《里斯本条约》所规定的普通立法程序，参与其中的主要是欧盟委员会、欧盟理事会、欧洲议会和欧洲法院。上述"六部立法"和"两部立法"都是通过该方法制定通过的。相反，"联盟方法"主要是一种成员国协调机制，强调成员国之间的政策协调，而不是正式的立法决策，参与其中的主要是由成员国国家元首和政府首脑组成的欧洲理事会。

欧债危机爆发后，欧洲理事会为解决危机召开会议越来越频繁，成为解决危机的主要机构，其地位和作用得到大幅度提升。在欧洲理事会成为欧盟正式机构之前欧洲理事会召开的次数一般是一年两次，后来欧盟基础条约规定每年召开四次会议，但是欧债危

① 参见［德］安德雷亚斯·霍夫曼、沃尔夫冈·威瑟尔斯《权力的结构性转移》，夏晓文译，载《德国研究》2013 年第 3 期。

机爆发后欧洲理事会召开会议的次数迅速增加。在2010～2012年间，通过召开常规会议、紧急会议及国家和政府首脑非正式会晤等形式，欧洲理事会开会高达19次，此外还有8次欧元区国家和政府首脑会晤。所有解决危机的核心措施都源自欧洲理事会的商议。[①]

欧洲理事会不仅为解决欧债危机而召开会议的次数增加，而且其提出的政策动议也越来越具体详细，在一些细节上远远超出了单纯的动议者的角色。根据欧盟基础条约的规定，欧洲理事会主要职责是为欧盟发展提供政治指导方针，不行使立法职能。但是自从欧债危机爆发以后，欧洲理事会以及欧元区峰会在确定应对欧债危机的措施时都规定了所采取措施的所有核心细节。不仅如此，欧洲理事会在制定经济货币具体政策的过程中比以前介入得更多。在制定“欧洲学期”机制与《欧元附加条约》框架下的措施方面，欧洲理事会也积极介入其中。欧洲理事会还设定了欧盟经济和财政政策优先考虑的事项，以此来加强协调欧盟成员国经济和财政政策及推进“欧洲2020战略”的实施。欧盟委员会提出的针对各国的具体政策建议需要得到欧洲理事会的批准。[②] 毫无疑问，欧债危机以来欧洲理事会已经把自己确立为经济治理的主导行为体，并把经济政策协调作为自己的优先事项。

实际上，在欧债危机发生以前，欧洲理事会就已经定期介入和经常处理欧盟经济事务。这种趋势从20世纪90年代中期以来就非常明显。如1994年在艾森召开的欧洲理事会峰会和1997年在卢森堡召开的特别峰会上，欧盟的就业状况成为峰会的主题。在这些峰会上，欧洲理事会不仅把欧盟普遍存在的高失业问题作为政策挑战，要求采取共同行动，而且还确定了由部长理事会和欧盟委员会执行的后续措施。这种运作状况在1998年卡迪夫峰会和

① 参见[德]安德雷亚斯·霍夫曼、沃尔夫冈·威瑟尔斯《权力的结构性转移》，夏晓文译，载《德国研究》2013年第3期。

② 参见[德]安德雷亚斯·霍夫曼、沃尔夫冈·威瑟尔斯《权力的结构性转移》，夏晓文译，载《德国研究》2013年第3期。

1999 年科隆峰会上重复出现。科隆峰会要求部长理事会、欧盟委员会和欧洲中央银行等欧盟机构加强与社会伙伴的对话和合作，推动广泛的社会参与，以便更好地实施欧盟就业战略。

单一货币的发行意味着部长理事会更多的责任。然而，这些责任是在欧洲理事会的密切监督下实施的。如欧洲理事会对成员国和共同体经济政策的宏观指导方针的每一个草案进行评估，并就草案对部长理事会提出指导。在 2000 年 3 月里斯本欧洲理事会会议上通过了《里斯本进程》，该进程作为多年度政策协调框架，把经济货币联盟相关的议题与经济改革、就业和社会政策结合起来。自从《里斯本进程》启动以来，欧洲理事会把每年的春季首脑峰会完全预留给这个政策领域，集中讨论和协商欧盟经济政策指导方针和就业指导方针，这两个方针现在已经合并为整合的方针。成员国首脑直接介入这些政策方针的起草过程，指导部长理事会和欧盟委员会的起草工作。欧洲理事会通过在法律上不具有约束力的工具“理事会结论”创立了新的非正式的协调程序和工作方法，如开放协调方法、欧元区集团和欧元区峰会等。

欧元区集团最初是 1997 年欧洲理事会决定建立的非正式论坛，1998 年以来召开非正式会议，2000 年以来作为欧元区成员国、欧盟委员会和欧洲中央银行之间非正式讨论的论坛定期在经济和财政部长理事会前夕召开，欧元区集团与经济和财政部长理事会有同样的会议议程，这种安排不仅显示了经济治理议程的大规模扩展，而且也反映了政策制定进程的政府间性质和关注非约束性的协调工具。随着《里斯本条约》的生效，欧元区集团有了正式的法律基础，并为欧元区峰会做准备。2008 年 5 月，欧元区成员国政府首脑为应对金融危机建立了欧元区峰会机制，此后欧元区峰会不定期召开非正式会议。但随着欧元区债务危机的蔓延，这一临时机制成为一种永久机制。2011 年 10 月 26 日，成员国政府首脑在进行会晤时一致同意将这一临时会晤形式机制化，决定每年至少要召开两次峰会，以确定欧元区的战略发展方向。这样，欧元区峰会就成为欧洲理事会的潜在竞争者。为了避免二者的竞争，也为了确保欧元区峰会与欧洲理事会的一致，欧元区峰会都参照欧洲理事会形式进行。欧盟委员会主席是欧元区峰会的成员，欧元区峰会主席的选举与欧洲理事会主席的选举同步进行，欧洲理事会主席赫尔曼·范龙佩当选欧元区峰会首任主席。为了避免欧元区集团的排他性，欧元区峰会不仅由欧洲理事会主席来主持，而且签署《财政契约》的非欧元区成员国也被邀请参与商讨欧元区总体架构的改变等重大事项。[①] 同时，欧元区峰会主席负责把峰会情况通报给非欧元区成员国和欧洲议会。这样，欧盟在经济财政部长理事会和欧洲理事会之外建立了无论组成结构还是议事议程都与前两个正式机构相同的欧元区集团和欧元区峰会治理机制，这些机制的确立一方面反映了“多速欧洲”、“差异性一体化”的现实，另一方面也是为了进一步协调欧元区成员国的经济政策，以应对欧债危机。

总之，欧洲经济货币联盟治理主要靠成员国政府间的政策协调，而成员国进行政策协调的平台和机制主要是欧洲理事会以及欧元区峰会。由于使用同一货币欧元，欧元区成员国之间的经济与政治相互依赖程度在加深，对成员国政府而言，这种相互依赖就是对共同责任的发现，它们必须一起行动。欧债危机的爆发使得这种共同责任突然降临到 28 国领导人的头上，成员国领导人的作用就是要在危急时刻承担起这种共同责任，因此，欧债危机以来，成员国政府领导人以及欧洲理事会在欧盟经济治理中发挥了关键性的作用，以至于有人称之为“欧洲事务的再国家化”。实际上，危机时刻成员国的介入是必需的。这是因为，首先，公共债务危机涉及纳税人的钱的问题。由于欧盟预算相对较小，大约占欧盟 GDP 的 1%，欧盟机构本身不能做出决定性的行动。因此，成员国的介

① 参见[德]安德雷亚斯·霍夫曼、沃尔夫冈·威瑟尔斯《权力的结构性转移》，夏晓文译，载《德国研究》2013 年第 3 期。

入是必需的。由于需要成员国贡献的资金数量非常大，只有最高层次的领导人才能作出决定。由于需要成员国贡献资金，因此，成员国领导人和成员国议会参与其中就是自然的事情。其次，在危机时刻建立在授权基础上的欧盟机构有着自身的局限性。当需要在未授权的领域制定新的规则时，欧洲理事会就需要把28国领导人、欧盟委员会主席、欧洲理事会主席凑到一起，共同承担起这个责任。这次欧债危机充分证明了欧洲理事会自成立以来所承担的使命：不去过问其他机构能够做得更好的日常事务，即通过共同体方法就能解决的事务，而是要快速介入处理特殊事情——条约的修改、新成员国的加入、危机的处理等。所有这些都需要利用成员国的集体合法性。

欧债危机爆发以来，欧洲领导人试图确保欧盟的机构能够应对这种新的相互依赖，把这种共同责任的经历变成稳定的治理制度。尽管使用的是政府间的路径，所采取的措施实际上也加强了欧盟委员会、欧洲法院等欧盟超国家机构的权力。如欧盟委员会获得了对成员国宏观经济政策、债务赤字水平、财政状况的监督权，在欧洲稳定机制和财政契约中欧洲法院也被赋予重要的司法职能，欧洲议会通过"欧洲学期"机制也将在设计新的预算和宏观经济监督中发挥重要作用。

二、经济货币联盟中的超国家治理

1. 超国家治理是对成员国治理的补充和扩展

如上所述，成员国治理是欧盟超国家治理的前提和基础，成员国之所以把国家治理权能授予给欧盟，主要是为了提升自己的治理能力和更好地实现国家治理目标，或者为了避免出现共同失利困境。无论新功能主义所强调的"溢出"观点还是自由政府间主义所侧重的"成员国政府偏好和利益趋同"观点，都说明了欧洲一体化发展的起源和动力问题，即成员国为什么会让渡主权、放弃自主权，推动欧盟超国家治理发展的问题。虽然笔者不敢苟同"欧洲拯救民族国家”的观点，但是可以肯定地说，欧盟超国家治理补充和扩展了成员国治理。这种补充不仅仅表现在一些跨国界议题的治理上欧盟能够对成员国治理进行协调，还表现在一些国内议题的治理上欧盟能够制定最低标准，传播最佳实践等。这种扩展不仅仅是地域上的扩展，即从原来局限在本国领土境内的治理扩展到整个欧盟的治理，而且还表现在对其他成员国治理的渗透和影响上，即从原来的单个成员国的自我治理发展到成员国之间的相互治理和集体治理。这种超国家治理的发展能够较好地解决成员国治理的外部性问题。以成员国的货币政策为例，由于欧洲一体化而带来的成员国之间的高度相互依赖，一国货币政策的调整必然会给其他成员国带来很大的影响，但是成员国在货币政策治理中只会关注本国的利益而不会去注意该政策对其他成员国带来的不利影响。相反，实行统一货币，由欧洲中央银行统一实施单一的货币政策，则能比较好地解决这种负面的外部性问题。财政政策也是如此，欧盟成员国虽然无法就建立财政联盟达成一致，但是为了避免外部性问题，也必须加强财政政策之间的协调。欧盟超国家治理也能在一定程度上解决成员国治理失灵的问题，譬如希腊、爱尔兰、西班牙、葡萄牙等欧盟成员国爆发债务危机后，欧盟通过建立欧洲稳定基金、欧洲稳定机制等救助机制帮助这些深陷债务危机的欧盟成员国应对危机，走出困境。同样，欧债危机之后欧盟进行的经济治理改革，所采取的一系列加强财政监管、金融市场监管、经济政策协调的措施也能在一定程度上防止欧盟成员国再次发生类似的危机。这在欧盟加强对金融市场的监管，建立银行业联盟中就体现得非常明显。随着欧洲单一市场的建立和经济货币联盟的发展，欧盟成员国银行的跨国经营活动非常普遍，单个国家的金融监管机构往往无法有效监管银行业的跨国经营活动，建立欧盟范围的金融监管体系，建立银行业单一监管机制则能有效解决这些监管问题。欧盟超国家治理还能通过汇集集体的力量帮助成员国治理应对全球化的挑战，欧洲单一市场、单一货币政策的超国家治理就是非常明显的例子，用单一市场取代各成员国各自为政的市场，用单一货币欧元取代欧元区各成员国的货币，成员国通过放弃在这些领域的自主权获取了在欧盟层面上的集体控制权，使得欧洲单一市场成为世界上最大的市场，单一货币欧元成为继美元之后的世界第二大国际流通货币，所有这些无疑会大大增强欧盟成员国应对全球化挑战的能力。

2. 超国家治理对成员国治理构成一定的调整压力

虽然成员国治理是欧盟超国家治理的前提和基础，但是一旦成员国决定在某一政策领域实行超国家治理，建立超国家治理机制，那么超国家治理就具有一定的独立性和自主性，反过来能够对成员国治理构成一定的限制和制约，给成员国治理带来一定的调整压力。当然，超国家治理对成员国治理带来的调整压力在不同的政策领域是不同的。在欧盟享有专属权限的政策领域，如欧元区货币政策，成员国只能实行统一的货币政策，而无法再利用过去的那种灵活的货币政策（如调低利率、调整货币供应量、放宽信贷条件、货币贬值等）来缓冲经济衰退的冲击。可见，在欧盟专属权限领域，欧盟超国家治理施加给成员国治理的调整压力是很大的，其对成员国治理的限制和制约是强制性的。在欧盟与成员国共享权限的政策领域，根据欧盟基础条约关于共享权限的规定，一旦欧盟在该政策领域采取了行动，那么成员国就不能再采取其他行动，也就是说，欧盟在共享权限领域享有优先权，尽管欧盟在采取行动时需要遵循辅助性原则和相称性原则。欧洲法院通过判例法确定了欧盟法的最高性原则和直接效力原则，这就意味着欧盟治理规则高于成员国治理规则，当两者出现不一致或发生冲突时，应以欧盟治理规则为准，而且欧盟治理规则能够在欧盟成员国直接生效，所有这些无疑对成员国治理带来了很大的调整压力。在欧盟享有补充权能的政策领域，欧盟治理只是对成员国治理提供支持、协调或补充，成员国仍然保持在这些政策领域的治理权能，很显然，在这些领域欧盟超国家治理对成员国治理带来的调整压力就比较小。

毫无疑问，欧盟超国家治理会对成员国治理产生调整压力。但是这种压力除了在不同的政策领域不同之外，其大小还受到欧盟超国家治理本身的强弱以及成员国自身政治经济状况的影响。就超国家治理而言，如果欧盟治理规则非常具体明确并具有高度强制性，成员国必须服从，那么成员国所面临的调整压力就很大，欧盟制定的次级立法欧盟条例就具有这种特点，所有成员国都必须遵守。如果欧盟治理规则不是非常明确具体，强制性较低，成员国面临的调整压力也相对要小，欧盟制定的次级立法欧盟指令就具有这种特点，指令不规定实施细节，只确定政策目标及最后期限，具体以何种方式实施则由成员国自行决定。如果欧盟治理规则只有建议性质，成员国可以接受也可以不接受，那么成员国面临的调整压力就更小，欧盟出台的建议、方案和声明就具有类似的特点，它们不具有法律约束力，成员国可以视情况自主决定是否采纳。就成员国自身情况而言，如果成员国的经济脆弱性比较大，政治制度能力较弱，成员国的政策传统和政策偏好与欧盟治理要求吻合度(goodness of fit)低，那么该成员国治理面临的调整压力就比较大；相反，就比较小。欧盟超国家治理对成员国治理的影响可能会带来以下三种结果：一是成员国坚持自己的治理模式；二是吸收欧盟超国家治理的要求，把欧盟治理纳入本国治理模式之中；三是转变本国治理模式，用欧盟治理模式取代本国治理模式。①

以上只是借用欧洲化理论视角分析出的抽象结论，下面就以经济货币联盟为例，具体分析欧盟超国家治理对成员国治理带来的调整压力。欧盟成员国要加入欧元区，就必须满足《马约》规定的非常明确具体的趋同标准，如通货膨胀、财政赤字、政府债务、汇率利率等数量性规则(具体见本章第一节)，这些规则无疑具有一定的强制性，成员国要加入欧元区就必须进行相应的政策调整，满

① 参见[美]薇安·施密特《欧洲资本主义的未来》，张敏、薛彦平译，社会科学文献出版社 2010 年版，第 94～96 页。

足这些要求。但是，不同成员国所面临的制约和调整压力是不同的。如上所述，欧盟货币政策治理模式基本遵循的是德国模式，也就是说欧盟货币联盟的治理要求符合德国的政策遗产和政策偏好，因而德国进行货币政策领域调整的压力就很小，其只需要吸收欧盟超国家治理的要求即可。相反，对于法国而言，其所面临的调整压力就很大，这是因为法国必须放弃其长期所坚持的新凯恩斯主义需求管理和国家控制信贷分配体系的货币政策传统和偏好，转变本国治理模式，采用欧盟的货币主义治理模式。对于选择置身于货币联盟之外的英国、丹麦、瑞典等欧盟成员国而言，它们就不受经济货币联盟趋同标准的约束和限制，而是继续维持本国货币政策现状，坚持自己的治理模式。①

欧债危机爆发以来，欧盟加强了对经济货币联盟的经济治理，制定了"六部立法"、"两部立法"，签署了《欧洲稳定机制条约》和《财政契约》，建立了"欧洲学期"机制、银行业单一监管机制等，在这些治理措施中，绝大多数与上述趋同标准的要求一样，非常明确具体，如过度赤字程序和宏观经济过度失衡程序中的过度赤字标准、过度失衡标准、罚款规定、"反向多数决策"等，具有很大的强制性，对成员国构成了一定限制和制约。同样，对于不同的成员国，其所面临的调整压力也不尽相同，处于过度赤字和过度失衡程序中的成员国，特别是深陷债务危机并接受救助的成员国，其调整压力就很大。譬如深陷欧债危机的希腊、爱尔兰、葡萄牙、西班牙、意大利等所谓的"欧猪五国"不得不推进财政紧缩政策。为了获得欧盟和国际货币基金组织的救助资金，希腊政府在"三驾马车"压力下制定了严厉的财政紧缩法案，将法定退休年龄延长到65岁，将缴纳养老金的年限从37年延长到40年，将新工人的试用期从1个月延长到12个月，调低了21岁以下青年工人的最低工资，使解雇工

① 参见［美］薇安·施密特《欧洲资本主义的未来》，张敏、薛彦平译，社会科学文献出版社2010年版，第97～100页。

人更加容易，降低了劳工标准。为了走出债务危机，爱尔兰政府采取了增加税收、降低公务员工资、降低社会保障津贴、压缩公共开支和公共投资建设等紧缩措施。葡萄牙政府也采取了类似的紧缩政策，如冻结公务员工资，减少社会保险支出，压缩公共投资项目，实行私有化等。西班牙政府决定裁减公务员，提高增值税税率，延长退休年龄等。意大利政府采取措施减少医疗卫生部门开支。[①] 欧盟成员国采取的上述财政紧缩政策和进行经济治理改革的原因很多，其中欧盟超国家治理所施加的调整压力无疑是其中的一个重要因素。

事实上，不仅仅是欧盟重债务国面临巨大的调整压力，其他成员国在欧盟的财政紧缩政策要求下也面临调整压力，只不过压力相对小一点而已，因为欧盟所有成员国都要受制于“欧洲学期”机制、“宏观经济失衡程序”、“过度赤字程序”等欧盟层面治理机制的约束和限制。这些治理机制都有明确的时间节点和具体的规定要求，欧盟成员国的财政经济状况都要受到欧盟的监督，欧盟成员国的经济改革计划、财政预算方案等都应在规定的时间内提交给欧盟，接受欧盟的审查并听从欧盟的指导建议。如果欧盟成员国违反欧盟经济治理规则，不进行相应的经济结构调整和改革，没有根据欧盟的意见和建议采取纠正行动，那么该成员国就要受到欧盟的制裁。从个意义上说，欧盟超国家治理是推动成员国治理改革的重要力量。

以上只是侧重分析了欧盟超国家治理施加给成员国治理的决策调整压力，事实上，政策调整压力必然带来政治上的调整压力。首先，欧洲一体化的发展大大扩展了欧盟治理的领域，越来越多的决策由欧盟层面作出。欧盟层面的决策代替了成员国层面的决策，成员国议会的立法权力受到了侵蚀，这在一定程度上加强了成

① 参见周弘《统一大市场：结构性顽疾中的欧洲治理转型》，载《人民论坛·学术前沿》2013 年第 14 期。

员国政府和行政机构的权力，而弱化了成员国议会的立法权。也就是说，欧盟超国家治理打破了成员国政府的行政机构与立法机构之间的平衡。成员国的行政部门、政府部长们在共同体内被重新组成了一个主要的立法机构，他们在日益增多的共同政策领域的管辖权不断扩大。共同体决策程序的数量、复杂程度与时间选择使得国内议会的控制更多地成为一种空谈。在实行多数表决的情况下，国内议会影响部长理事会决策的权力进一步减小了，而欧洲议会又不能成为有效的替代者。在此意义上，欧盟治理使国家行政部门的权力得到了最终增强。① 虽然大部分成员国议会设立了专门的欧盟事务委员会，定期对欧盟事务进行审查和监督，但成员国议会只能起到事后监督的作用。其次，欧盟超国家治理始终离不开欧洲法院的司法保障，而欧洲法院通过初步裁决制度把成员国法院纳入欧盟司法体系之中，成员国法院的权力相应地得到了增强。相反，成员国议会与欧洲议会并未建立起有机的合作机制，成员国议会的权力则受到一定的削弱。再次，相对于成员国议会和法院而言，成员国政府和行政机构受欧盟超国家治理的影响最大，也最深刻。这主要表现在，随着欧盟政策领域的扩展与深入，越来越多的政府部门参与到欧盟政策的制定与执行中，在此过程中，各成员国不仅建立了专门负责欧盟事务的政府部门或专门机构，而且还建立了专门负责在欧盟问题上协调各部门关系的机构。欧盟超国家治理对成员国政治的影响不仅仅表现在迫使成员国设立新的政府机构和调整政府内部设置上，还表现在政府各部门之间关系的调整上。在欧盟政策领域扩展过程中，一些部门的权力得到增强，而另一些部门则受到限制。如在经济货币联盟中，成员国中央银行在国内政治中的独立地位和权力得到了加强，而财政部门的权力则因本国货币权的上交和欧盟财政纪律的限制而

① 参见[美]约瑟夫·威勒《欧洲宪政》，程伟东等译，中国社会科学出版社 2004 年版，第 267 页。

受到削弱。同样，由于大部分细节性和技术性事务主要由部门官员完成，行政官员的权力无疑得到了加强，部长与官员之间权力平衡关系发生变化。此外，随着超国家治理的发展，地方政府能够与欧盟层面及其他国家地方政府建立广泛联系，这样它们就在国家之外有了进行利益表达、参与政策制定的新渠道，这在一定程度上推动了地方政府谋求更多自主权和去中央化的发展趋势。①

当然，在承认欧盟超国家治理对成员国治理的政治制度产生影响的同时，我们亦不能夸大这种影响，毕竟与政策调整相比，这种影响更多的是一种间接影响，而且《里斯本条约》第 4 条第 2 款明确规定："联盟尊重成员国政治和宪法基本结构所固有的国家特性，包括区域和地方自治；尊重成员国的基本国家职能，包括确保国家领土完整、维护法律和秩序以及保护国家安全的基本职能。"②

总之，随着欧洲一体化的发展，欧盟超国家治理日益渗透到成员国治理之中，给成员国治理带来了越来越大的调整压力。这种压力首先而且主要体现在成员国进行政策调整的政策层面上，其次也体现在成员国政治制度进行适应的政治层面上。无论政策上的调整还是政治上的适应，都是成员国治理在欧盟超国家治理的压力和影响下进行改革的过程。在这一过程中，欧盟超国家治理的统一性要求与成员国治理模式的多样性和差异性之间不可避免地存在着矛盾和紧张关系，这就要求欧盟超国家治理和成员国治理要进行相互调适，在实现欧盟治理目标的过程中建立良性互动关系。

① 参见吴志成、王霞《欧洲化及其对成员国政治的影响》，载《欧洲研究》2007 年第 4 期。

② 程卫东、李靖堃译：《欧洲联盟基础条约——经〈里斯本条约〉修订》，社会科学文献出版社 2010 年版，第 33 页。

第六章　欧盟超国家治理与成员国治理互动的发展趋势

——从英荷两国的权限评估来看

正如上一章所指出的那样，为了应对欧债危机，欧盟采取了一系列改革措施来加强经济货币联盟的治理，特别是加强对成员国的宏观经济政策、财政政策、银行业的监管，欧盟超国家治理的权限因此而得到扩大。出于对欧盟权限不断扩大的担忧，英国和荷兰两国政府分别开展了关于欧盟权限的评估[①]，这些评估虽然只是两国政府的单独行为，与其他成员国以及整个欧盟关系不大，但是评估进程本身实际上就是对欧盟治理权限的一次全面审查，是对欧盟与成员国权限划分的一次重新检阅，评估结果将对欧盟超国家治理与成员国治理的互动关系、欧盟治理下一步的改革发展产生重要影响。本章拟在分析英荷两国权限评估的基础上，探讨欧盟超国家治理与成员国治理互动的发展趋势。

第一节　英荷两国开展权限评估的背景

开展权限评估，顾名思义，就是看看欧盟已经、正在或将要行

① 荷兰政府开展的是关于辅助性原则的评估，为叙述方便，本书称之为“权限评估”。

使的权限是否符合欧盟基础条约的规定和要求，是否合法、合适、正当。很显然，英国和荷兰两国政府之所以开展权限评估，主要是由于对欧盟治理的权限不满或者有怀疑。具体而言，两国开展评估的背景是什么呢？

首先，在欧洲一体化不断深入发展的大背景下，成员国不断审视其与欧盟的关系，英国和荷兰两国政府开展权限评估实际上是对两国与欧盟关系的一次全面审查。欧洲一体化进程自启动以来，尽管历经艰难曲折，但总体上是不断向前发展的，成员国数量从最初的 6 个扩展到目前的 28 个，从最初的煤钢领域的一体化发展到后来的关税同盟、单一市场和共同货币欧元，再发展到目前的司法与内政事务以及共同外交与安全政策等政治领域的一体化。欧洲一体化早已经远远超出了单纯的经济领域的合作，而向政治联盟迈进。六十多年来，欧洲一体化所取得的进展以及这种继续发展的态势，不仅超出了欧洲一体化最初设计者的想象，更是超出了某些成员国最初加入欧共体时的预期。如英国从最初选择置身于欧洲一体化进程之外到申请加入欧共体，其最主要的目的是为了从欧洲共同市场中获取巨大的经济利益，因此英国非常支持欧洲单一市场计划，但是反对向政治联盟发展，特别是向联邦制发展。英国所预期的欧洲一体化就是欧洲单一市场，但是欧洲一体化进程不会也不可能仅停留在单一市场上，而是要在此基础上继续向前发展。面对这样一种发展趋势，英国明知不可阻挡，但是也要尽可能去反对、阻止、拖延，英国开展权限评估在一定意义上也可以看作是这种反对的一部分。作为欧盟的创始成员国，荷兰虽然不反对欧盟向政治联盟发展，但是对欧盟治理权限无限扩大的趋势也表示了担忧，荷兰开展的辅助性原则的评估就是这种担忧的体现。

其次，在欧债危机的倒逼背景下，成员国不得不采取紧急措施加强经济货币联盟的治理，欧盟治理权限因此而得到扩大，英国和荷兰两国政府开展权限评估可以看作是对欧债危机背景下欧盟权限迅速扩大的一种回应。为了应对欧债危机，欧盟采取了一系列改革措施来加强经济货币联盟的治理，特别是加强对成员国的宏观经济政策、财政政策、银行业的监管，使得欧盟从货币联盟向财政联盟发展。英国对于这些旨在加强经济货币联盟的措施持反对态度，反对修改《里斯本条约》，反对对希腊等深陷债务危机的国家进行救助，反对建立财政联盟等。为了应对危机，欧盟成员国只好在欧盟框架之外缔结了《欧洲稳定机制条约》和《欧洲经济货币联盟稳定、协调和治理公约》（又称"财政契约"）等国际条约，推进改革。这种绕开英国的做法使英国非常恼火，英国在无法阻止欧洲一体化发展的无奈现实下就采取了非常冒险的举动。2013 年 1 月 23 日，英国首相卡梅伦在阐述英国与欧盟的关系时指出，欧盟必须进行深刻改革，充分考虑英国的利益关切，给予英国更多的权力，否则英国就只好退出欧盟。他还承诺，如果他领导的保守党在 2015 年的大选中获胜，将就英国是否退出欧盟问题举行全民公投。① 如今保守党不仅赢得了 2015 年大选，而且还获得了单独组阁的权利，再次出任英国首相的卡梅伦更是信心十足地要重新谈判英国与欧盟的关系，否则就在 2017 年之前举行全民公决，以决定是否退出欧盟。②

卡梅伦关于英国与欧盟关系的讲话反映了二者关系在欧洲主权债务危机之后越来越僵持的一面。在应对欧债危机的过程中，英国在救助希腊、建立欧洲稳定机制、签署《财政契约》、加强对银行业的监管等危机应对措施上总是持反对态度，试图阻止欧洲一体化在这些领域的发展，但又阻止不了，英国与欧盟特别是欧元区的关系渐行渐远，有远离欧盟核心而被边缘化的风险。因此，英国政府的权限评估的直接动因就是为英国 2017 年之前是否退出欧盟的公投提供讨论的基础。同时，也为英国与欧盟重新谈判，让英国

① http://www.number10.gov.uk/news/eu-speech-at-bloomberg/.

② 2016 年 6 月 23 日，英国就是否留在欧盟举行公投，结果 51.89%的投票者支持脱离欧盟，48.11%的投票者则主张留在欧盟，英国选择退出欧盟。

获得更大权力而做准备。作为欧元区成员国，荷兰政府虽然支持加强经济货币联盟的治理改革，但是反对欧盟过多干涉成员国的财政、税收等经济事务。应该说，欧债危机倒逼的欧洲一体化的深化和欧盟治理权限特别是欧盟经济货币治理权限的扩展，是英国和荷兰两国政府开展权限评估的直接原因。

再次，在疑欧主义上升的国内政治背景下，成员国政府需要对国内疑欧主义的民众舆论和政治压力作出回应，英国和荷兰两国政府开展的权限评估在一定程度上就是这种努力的一种尝试。英国在欧盟内历来被看作是“难缠的伙伴”、“拖后腿者”，对于一体化的很多措施往往持反对意见，阻扰欧盟层面的政策的出台。有人形象地把英国比喻为欧洲一体化进程的“踩刹车者”。由于历史、地理和文化等原因（这方面已有很多分析，在此不作赘述），英国拥有怀疑欧洲的浓厚传统，上至政治经济社会精英下至黎民百姓都对欧洲一体化持怀疑态度，反对超国家机制和超国家治理，主张合作只能局限在政府间层面上。而欧洲一体化的最大特点和独特之处就是其超国家机制和超国家治理，这也就在一定程度上解释了为什么英国在欧洲一体化进程中往往持不合作立场。所以，我们看到这样一些现象也就不奇怪了：英国加入欧共体后不久就举行全民公决决定是否继续留在欧共体内，撒切尔夫人坚定地“要回我们的钱”，在经济货币联盟、《社会宪章》、《申根协定》、移民难民事务、跨国犯罪等许多政策领域选择不加入或例外。以至于英国现任首相卡梅伦宣布要在2017年之前就英国是否退出欧盟举行公投，英国政府开展权限评估实际上可以看作是公投的前期准备工作。作为欧盟的创始成员国，荷兰政府和民众长期以来一直是欧洲一体化事业的坚定支持者，但是近些年来，荷兰国内也出现了疑欧主义思潮和运动，这些疑欧主义思潮和运动虽然没有像在英国那样强大，但是其影响也不容小觑，这从欧盟宪法条约在荷兰的全民公决中遭到否决就可以看出来。

第二节　英荷两国权限评估的进展与结论

一、英国权限评估的进展与结论

英国权限评估从2012年7月一直持续到2014年12月，分四个阶段(2013年7月夏季、2013年冬季、2014年夏季、2014年秋季)进行，2013年7月英国政府发布了第一阶段6份评估报告，2014年2月发布了第二阶段8份评估报告，2014年7月发布了第三阶段11份报告报告(其中关于人员自由流动的评估按计划应在2014年2月结束，但是因该领域争议很大，又加上欧洲议会选举，故推迟到2014年7月)，2014年12月发布了第四阶段7份报告。至此，英国政府开展的权限评估已经全部结束，共发布了32份评估报告，但实际应该是34份主题报告，因为有一份评估报告由投票、领事、统计三个独立报告组成，为分析方便，本书把这份组合报告看作是3份报告，下面就对这34份评估报告进行详细的解读和分析。[①]

首先需要说明的是，34份主题报告的内容结构基本类似，主要分为三大部分：第一部分回顾所评估政策领域的历史进程以及该政策领域的权限划分状况，第二部分则以收集到的证据和学术界的研究成果为基础具体分析欧盟治理权限和行动对英国的影响，第三部分则分析该政策的未来改革发展及其面临的挑战。其中第一部分主要以历史事实和欧盟基础条约的规定为依据，第二、三部分则主要以所征集到的证据和利益攸关者的反馈为基础。在每份报告的后面都附有反馈者的名单以及参与讨论的机构和人员名单。每份报告都由英国政府分管该政策领域的主管部门负责起草，但是报告起草部门只负责收集和汇总证据而不自己去下结论，

① 英国政府开展权限评估的具体进展及所有评估报告均见：https://www.gov.uk/review-of-the-balance-of-competences。

每份报告的长短不尽相同，大多数评估报告都在70页以上。基于以上的情况，本书在介绍和分析每份评估报告时不会也不可能面面俱到，也无法深入到具体细节问题，而是基于本书的写作目的侧重于分析权限的划分是否合适、欧盟权限和行动对英国国家利益的影响、对欧盟权限改革的主张等三个方面。同时，为了便于分析，本书把34份评估报告根据所涉及的政策领域大体划分为六大类，即单一市场领域的政策、经济货币领域的政策、外交领域的政策、司法与内政事务领域的政策、教科文等领域的政策、辅助性原则和相称性原则。

（一）单一市场领域的权限评估

单一市场是欧洲一体化和欧盟发展的核心，也是英国政府高度重视的政策领域，英国历届政府都把单一市场视为欧洲一体化发展的优先事项，并在推动单一市场的发展中发挥了重要领导作用。单一市场除了最基本的货物、人员、服务和资本的自由流动外，还涉及许多支持和确保单一市场正常运转的其他政策部门，因此这个领域的评估报告有15份之多。其中直接涉及单一市场的评估报告有5份，即四大自由流动各一份评估报告，另加一份总的评估报告，其余的10份评估报告涉及的是支持单一市场正常运转的其他政策部门。下面将先分析这5份评估报告，然后再分析其他的10份相关政策报告。

在货物自由流动方面，评估报告指出，证据表明欧盟在该领域的权限和行动对英国有利。欧盟行动的优势在于，给英国企业提供公平竞争的环境和一套透明单一的规则，这些收益大于由欧盟管治所带来的行政负担和管治成本。多数反馈者支持欧盟在货物自由流动上的权限和行动，但也支持在某些领域保留自愿的选择，如个体企业采取欧盟标准、知识产权持有者登记和保护共同体权利的选择、国家的贸易促进方法等。这些领域的自愿选择使企业在适用欧盟管治标准时具有一定的灵活性。在贸易促进方面，政府在实施欧盟措施时也能较好地对国家情况和政策优先事项作出反应。就货物自由流动的未来发展而言，大多数企业代表支持欧盟在执行和实施欧盟法律时采取更加统一的行动，这可以通过更加有效地使用现存机制、成员国之间进一步的合作、强化合作机制或者自愿合作体系来实现，而不是必须通过更大程度的协调来实现。

在人员自由流动方面，这是英国权限评估中争议最大的政策领域。有些意见认为，人员自由流动是单一市场的必要组成部分，总体上对英国经济有利。但是其他意见则强调人员自由流动所带来的负面影响，如就业竞争、公共服务和住房的压力等。报告认为，近 10 年来，英国的欧盟移民人数急剧上升，在 2004～2012 年间，居住在英国的欧盟公民数量翻了一番多，从 110 万增加到 230 万。除了由于欧盟在该领域的权限扩展外，主要原因是欧盟在 2004 年的扩大，英国早于其他成员国开放劳动力市场，再加上英国的劳动力市场和经济比较开放和灵活。报告指出，人员自由流动对劳动力市场的影响在很大程度上是积极的，特别是来自欧盟的高技术移民对英国是有利的，但是低技能移民带来的积极影响往往与消极影响持平。公众舆论调查显示，英国民众对人员自由流动的支持和信心在下降。在 2005 年有三分之二的人对人员自由流动持积极态度，但是 2013 年超过一半的人反对这一原则。对于社会保障的协调，有些意见认为这些协调规则，尤其是保持养老金权利，对于支持劳动力自由流动是必要的，这对于寻求在欧盟其他成员国工作的英国公民而言也是如此。其他意见则认为，这些规则连同英国相对慷慨的福利制度，包括提供工作福利等，会成为过度吸引欧盟移民的因素。报告认为，人员自由流动对于当地社区、学校、医疗和住房也会带来一定的影响，如增加对小学教育、私有和社会住房的需求等。报告指出，没有充分的证据证明人员自由流动对当地社区的凝聚带来问题，但是有些地方的无家可归人员以及少数人对自由流动权的滥用问题需要引起注意。报告指出，目前有 140 万～220 万英国公民在欧盟其他成员国工作生活，人员自由流动对这些人是有利的，人员自由流动规则的实施包括职业资格的相互承认将对这些人有利。对于人员自由流动的未来发展，有的意见认为应该更加严格地实施目前的规则，但是另一些意见则认为应该进行全面改革，包括修改欧盟法律和条约。具体的建议包括实行配额制，对未来来自欧盟的大规模移民实行限制，并更加严格地限制获取福利。总之，人员自由流动原则是整个欧盟的基本原则，英国对该原则争议很大，利益集团和政党之间立场不同，欧盟东扩导致了英国移民人数急剧上升，严重影响了公众舆论，也使欧盟移民问题成了英国民众最关心的议题之一，英国独立党等英国疑欧主义势力不但抓住这一议题不放，而且也故意渲染夸大欧盟移民带来的负面影响，而忘记了居住在欧盟其他成员国的英国公民与居住在英国的欧盟移民人数相同这一基本事实。

在服务业自由流动方面，这是英国权限评估中非常重要的一个领域，因为服务业在现代经济中所占的份额越来越大，涉及高度复杂和不同的部门，管理的难度和复杂程度也很高。英国是世界上服务业出口的第二大国，而且英国的服务业贸易主要是与其他欧洲国家进行，服务业对英国经济的重要性要高于其他成员国。因此，服务业的自由流动在英国得到了广泛的支持。评估报告认为，无论英国的服务业提供者还是消费者都能从有效的单一市场中获益，问题是单一市场中的服务业贸易与货物贸易相比还没有整合起来，欧盟的服务业指令没有得到很好的执行，成员国限制仍然是服务业流动自由的主要障碍。虽然反馈者总体上支持目前的权限划分，但是也有一些反馈者尤其是来自商业机构的反馈者要求进一步推进服务业单一市场的一体化，更好地实施服务业指令，并完成数字单一市场。总体上，多数反馈者认为，在目前的权限下欧盟的行动给服务业提供者带来的收益大于其所带来的成本，消费者也能从公平的竞争中获益。在服务业自由流动的未来发展方面，反馈者指出需要协调好以下三个方面的关系：协调好服务业自由流动和政府管治服务业提供的能力之间的关系；协调好服务业自由流动与移民政策之间的关系，因为服务业的自由流动常常要求人员的自由流动；协调好服务业自由流动与成员国发展和维持国防能力之间的关系。

在金融服务和资本自由流动方面，这是英国权限评估中最长最详细的政策领域。报告认为欧盟在该政策领域的权限总体上是适当的，需要欧盟的权限来确保支付和资本的自由流动，需要建立欧洲金融监管体系来确保金融稳定。金融服务业单一市场和资本的自由流动给英国的金融服务业和消费者带来了巨大的利益，单一市场的进一步深化将带来更多的利益。但是，报告也指出，欧盟目前的决策和协调方式存在重要缺陷，全球金融服务和资本市场的发展非常迅速，欧盟目前的决策框架不能适应这种发展，而且欧盟立法中咨询、影响评估和具体规则的起草等方面的质量都不够高，欧盟应该进行改革以纠正目前的缺陷。对于欧元区发展尤其是银行业联盟的影响和欧盟对单一市场的监管，大多数反馈者认为欧债危机后建立银行业联盟是必要的，当然也担心其对单一市场的完整性和英国国家利益可能会带来不利的影响，因此，要求欧盟确保银行业联盟的发展不能以未参与的成员国为代价。报告认为建立欧洲金融监管体系是一种积极的发展，但是也担心其在未来发挥作用时与成员国监管机构的关系。

在单一市场方面，与上述四个评估不同，这个评估是对单一市场的总体评估。评估报告认为，虽然欧盟与成员国在单一市场领域的权限划分不是很明确，但是任何限制货物、服务、人员和资本自由流动的情况都会受到法律的挑战。几乎所有的反馈意见都认为单一市场给英国带来了巨大的经济利益，英国在单一市场的发展方面发挥了重大的影响，英国的自由市场模式也随着单一市场而扩大到了整个欧盟。不过报告也指出，单一市场对成员国构成了一定的制约，欧盟的管治框架也给成员国带了管治负担，欧盟的决策和管理进程仍有很大改善空间和余地。但是就单一市场的成本和收益而言，大多数意见认为总体上是利大于弊。报告也分析了欧债危机和欧元区的发展对单一市场的影响。报告认为，在有些领域如能源、电信、运输、网络和服务业自由化方面的一体化对英国有利，希望欧盟在这些领域采取更多的行动。

在竞争和消费者保护政策领域，评估报告认为，有效的竞争政策和消费者保护政策是统一市场的关键。证据充分表明竞争政策的超国家治理对于实现单一市场、确保市场良好运转和最大限度地减少商业负担等方面至关重要。大多数意见支持由欧盟来控制国家援助，但在欧盟委员会如何控制国家援助以及法院在裁决时界定什么构成国家援助方面存在一些批评意见。与竞争政策不同，欧盟在消费者保护政策领域的权限存在很大的争议。一方面，通过消费者保护政策来完善单一市场对英国商业和消费者有利；另一方面，协调措施有时未能充分考虑当地社会、文化和经济状况。报告认为欧盟在该政策领域应该实行最低程度的政策协调，应确保现有法律的实施而不是制定新的法律。

在农业政策领域，评估报告指出，欧盟在农产品单一市场上的权限和在农产品国际贸易谈判中的作用都得到了高度的支持。但是该政策在英国也受到了严厉的批评，不过 20 世纪 90 年代以来的共同农业政策改革基本沿着英国倡导的方向发展，从过去的对农产品的支持转向对农民收入的支持，这样农产品严重过剩和农产品在外国市场上倾销的现象基本消失了。不过，报告也指出，共同农业政策虽然进行了改革，批评意见仍然很多，认为该政策的目标不明确，基金分配标准不合理、与政策目标相脱节，该政策成本太高，管理体系臃肿，官僚主义严重。因此，报告认为欧盟应该继续致力于共同农业政策的改革。不过对于英国是否应该在共同农业政策领域选择退出的问题，普遍的看法是：如果选择退出，英国政府会继续给予农业产业金融支持，但是支持力度与目前的共同农业政策相比会下降。

在渔业政策领域，评估报告指出，绝大多数反馈意见认为共同渔业政策在过去未能实现其关键目标，即确保渔业的可持续发展。

近十年来这些失败在英国引起关于欧盟管理是否符合其利益的争论。在英国政府推动下2013年的渔业政策改革被许多人认为在解决该政策的根本性问题上迈出了重要步骤。考虑到渔业跨边界的性质，大多数反馈者支持欧盟层面的权限和行动，认为渔业管理应该在成员国层面之上进行协调，这样可以阻止过度捕捞，促进渔业可持续发展，也能在国际谈判中增加影响。也有一些反馈者倾向于地区层面的管理（指欧盟层面之下、成员国层面之上），他们强调，2013年的渔业政策改革所提出的新地区化进程为这种地区管理提供了机会，在渔业上利益相关的成员国在目前的权限框架下一起合作找到解决它们所面临的共同问题的适当措施，他们认为把决策权下放到地区层面能够对地方和地区的需求作出更好的回应，更好地满足它们的需要，报告认为这是渔业政策的未来改革方向。

在公共卫生领域，评估报告指出，公共卫生领域立法对人员自由流动、服务提供和就业政策等领域都有重要的影响。大多数意见认为欧盟与成员国之间的权限划分总体上是适当的。欧盟在公共卫生领域的权限包括了一些非常具体的行动，这些行动并没有影响成员国行使本国公共卫生服务的权限，欧盟的行动只是对成员国权限的补充，欧盟只是解决成员国层面难以或不能有效解决的问题。报告显示，英国在从医疗产品标准化到卫生研究等大量具体领域中受益于欧盟的行动。如欧盟的指令确保了血液、人体器官、人体组织与细胞的自由流动，这对病人有利。欧盟在营养和食品标签的协调行动已经开展了三十多年，这对消费者有利。欧盟强调香烟、酗酒对身体健康的危害等行动都被认为是正确的。在健康安全方面，欧盟建立了传染性疾病的监测和早期预警体系。欧盟的工作时间指令在英国受到广泛的批评，但是评估报告认为，该指令对英国公共卫生部门的影响有利有弊，其好处是可以帮助医护人员更好地兼顾工作与生活，避免医护人员的过度劳累，问题是该指令缺少灵活性，无法适应不同情况下的需要。在医护人员的自由流动方面，欧盟相关指令确保了职业资格的相互承认，有利于医护人员在欧盟内自由流动，这对于英国非常重要，因为英国是医护人员的净输入国，英国的护理人员现在很大程度上依靠来自欧盟其他成员国的护士。

在动物健康与福利以及食品安全领域，评估报告指出，英国在该领域的法律大部分来自于欧盟层面的要求，并在报告附录中列出了100多部欧盟在该领域制定的条例和指令。所有商会、市民社会以及政府部门都认为食品、动物和动物产品的单一市场给英国带来了实实在在的利益。英国与欧盟在食品和饮料上的贸易额是英国与世界其他贸易伙伴的2倍。大多数意见认为由欧盟协调控制动物疾病和食品安全非常重要，爆发于英国的疯牛病和法国的马肉丑闻也证明了这一点。报告认为，尽管大部分意见支持目前的权限划分，但是也有一些意见指出了需要改进的地方：希望欧盟的管治要更少更好，而不是过多过细；制定法律前要开展影响评估；风险评估和风险管理的决定要建立在科学的基础上而不能受其他因素的干扰，不能导致过度管治等。

在能源政策领域，评估报告指出，利益攸关者总体上认为欧盟在该领域的权限和行动是有利的：能够提供公平竞争的市场环境，能够提高能源效率和再生能源的比重，为能源基础设施投资扫除管治障碍，支持创新和研发，在国际谈判中有更大的影响等。大多数反馈者认为欧盟内部能源市场立法给英国带来了巨大利益。在能源供给安全方面，利益攸关者的意见不尽一致，有的认为欧盟在能源安全领域采取行动能带来很多好处，但是有的则认为应该由成员国负责能源安全。在能源可持续性方面，许多利益攸关者认为欧盟层面的行动促进了再生能源的使用，提高了能源利用的效率，带来了广泛的经济好处；不过其他一些反馈者认为欧盟层面的行动对能源价格和能源安全供给产生了负面影响。在欧盟能源对外关系方面，许多利益攸关者认为用一个声音说话能提高欧盟的影响，特别是处理与关键的能源供给者关系方面尤其如此；但是也有一些利益攸关者指出了成员国之间存在的利益冲突、集体行动的困境等问题。在欧盟如何实施其权限的问题上，利益攸关者存在着矛盾的心态：一方面希望欧盟立法充分考虑成员国的具体情况，保持灵活性，避免过于严格；另一方面又担心灵活性导致对欧盟法律的不同解释，不能提供公平的竞争环境。对于未来的发展，反馈者特别强调欧盟要确保能源政策的一致性，提高欧盟决策的效果和效率，欧盟委员会应关注监督、实施和修改完善现存的法律，而不是提出新的立法建议。

在环境和气候变化方面，评估报告指出，无论在英国还是在欧盟都是争议比较大的领域。企业与个人在该领域的利益诉求不同，不同机构、公众和商业群体对环境保护和解决气候变化行动的态度也不一样。这种利益和态度的多样性显示了这一争论的复杂性。大多数反馈者认为，欧盟在环境保护和气候变化领域拥有一定的权限和采取一定的行动是必要的，符合英国的国家利益，不仅能为单一市场里的企业提供公平竞争的环境，也能提高环境保护的水平。不过报告也指出，欧盟的权限究竟要扩展到多大以及欧盟是否按照辅助性原则和相称性原则采取了行动，对于这些问题仍然存在着相当大的争论。有些反馈者质疑欧盟解决那些对其他成员国没有跨边界影响的环境议题的正当性，认为在土地使用规划、噪音、土壤保护、洪水、环境犯罪和环境正义等方面，权限更适合由英国而不是由欧盟来行使。其他反馈者认为，即使是没有跨边界影响的环境问题，欧盟的管治也可能是单一市场正常运转所需要的。有些反馈者指出欧盟环境立法阻碍了经济发展。相反，有少数反馈者认为欧盟在环境保护和气候变化方面的权限应该扩大，欧盟在国际谈判中的地位应该得到加强。不同的政策部门甚至是同一部门内部都存在着相当不同的意见。在欧盟内部，由于不同成员国之间的不同解释，欧盟环境保护的法律对不同的成员国产生的影响也不同，同样，在欧盟之外，第三国可能会采取较低的环境标准，欧盟在与其竞争中就会处于劣势。虽然在环境保护和经济竞争力之间可能存在着矛盾，但是有些经济部门欢迎一定程度上的欧盟环境管治。例如，欧盟在废弃物和气候变化的目标被许多人看作是为投资者提供了更大的确定性，刺激了环保和低碳服务以及相关产业的快速发展。不过，大多数反馈者认为环境立法增加了企业的成本，尤其是短期内的成本，影响到企业的竞争力。报告指出，欧盟环境立法对能源密集型产业和中小企业所带来的管治负担尤其突出，如欧盟的《化学品的注册、评估、授权和限制》条例就遭受广泛的批评，认为其对该领域的企业尤其是中小企业带来了过度的管治负担。欧盟委员会本身也承认有些管治措施对某些部门和中小企业可能施加的管治负担过重，并开始采取措施减少这些管治负担。报告指出，在气候变化方面需要国际合作，由欧盟采取行动更为可取，英国通过欧盟采取行动可以在特定的全球环境和贸易议题中扩大其影响，事实上，欧盟和英国在联合国气候变化框架公约谈判中都发挥着重要作用。

在运输政策领域，评估报告指出，欧盟运输政策的核心是运输服务业的单一市场，利益攸关者总体上支持欧盟运输领域贸易的自由化，并希望进一步发展到空间领域，认为这推动了英国和其他成员国运输业的增长和繁荣，欧盟应该继续这样做，进一步推动运输领域的自由化。但是，证据也表明，各种正式和非正式的障碍仍然存在。欧盟在实现空间领域的单一市场上进展缓慢，主要是因为已有的条例没有得到有效的实施或者根本就没有得到实施。成员国在安全和社会政策等领域以保护主义的方式设立国家保护措施，限制了运输业单一市场的发展。虽然利益攸关者支持欧盟在跨国之间的运输领域采取行动，但是他们也认为有些情况下欧盟未能充分考虑像英国这样处于边缘地带的特殊情况，欧盟有时把跨越边界的规则适用于对单一市场没有影响的纯粹是英国地方和国内运输事务中。评估报告指出，虽然运输服务业的单一市场总体上得到了支持，但是辅助性原则和相称性原则同样受到广泛的支持。对于未来的发展，利益攸关者希望欧盟关注实施已有的法律，具体的例子有铁路，有些成员国没有相互开放它们的铁路市场。还有一些具体例子，如涉及汽车和厢式货车的租赁，需要欧盟采取行动扩大运输服务的单一市场范围。欧盟委员会应该更多地关注实施已有的法律，更少地提出新的立法建议，几乎所有的利益攸关者认为，欧盟委员会在提出立法建议前应当进行公开的影响评估，明确列出立法建议可能带来的成本和收益。欧盟需要尊重辅助性和相称性原则。总之，报告指出，运输领域的进一步自由化得到了广泛的支持，但是该领域自由化的发展要通过更加有效地实施已有的法律而不是寻求制定新的立法。

在社会和就业政策领域，评估报告指出，欧盟与成员国之间的权限划分存在着很大的争议。把欧洲一体化看作是纯粹经济一体化的观点认为，社会和就业政策的权限应该留给成员国，只有在单一市场的运转需要社会和就业政策支持的情况下欧盟才能介入其中。相反的观点则认为，不管单一市场如何，欧盟都应该有权限和道德义务介入社会和就业政策领域。争议不仅仅是经济与社会孰轻孰重的问题，而且还涉及其他复杂的因素。如那些主张取消或限制欧盟在社会与就业领域权限的人，不是因为他们认为经济目标高于社会目标，而是因为这些重要的政策需要尊重国内的文化和社会传统。同样，欧盟在社会和就业政策的权限对英国经济和英国工人的影响究竟是积极的还是消极的，也难以下定论，也没有量化的数据可以证明，英国政党和利益集团之间在这一问题上也存在很大分歧，这从英国政府对待《欧洲社会宪章》的态度和政策就可以看出来：保守党政府在 1992 年选择退出《欧洲社会宪章》，工党政府在 1997 年又选择加入该宪章，目前的保守党政府又面临着有选择地退出的压力。报告指出，来自工会的意见认为欧盟的介入在保护就业和工人权利等方面发挥了积极作用，而来自商会的意见则认为欧盟立法如工作时间指令等给他们增加了负担。总之，报告认为欧盟在该领域的立法进程要减少复杂性，增加透明度，英国应作为建设性伙伴参与该领域的欧盟谈判。

总之,从上述15个政策领域的权限评估结论看,英国与欧盟在这些政策领域的权限划分不仅是合理的,而且也符合英国的国家利益,对英国是有利的。绝大多数评估报告支持欧盟继续保持和巩固在这些领域的权限,而不是扩大权限;不过服务业自由流动、金融服务与资本自由流动领域的评估报告,支持欧盟扩大在这两个领域的权限。但是,在人员的自由流动方面,英国的争议很大,削减欧盟在该领域权限的呼声也很高;在社会和就业政策领域,英国的争议也很大,特别是对欧盟的工作时间指令非常不满;在农业政策和渔业政策方面,英国的批评意见也很多,但是这些批评意见更多的是要求欧盟改善权限的行使方式,而不是要求权限返还。

(二)经济货币领域的权限评估

欧洲一体化进程在完成统一大市场的建设后就开始向经济货币联盟迈进。英国在单一市场建设方面非常积极,但是在经济货币联盟方面则选择不加入欧元区。欧债危机发生以后,欧元区成员国加强了经济货币联盟的治理,英国虽然置身之外,但是也非常担心这会对伦敦金融城和英国产生不利影响,评估报告也指出了这一点。除了经济货币联盟外,也把欧盟的预算政策、税收政策、凝聚政策、统计政策放在这一部分进行具体分析。

在经济货币联盟政策方面,评估报告指出,虽然欧盟条约赋予欧盟机构在经济货币政策方面相当大权限,但是条约中大多数货币政策条款以及经济财政政策的许多条款并不适用于英国,因为英国选择了退出。不过,报告也强调,虽然英国选择了退出,不是欧元区成员国,但是欧元区经济治理的发展对英国有着重要影响,因为作为英国的主要贸易伙伴,欧元区的经济稳定和发展与英国有着直接利害关系,而且欧元区的改革进程也会直接影响到英国的利益。报告指出了值得重点关注的一些领域:(1)目前的经济协调机制如宏观经济失衡程序在协调成员国经济政策方面尤其是对成员国施加压力进行必要的经济结构改革方面,效果不明显;(2)经济政策协调的进程模糊了欧盟权限与国内主权的界限,政策协调有超出欧盟权限的风险;(3)在追求欧盟治理的有效性的同时,也需要注意提高欧盟层面决策的问责性和合法性,有些反馈者建议成员国议会应该在欧盟决策中发挥更大作用,协调好欧元集团与经济和财政部长理事会之间的关系;(4)欧元区相关政策和治理措施要与单一市场相容,要确保欧盟政策对所有成员国开放,不管是否属于欧元区,保护单一市场的完整性;(5)随着欧元区的扩大以及《里斯本条约》规定的新的有效多数投票规则的实行,欧元集团和欧洲中央银行的重要性在上升,扩大了欧元区在整个欧盟的集体影响,因此欧元区有成为小集团的风险;(6)欧债危机以来欧盟所进行的一系列改革使得欧盟的经济治理结构更加复杂,而且更加稳定和强大的欧元区可能需要进一步加强其治理结构,并进行经济结构改革以便提高应对经济冲击的能力,因此,欧盟在该领域的法律和制度框架非常易变,可能需要修改条约来解决一些问题,在此过程中,英国要继续确保对本国利益的保护。总之,欧债危机以来,欧元区一体化进程大大加快,欧元集团作用也日益突出,正在带动欧盟根本性的变革。报告指出,欧元区的进一步一体化如果有助于促进金融稳定,如果能确保这不会损害英国的利益,那么,鼓励这种一体化最符合英国的利益。

在税收领域,评估报告指出,大多数意见支持欧盟与成员国之间目前的权限划分,主张继续在该领域实行全体一致决策,继续维持欧盟在间接税和直接税上明确的权限划分。报告指出以下三个方面的发展趋势值得关注:(1)一些根据有效多数决策通过的部门政策法律含有税收方面的内容,这被看作是对税收政策全体一致决策原则的侵蚀,如欧盟的碳排放交易指令;(2)欧洲法院的司法判决虽然在确保税收领域的法律实施方面发挥了积极作用,但是有些判决超出了其权限,使成员国在有些税收领域无法行使否决权;(3)在税收领域实行的加强合作会影响伦敦金融城的利益,特别是金融交易税的立法建议。总之,报告认为税收主要是成员国的权限,欧盟层面的行动只有在证明是为了确保内部市场运转的情况下才能采取，而且欧盟要按照辅助性原则和相称性原则来采取行动。

在欧盟预算方面，评估报告指出，虽然反馈者认为欧盟预算的权限划分很大程度上是适当的，但是欧盟在行使其权限时应该关注改革预算结构，改善欧盟预算的财务管理，尤其要改革预算开支，集中关注真正有附加值的领域。报告指出，欧盟预算的总体规模占国民总收入的比重非常小，无法与联邦制国家的预算相比，尽管如此，英国坚决反对欧盟预算的增长，卡梅伦政府把削减欧盟预算作为英国政府高度关注的优先事项，在 2014～2020 多年度预算框架的谈判中，在英国政府的坚持下，欧盟预算下降了 3.4％，除了削减预算之外，欧盟还承诺裁减 5％的欧盟机构员工，把欧盟公务员的退休年龄从 65 岁提高到 66 岁。在欧盟预算周期问题上，反馈者对于多年度财政框架与欧洲议会选举周期的关系，以及保持灵活性的需要与确保长期的确定性之间的关系方面存在着不同的意见。在欧盟预算的开支方面，英国政府主张欧盟预算应该用在高附加值的研发领域，而不是用在低附加值的农业领域。报告指出，多数观点认为，研发开支应该成为欧盟预算的优先事项，并应该占预算的更大份额，但是有的观点认为应该支持结构和凝聚基金，尤其是比较穷的成员国。共同农业政策的预算受到了很大的质疑。不过，共同农业政策的开支从 1984 年占欧盟预算的 66％下降到 2014 年的 40％，到 2020 年预计将进一步下降到 34％。在欧盟预算管理方面，报告认为欧盟委员会应改善欧盟预算的管理，加强欧洲审计局的工作。对于预算外的开支项目，有的认为规模太大，有的则指出提供紧急救援的项目是非常重要的。对于欧盟的自有财源，把国民总收入作为欧盟的主要财源得到了广泛的支持，其他拟议的财源如金融交易税将对英国产生不利的影响。针对英国的预算返款的问题，报告指出，英国最初加入欧共体时欧盟预算主要用于农业开支，而英国的农业部门相对比较小，导致了英国对欧盟预算的贡献人均最多。报告显示，2012 年，英国是所有成员国中人均获得欧盟开支最少的国家，英国对欧盟预算的净贡献在返还之前是最高的，在返还之后则是第五大净贡献国。对于返还问题，英国政府认为只要收支不平衡的状况继续存在这种返还机制就是合理的，但是由于其他欧盟预算的净贡献国也要求返还而使这个问题变得更加复杂。

在凝聚政策方面，报告认为英国在欧盟地区发展基金的设立上发挥了重要影响。利益攸关者总体上支持凝聚政策目标，认为该政策能够支持贫困地区实现它们的经济潜力，促进单一市场的发展。不过，报告指出，由于欧盟与成员国都实行这方面的政策，因此难以把结构和凝聚政策的影响与其他因素区分开来，无法确定该政策在缩小地区差距中的作用。研究表明，欧盟凝聚政策对最不发达地区的影响最大，这也是欧盟基金资助的主要对象。争议比较大的问题是凝聚基金是否应该被用于比较富裕的地区，按理说欧盟凝聚基金不应该支持富裕的成员国，英国政府认为，除了跨欧网络项目和一些有限的促进欧盟层面竞争力的具体项目外，欧盟应停止对富裕成员国的资助，但是报告也承认，这需要所有成员国的同意，因此不太可能实现。报告指出，苏格兰、威尔士和北爱尔兰都坚定支持凝聚基金。在凝聚基金管理方面，报告指出，凝聚政策基金的规则过于复杂，给基金申请方在项目申请、报告和审计等方面带来很大的负担，不利于发挥结构和凝聚基金的作用。报告认为应该在健全的金融纪律与避免不必要的行政负担之间进行监管，找到合理的平衡。报告认为，欧盟应该继续支持最不发达的成员国，但是富裕的成员国可以自己支持自己的地区政策。但是报告也指出，没有欧盟的资金支持，成员国可能就缺少动机去支持跨边界或跨国的项目。

在统计方面，评估报告认为，作为欧盟与成员国共享权限的领域，整个欧盟的统计数据具有可比较性和高质量是非常重要的，因为这是作出正确决策并进行监督的重要基础。报告认为，欧盟层面的统计管理通过规模效应够减少成本，同时也能够在避免金融欺诈方面发挥作用。不过少数反馈者指出，欧盟统计管理也会带来成本的上升，这不仅包括额外数据收集所带来的直接成本，也包括集体负责制的官僚体制所带来的间接成本。报告也讨论了统计数据收集对企业所带来的负担，但是评估欧盟的权限对英国利益的影响，所面临的共同挑战是难以确定这种负担究竟会增加多少。对于未来的挑战，核心是如何满足提供可比较的数据需要的同时而不给成员国增加过度的负担。欧盟对成员国数据要求数量的增加应该考虑到成员国的优先事项的不同，报告认为，目前的权限划分总体上是可以接受的，对英国是利大于弊。

总之，从上述五个政策领域的权限评估结论看，虽然英国对欧盟在上述领域的权限和行动存在着一定的争议，在有些领域选择了退出，但是欧盟与成员国在上述领域的权限划分总体上是合理的，英国会继续坚持现有的权限安排，不加入欧元区，坚持在税收领域的全体一致决策制，坚持英国的预算返款，支持欧盟的凝聚政策目标，强调提高欧盟统计数据的质量。不过，评估报告也指出，英国会反对欧盟扩大在这些领域的权限，在其选择退出的经济货币联盟领域，英国会确保伦敦金融城和英国的利益不受欧元区发展的影响。

（三）对外政策领域的权限评估

作为一个国际行为体，欧盟对外行动领域不仅包括共同外交与安全政策以及共同安全与防务政策，而且也包括欧盟条约赋予给欧盟的发展合作与人道主义援助、贸易、金融、气候变化等其他广泛政策领域。实际上，欧盟层面的绝大多数政策领域都有涉外内容，只是程度不同而已，上面关于单一市场和经济货币政策领域的权限评估报告已经指出了这一点。作为一个与美国有特殊关系的联合国安理会常任理事国，英国在国际政治、经济、军事、安全等方面发挥着作用，在欧盟的外交与安全政策领域更是处于领导地位，是欧盟共同外交与安全政策的积极推动者。英国这次权限评估所涉及的对外政策领域包括五个方面，即共同外交与安全政策、发展合作与人道主义援助、贸易和投资、欧盟扩大、领事保护，下面将逐一进行分析。

在对外政策方面，评估报告指出，大多数反馈者都认为在共同外交与安全政策以及共同安全与防务政策领域权限掌握在成员国手中，所有重要的决定都要经全体一致通过，每一个成员国对欧盟的军事还是民事行动都有否决权，每一个成员国都拥有对自己军队等安全力量的控制权。只有在英国政府同意的情况下，英国军事力量才能参加欧盟的任务。成员国也可以单独或通过其他国际组织尤其是北约采取军事行动。报告指出，虽然欧盟在外交政策上的比较优势在于把广泛的外交与安全政策工具结合起来，但是证据表明欧盟在外交政策权限的复杂安排容易产生政策的不一致以及欧盟与成员国之间的紧张。报告指出，共同外交与安全政策是欧盟与成员国并行的权限，这就带来了欧盟机构在国际组织中的地位和作用问题。英国认为，欧盟在对外代表方面存在越权行为，不应该代表成员国。大多数意见认为在共同外交与安全政策领域通过欧盟采取行动对英国有利：与其他 27 个成员国一起行动能扩大影响，借助于欧盟能够扩大英国对欧盟之外的大国的影响，欧盟单一市场的规模使欧盟能够缔结比较有利的国际贸易协议，欧盟金融工具如发展与经济伙伴关系具有重要的国际影响，欧盟具有其他国际组织无法相比的广泛外交政策工具，欧盟的政治中立性使其能够在其他国家或国际组织不能介入的情况下而采取行动。通过欧盟采取行动的缺点在于：欧盟在制定明确的战略方面面临挑战，领导力不均衡，制度划分以及复杂的外交政策工具阻碍了政策实施，由于复杂的内部关系和不同的利益诉求而导致决策迟缓。因此，报告指出，为了提高决策一致性和欧盟对外行动的效果和影响，需要解决不同对外政策之间的协调。报告指出，虽然没有反馈者要求加强或收回欧盟在外交政策领域的权限，但是大多数反馈者认为欧盟应该改革其对外行动，使其更加有效。

在发展合作与人道主义援助领域，欧盟拥有平行的权限，即欧盟拥有采取行动、实施共同政策的权能，但是该权能的行使不得导致成员国无法行使其权能。因此，该领域不存在权限返还的问题，因为成员国拥有制定自己政策的自主权。但是平行的权限也会带来政策的冲突，成员国倾向于把他们的发展政策和目标上传到欧盟层面，导致欧盟发展项目的议程过多。评估报告指出，大部分意见支持欧盟与成员国之间在该领域的平行权限，他们认为尽管欧盟的援助活动有许多需要改进的地方，但是通过欧盟采取行动具有明显的优势：欧盟为成员国提供了集体行动的平台并努力协调成员国的援助行动，有助于英国实现自己的政策目标；欧盟援助通过汇聚成员国的援助资金而具有规模效应和重点突出的优点，能发挥杠杆作用；欧盟的全球性存在使得成员国能够通过欧盟来援助那些本国无法达到的国家和地区；通过欧盟开展行动使英国能够介入欧盟广泛的外部行动，有助于联合起来应对全球性发展挑战；英国与欧盟在发展政策上的目标一致以及欧盟的政治中立性和全球性影响，意味着欧盟能够扩大英国政策的影响。报告也指出了通过欧盟开展行动存在的缺点：平行的决策有时会带来政策的冲突和立场的妥协，无法突出英国的优先领域或使英国的行动缺乏影响；欧盟的发展项目管理和实施进程过于复杂，缺乏效率；欧盟委员会负责发展事务的总司与欧盟对外行动署的角色划分不明晰，欧盟总部与欧盟驻外使团之间缺少协调；尽管欧盟人道主义援助办公室的人道主义援助技能得到广泛的承认，但是欧盟的制度能力和发展方面的技能相对于其涵盖的范围和规模而言仍然是有限的；尽管欧盟的规模和全球影响使其成为实现发展政策一致的最重要平台，但是欧盟并没有充分实现这一点。总之，在发展合作与人道主义援助领域，大多数意见支持平行的权限安排，并认为欧盟的援助项目无论是在规模上还是在范围上都扩大了英国和其他成员国的政策影响。批评意见则主要集中在欧盟层面的决策程序复杂、缺乏效率以及机构间关系不清楚（欧盟对外行动署、欧盟委员会发展与合作总司、欧盟委员会人道主义援助与民事保护总司）等方面。

在贸易和投资领域，报告认为，欧盟的权限随着条约的修改和欧洲法院的司法判决得到了很大的扩展，如今服务贸易也属于欧盟的专属权限，欧盟在该领域的政策统称为“共同商业政策”，该政策包括了一系列活动：国际贸易和投资协定的谈判，WTO谈判和在OECD中发挥积极的作用，采取贸易保护措施保护欧盟企业免遭不公正贸易措施的影响，制定控制进出口和出口信贷机构的规则。利益攸关者总体上认为，欧盟在这一领域的权限对英国有利。但是有少数反馈者对目前的权限划分以及欧盟在某些领域实施其权限的具体方式提出了批评。许多反馈者认为，欧盟的集体谈判力量使得英国在国际谈判中能够实现比自己单独谈判更好的结果。欧盟的集体力量也使得欧盟能够影响多边规则，阻止来自其他行为体的不利政策的影响。然而，欧盟的权限和行动也限制了英国优先关注自己国家利益的选择，不过要评估这些限制给英国带来的影响也比较难，因为为共同商业政策所付出的代价也需要与从单一市场中获得的收益进行权衡，如果不成为共同商业政策一部分，英国就不能是单一市场的组成部分。而研究显示，作为单一市场的成员，英国贸易获得了净收益。为了应对贸易和投资领域的未来挑战，欧盟需要提高透明度，改变欧盟机构的作用，使欧盟的行动和进程更加有效。对于英国而言，该领域权限的巨大变革需要英国与欧盟关系的重大改变，因为不离开欧盟英国就不能重新获得在贸易和投资领域的权限。报告列出了英国所面临的几种可能的选择，但是报告指出，每一种选择都会对英国与欧盟以及与非欧盟国家的贸易产生重要的影响。

在欧盟扩大方面，报告指出英国历届政府都坚定支持欧盟扩大，这届联合政府在其2010年的联合执行协议中也重申了这一立场。报告认为，扩大是欧盟的历史性成就，不仅对加入的成员国而且对欧盟自身的转型都产生了积极的影响。虽然欧盟扩大在移民等一些领域给英国带来了不利的影响，但是总体上是对英国有利的。虽然欧盟扩大到了28个成员国，但是欧盟机构并没有因此而陷于瘫痪。而且随着新成员国的加入，英国在欧盟机构中有了更多主张开放、市场自由化和大西洋主义的与其观点相同的盟友，英语也成为欧盟最主要的语言。但是，报告也指出，在扩大的欧盟中英国也需要付出更大的努力来建立同盟，捍卫其利益。由于扩大，欧盟的预算不可避免要增长，但是增长的幅度在合理范围内，不会产生巨大的预算压力。扩大对欧洲的稳定作出了重要贡献，这对英国和国际社会都有利。一个扩大的欧盟使得英国能够在国际贸易谈判中与美国、中国、印度等大国平起平坐，也能够扩大英国在许多外交领域的影响。扩大还增加了欧盟中支持北约的成员国数量，这有利于英国。当然由于与土耳其的领土争端，塞浦路斯的加入阻碍了欧盟与北约的防务合作。报告认为，新加入的成员国总体上支持英国把单一市场和自由贸易作为优先事项，反对给经济带来不利影响的过度管治和社会议程。在打击国际犯罪和应对气候变化方面，报告认为欧盟扩大对英国的影响是有利有弊。报告认为，欧盟成员国和欧盟机构在管理扩大进程方面是非常有效的，未来的扩大进程不会再采取多个国家同时加入的方式，而是以哪个候选国达到入盟标准就接受哪个国家的方式进行，不再设定加入欧盟的目标日期。对于加入的标准和条件，报告认为，入盟条件是欧盟促进申请国转型的最强大工具，一旦一个国家加入欧盟之后入盟条件对该国的影响就不再那么有效，因此报告主张，在入盟进程一开始入盟条件只能加强不能削弱。报告认为欧盟扩大进程是成员国领导的政府间进程，不是欧盟与成员国共享权限的领域。尽管如此，欧盟委员会在日常的管理中发挥着关键作用，相比较而言，欧洲议会和欧盟对外行动署的作用有限。欧盟会继续其扩大进程，英国也支持欧盟的继续扩大，但是申请国加入欧盟的过程将更加漫长和艰难。这不仅是因为申请国离入盟的条件要求还有很大的距离，而且还因为欧盟公众对扩大的信心不足，尤其是担心来自新入盟成员国的移民冲击。英国政府认为，为了确保公众信心和对欧盟扩大的支持，移民问题必须先得到解决。

在领事保护方面，欧盟的权限非常有限，只是起着一定的协调作用。提供领事保护主要是成员国的权限。报告认为，目前的权限划分是适当的，而且这种安排对英国有利，因为它在英国没有代表的地方为英国公民提供了支持。

总之，从上述五个政策领域的权限评估结论看，欧盟在对外政策领域的权限和行动总体上对英国有利，扩大了英国的国际影响，也得到了广泛的支持。更重要的是，欧盟在这些领域的权限，除了在贸易和投资领域外，没有对成员国的主权构成制约，欧盟的行动不影响成员国行使自己的主权，因此在这些领域不存在权限返还的问题。在共同商业领域，如果要求返还权限，则意味着英国要退出欧盟，英国将无法获得进入欧盟单一市场所带来的巨大利益，也无法借助欧盟扩大自己的对外影响。退出欧盟的选择，尤其是在国际贸易领域，是不受欢迎的。

（四）司法与内政领域的权限评估

欧盟在司法与内政领域的合作虽然起步较晚，但是发展迅速，从 1993 年《马约》生效起成为欧盟的三大支柱之一，2009 年生效的《里斯本条约》虽然取消了欧盟的柱式结构，但是条约明确提出了建立自由、安全、公正区域的发展目标。为实现这一目标，条约规定了欧盟在避难和非欧盟移民、民事司法合作、警务与刑事司法合作等领域的权限和应该采取的行动。部分基于其特殊的地理位置的考虑，部分基于对该领域国家主权的坚持和让渡该领域权限的敏感，英国在有些领域选择了退出，其在权限评估时也注意到了这一点。除了上述几个主要领域外，也把基本权利、投票权、信息权利放在这一部分进行具体分析。

在避难和非欧盟移民方面，评估报告认为，虽然自从《马约》生效以来欧盟在这方面的行动有了很大的发展，但是权限仍然主要掌握在英国政府手中，尤其是边界控制和签证政策方面更是如此，因为英国没有选择加入申根边境和签证体系。在英国选择加入的领域如合法移民和避难事务，英国则要受到该领域欧盟法律的限制。报告认为，英国选择在《申根协定》之外保留独立的边境和签证体系有利有弊。有利的地方是可以自主控制移民，阻止非法移民进入英国，有助于确保国家安全，阻止有组织犯罪和恐怖主义。这样做的代价则是对英国的旅游业带来不利影响，会阻止人们申请进入英国经商或旅游。在边境管理方面，报告认为，英国可以选择与欧盟边境管理机构开展更加务实高效的合作。在泛欧数据分享方面，英国无法获取欧盟的签证信息系统资料和申根信息系统的信息。在政治避难方面，英国采取了一些欧盟措施，这些措施构成了英国避难申请政策的关键部分。但是，最近这些措施大部分都进行了修改，对这些修改后的措施英国政府根据具体情况选择是否采取。许多反馈者认为，由于英国的避难标准远远高于其他签署欧盟避难指令的成员国，因此英国采取这一指令没有必要。总之，在整个领域，英国选择采取了欧盟三分之一的措施，英国的这种选择性和灵活性可以被看作一种特权。

在民事司法合作方面，评估报告认为，欧盟在民事和家庭法方面的措施对英国公民和企业有利，因为欧盟措施对于争端如何解决提供了确定性，帮助英国公民和企业确定由哪家法庭来对争端进行裁决，适用哪国的法律以及判决的相互承认和执行等。对于民事合作在单一市场中的作用，反馈者认为，欧盟在该领域的措施明确了争端如何解决的问题，这支持和鼓励了跨国贸易和人员的自由流动。报告认为，英国参加欧盟的民事司法合作事务对于保持英国法律体系的完整性非常重要，因为如果不加入，英国就不能对那些在内容上与英国法律体系不一致或对英国不利的立法提议施加任何影响。但是也有人对此提出了不同意见。对于未来发展，报告指出，欧盟应该集中于改善、加强和简化目前的立法，而不是制定更多的法律。报告认为，如果欧盟在以下领域采取更多的行动会对英国有利，这些行动包括：提高人们对已有措施的认识，对于欧盟新措施的影响提供更可靠的数据和信息，提高立法进程的透明度，促进成员国之间的合作，更多地资助成员国之间的教育和联络项目。

在警务和刑事司法方面，评估报告认为，在日益全球化的世界里严重的有组织犯罪和恐怖主义也具有国际化的性质，因此需要国际和多边框架合作来应对这些跨国威胁。欧盟就是其中的国际合作框架之一。在欧盟中，警务与刑事司法合作是相对比较新的政策领域，它涉及对犯罪的侦查、调查、起诉和惩罚等事务，也包括对罪犯的引渡和交换刑事记录等。考虑到欧盟在警务与刑事司法合作领域中权限的敏感性以及欧盟行动对国家主权的影响，欧盟在行使该权限时要受到各种制约，如保护刑法基本原则的紧急刹车等，以确保成员国得到充分的保护。英国也从这种具体安排中获益，根据《里斯本条约》第 19 号和 21 号议定书，英国在考虑欧盟行动对国家利益的影响方面享有更大的灵活性，可以决定欧盟在该领域的权限适用于英国的程度。报告指出，欧盟目前的立法要得到充分的实施必须需要更多的时间，欧盟在考虑进一步立法措施之前需要考虑到这一点。对于把第三支柱合并到第一支柱中是否必要这个问题，人们的观点有分歧。《里斯本条约》第 21 号议定书中的选择加入的条款被认为是积极的工具，然而，应该如何以及最好何时使用这一工具存在着不同的意见。法律从业人员的意见认为，对新的立法提议选择不加入会对英国影响谈判的能力产生不利的影响，但是也有人持相反的意见。报告指出，为成员国之间跨国刑事司法合作制定最低规则得到了广泛的支持，但是欧盟应该在这方面发挥什么作用则缺少共识，有的主张采用相互承认原则，有的则希望通过欧盟立法来设定最低规则，有的则主张通过政府间协议或非立法措施来实现这一点。报告认为，欧盟在参与其他成员国的刑事司法体系时没有充分关注对犯罪受害者和证人的支持，欧盟应采取措施加强这方面的行动。为了应对诸如恐怖主义、有组织犯罪集团、网络犯罪等新的挑战，英国政府需要探索与欧盟成员国以及第三国更加有效的合作方式，真正建立起实质性的合作关系。报告还指出，欧洲法院从 2014 年 12 月 1 日开始对警务和刑事司法合作拥有全面的司法管辖权，英国要适应这一发展，要有效地执行目前的立法。

在基本权利方面,评估报告指出,尊重人权符合英国的国家利益。不过证据显示,在人权保护上如何划分欧盟与英国的权限,人们存在着不同的观点。同样,因人们对超国家人权机制的作用、国家主权、基本权利与社会中其他权利的平衡等问题的看法不同,而对欧盟在基本权利领域的权限和行动是否与英国的国家利益一致的问题上也存在着不同的意见。欧洲法院通过司法案件的判决维护并在法律上确认了欧洲公民的基本权利,但是欧洲法院的功能性司法解释和判决也引起了包括英国在内的成员国政府的不满和反对。对于《欧洲保护人权和基本自由公约》和欧洲人权法院的地位和作用问题,英国国内争议很大。

在公民投票权方面,欧盟条约规定,居住在其他成员国的欧盟公民在欧洲议会选举和市政(地方)选举中享有与其所居住成员国国民同等的选举权和被选举权。根据欧盟法律,英国必须与其他成员国交换某些信息以避免在欧洲议会选举中出现双重投票和在多个国家充当候选人的情况出现。成员国有权组织管理本国的欧洲议会选举,只要它们的欧洲议会议员是每5年在比例代表制的基础上自由直接选举产生即可。欧盟对成员国议会选举没有权限,尽管欧盟委员会也号召成员国考虑修改它们的选举权资格。在欧洲议会选举的组织管理方面,报告认为成员国之间需要进一步协调,不过这需要所有成员国同意才行。在是否为欧洲议会选举设定共同投票日的问题上,存在着意见分歧。在公民创议权方面,大多数反馈者希望加强欧盟公民直接影响欧盟政策和法律的能力。总之,报告认为,在投票权方面,欧盟与成员国的权限划分是适当的,不需要大的改革,相反,欧盟和成员国应该关注提高欧洲议会选举中不同选举管理的相容性,提高公民对欧盟机构和政治进程的认识。

在信息权利方面,报告认为,在数据保护领域欧盟的权限对英国有利,目前的欧盟数据保护指令在数据控制者与公民之间的利益方面实现了很好的平衡。然而，报告也认为该指令未能跟上技术迅速发展的步伐。在获取信息方面，认为欧盟的权限对英国的国家利益有积极影响，它提高了欧盟机构的透明度，有助于英国企业向欧盟机构问责，预测欧盟立法的影响，在政策建议成为法律之前对其施加影响。在数据保护方面，报告认为，由于现代数据流动不承认国家边界，由欧盟层面或国际层面采取行动是非常必要的，而且共同的标准对企业和消费者也都有利。不过，在允许成员国保持灵活性与追求标准的高度统一性之间如何实现平衡也是一个问题。在获取信息方面，报告认为，没有必要扩大欧盟在此领域的权限，应该把努力集中在改善现有的获取文献条例的执行上。在数据保护方面，报告认为，欧盟提议的条例是未来发展的机遇和挑战。虽然有些反馈者欢迎欧盟委员会在该领域的行动，但是他们也怀疑欧盟提议的条款是否在保护个人数据方面找到了适当的平衡。许多反馈者指出了政策工具的强制性质，认为这会对商业部门产生消极影响。报告认为，欧盟要在立法中保持一定的灵活性以便面对无法预测的技术进步和变革。报告认为，欧盟未来的立法框架必须有充分的灵活性以便应对诸如大数据、云计算和物联网等挑战。在获取信息方面，报告认为，保护数据的要求，收集的数据量日益上升以及随之而来的要求获取信息的数量上升，公共部门在管理信息方面面临的挑战也更加复杂。报告指出了以下四个方面的问题：(1)需要意识到数据保护原则和获取信息之间的互动；(2)考虑到数据使用方面未来的不确定性，需要确保任何立法都要考虑将来的发展；(3)需要在追求更大程度的共同标准与确保不同部门以及情况不同的成员国拥有充分的灵活性之间找到适当的平衡；(4)在这一复杂、多样和快速变化的领域，需要利益攸关者更大程度的理解和参与。

总之，从上述六个政策领域的权限评估结论看，虽然欧盟在这些领域的权限和行动近年来有了很大的扩展，但是英国在大部分领域选择了退出，除了爱尔兰之外，其他成员国都不具有这种灵活性选择权。英国会继续坚持其在司法与内政领域的这种特殊安排机制，在认为适当的领域[如欧洲逮捕令（European Arrest Warrant）]就选择加入，当然这需要得到欧盟其他成员国的同意；相反，就继续留在欧盟合作进程之外。在没有这种灵活性选择的领域如基本权利、投票权、信息权利方面，欧盟的权限和行动相对非常有限。

（五）教育、研发、文化等领域的权限评估

欧盟在教育、研发、文化等领域的权限比较有限，其在这些领域采取的行动主要起着支持、协调或补充成员国行动的作用，但并不因此取代成员国在这些领域的权能。英国在这些领域的发展处于领先地位，是欧盟在这些领域政策的积极推动者。下面就英国在该领域的权限评估进行具体分析。

在教育、职业培训和青年事务领域，评估报告认为，在欧洲一体化之初欧盟在这一领域的权限非常有限，《欧共体条约》明确这些领域都是成员国的事务，欧盟只是发挥有限的支持性的作用，但是随着欧洲一体化的发展，欧盟对这些政策领域的介入大大扩展了。虽然欧盟与成员国之间的权限划分没有发生根本性的变化，但是它们之间的边界变得模糊了。报告认为，欧盟在这些领域的合作促进了学生跨国流动和语言学习，对英国是有利的，欧盟通过伊拉莫斯项目（Erasmus）促进了成员国之间的国际教育合作，提高了教育质量，得到了坚定的支持。尽管如此，报告指出，欧盟对英国的教育、培训和青年政策几乎没有产生什么影响，不过报告也承认，与其他公共服务一样，教育可能会受到欧盟在其他领域权限的影响，如人员自由流动、就业、招标等可能是影响国家教育和培训政策的重要因素。随着教育在全球经济中的重要性上升，以及劳动力市场更加重视语言和国际视野，全球教育市场的国际竞争日益激烈，在这样的背景下，大多数意见支持欧盟扩大新的“伊拉莫斯＋”（Erasmus＋）流动和伙伴关系项目。由于欧盟2014～2020年的总体预算减少，英国政府支持欧盟层面的行动转向帮助青年人提高技能和就业能力，为青年人适应现代全球经济做好准备。随着教育和技能等决定竞争力的关键经济要素重要性的上升，欧盟有可能会扩大对成员国政策尤其是欧元区成员国政策的影响。尽管如此，报告认为，人们不希望欧盟过多介入该政策领域，而是认为欧盟通过最佳实践的交流对成员国政策发挥支持和促进的作用。英国政府反复重申这些领域的政策和决策应当仍然是成员国政府的权限。

在研发领域，报告认为，目前欧盟在研发和创新领域的主要作用是界定优先事项，通过多年度研究框架计划发放资金。英国在研究领域争取欧盟资金方面非常成功，在欧盟第七个多年度框架计划(2007～2013)下英国获得了61亿欧元的资助，占整个资助总额的15.4%，仅次于德国的16.1%，位居第二位。英国参与欧盟研究项目的层次水准也非常高，因此欧盟在这些领域的权限和行动得到了广泛的支持，尤其是研究人员的支持。虽然英国产业界在申请欧盟资助方面表现不是很好，但是它们也比较支持欧盟的权限和行动，认为欧盟所提供的合作网络和论坛等对它们有益。在空间项目方面，欧盟负责管理的大型项目如全球卫星定位系统的"伽利略"(Galileo)项目、欧洲地球观测系统的"哥白尼"(Copernicus)项目。英国企业在欧盟的空间项目中赢取了主要的合同。所有反馈者都认为，欧盟的这些研发计划通过把不同的项目和研究团队整合起来产生了规模效应，如欧盟第七个多年度框架计划的资金总额为505亿欧元，是世界上最大的研究项目，欧盟第八个多年度框架计划(2014～2020)又称"2020地平线计划"，预算高达790亿欧元，这些多年度、大规模的研究框架计划极大地促进了科研领域的国际合作。不过，报告也指出，欧盟繁琐的管理程序受到了广泛的批评。对于欧盟介入界定这些领域的政策方面，欧盟委员会创建"欧洲研究区域"(European Research Area，ERA)的目标得到了广泛的支持，不过也有人担心这会在一定程度上影响国家的研发规划，并导致不必要的报告负担。在空间政策领域，欧盟所设定的战略优先领域总体上被认为是有用的。英国的空间政策与欧洲和国际上的政策是紧密交织在一起的。大多数反馈者认为,把地方、国家、欧盟、双边与国际的政策与合作结合起来,才是管理不同研究领域复杂需要的最有效方式。目前的安排虽然不是很完美,但是为此提供了好的基础。需要改进的地方是,要减少官僚主义,加大欧盟研究项目在英国企业特别是中小企业中的推介力度。英国政府应该利用其影响确保本国政府所确定产业战略的优先议题也能在欧盟研究和创新的优先议题中反映出来。就欧盟的空间政策而言,反馈者希望欧洲空间局在研究和具体项目上继续作为独立的政府间机构在欧盟之外运作,但是也希望其与欧盟的空间政策密切合作。

在文化、旅游和体育领域,评估报告指出,欧盟的支持性权限有利于这些领域的未来发展,符合英国的国家利益。但是没有人支持扩大欧盟在这一领域的权限,很多人提出要对欧盟在该领域扩展其权限保持警惕。报告认为,人们对欧盟在文化领域的权限以及该权限的实施都非常满意,欧盟被看作是为文化领域提供资助的重要来源,是新的创意伙伴的推动者,是推广英国软实力的平台。欧盟只是在《里斯本条约》生效后才在旅游和体育方面拥有一定的权限,反馈者认为,欧盟在体育方面的新权限会促进欧盟体育政策更加一致的适用。在旅游方面,由于担心成员国之间在游客方面的竞争,使得评估欧盟行动对英国的影响比较复杂,也有人担心该领域的权限可能会导致更多的管治。总之,报告认为,欧盟目前在该领域的权限不会对英国的国家利益构成实质性挑战,欧盟在该领域的权限扩展也不太可能。报告认为,与欧盟其他成员国相比,英国在文化、旅游、体育等领域的最佳实践、国际联系和政策发展方面都处于领先地位,这给英国提供了推动欧盟在该领域议程的机会。

总之,从上述三个政策领域的权限评估结论看,欧盟在上述领域的权限非常有限,大都是支持性或与成员国平行的权限,这种权限划分得到了广泛的支持，欧盟政策对成员国在这些领域的行动构成了有益的补充和协调，英国是欧盟教育、研发、文化等资助项目的主要受益者。尽管如此，评估报告认为，英国会继续坚持现有的权限安排，反对扩大欧盟在这些领域的权限。

（六）辅助性原则与相称性原则的权限评估

与上述所有政策领域的权限评估不同，英国政府开展的辅助性原则和相称性原则的评估主要是在汇总上述权限评估的证据的基础上评判欧盟是否严格地遵守了这一原则，指出欧盟在执行这一原则中所存在的问题，分析更好地确保该原则适用的改革措施。下面就对这份评估报告进行具体分析。

在辅助性和相称性原则方面，大多数权限评估报告实际上都包括了这两项原则适用的相关情况分析。虽然有些反馈者认为在有些领域权限划分是适当的，但是他们也指出有些欧盟立法提议或法律如果在国家或地方层面制定会更好，欧盟行动带来的成本有时会远远大于其所带来的收益。例如，环境和气候变化权限评估报告就指出欧盟权限和行动所存在的这些问题。再如，欧盟委员会在一项立法提议中规定，餐馆在提供餐桌的橄榄油时必须在置于原包装中，而禁止分装在可再使用的油壶里，就被认为是违反了相称性原则；欧盟委员会关于职业养老金计划的指令草案就被认为违反了辅助性原则，因为没有证据证明存在欧盟范围的问题需要欧盟层面的解决方案。然而，在有些领域，如跨边界的环境问题和单一市场领域，欧盟层面的行动被证明是合理的。

成员国议会在确保辅助性原则和相称性原则的适用方面，报告认为，目前允许成员国议会就立法建议发表意见的机制受到了总体上的欢迎。多数反馈者认为可以进一步加强这些机制，以改善欧盟的决策，提高欧盟的民主合法性。不过也有意见认为，加强成员国议会的作用会使得欧盟行动复杂化，强调成员国议会的作用主要体现在对政府的欧盟政策的议会审查和监督上。总体上，反馈者是支持辅助性原则和相称性原则的，认为这些原则是欧盟制衡体系的一部分。有些反馈者把辅助性原则看作是保护成员国政府和议会权力的方式，是确保决策接近公民的机制。其他一些反馈者认为通过适当考虑不同层面行动的优缺点，辅助性原则是确保有效的管治的方式。

报告指出了在适用该原则的实际过程中所存在的困境：一方面，民主合法性意味着决策要尽可能接近民众；另一方面，行动的效率只有在欧盟层面采取统一措施才能确保。相称性原则也得到了广泛的支持，被看作是实现更好管治的关键要素。但是该原则是否应当受制于司法和政治控制以及控制的程度问题，存在着不同的意见。成员国议会就欧盟立法提议给出说明理由的意见只是与辅助性原则有关，与相称性原则并不相关。不过，欧盟机构和成员国政府通过立法之前的草案起草和谈判也有机会对一项措施是否符合相称性原则和辅助性原则提出质疑。成员国议会通过他们的议会监督也能够考虑辅助性原则和相称性原则。有些反馈者认为辅助性原则基本上是一个政治问题，因此最好由政治行为体如成员国议会和政府来保护。另一些反馈者则认为成员国议会应当有权基于相称性原则对立法提议提出质疑，这部分是因为这样做可以给欧盟更大的民主合法性，部分是因为该原则的应用涉及政治选择以及技术评估问题。有些人希望欧洲法院在支持辅助性原则方面发挥更大作用，欧洲法院有时会因违反相称性原则而推翻欧盟和成员国的措施，但是欧洲法院从来没有因为违反辅助性原则而这样做过。有些反馈者对这些原则在实践中的应用提出了深刻的批评，认为还有很大的改善空间，上述其他权限评估报告也不同程度地提到了这一点。其他人注意到《里斯本条约》引入的一些机制和欧盟委员会在减少欧盟立法负担方面的改进。许多反馈者强调了欧盟委员会影响评估的重要性，首先确保行动要有合理的基础，检验立法提议是否与辅助性原则和相称性原则一致。有些反馈者提出了改进影响评估的建议：更多使用质化和量化指标，开展广泛的咨询，独立专家进入影响评估委员会等。有些反馈者主张在立法进程的后期阶段对立法草案进行审查，因为立法建议到了后期阶段可能已经发生了很大改变。有些反馈者强调了需要评估管治措施的累积效应，确保它们不会对企业和地方政府构成不成比例的负担。对于《里斯本条约》第352条的适用，评估报告指出，该条款是必要的，它确保了在必要的情况下欧盟在条约未授权的领域采取行动的可能性。而且条约也对该条款的适用规定了严格的程序，以免被过度使用或超出了条约的规定。有些反馈者建议其他成员国可以模仿英国和德国的做法，建立议会控制体系，根据这一灵活性条款即《里斯本条约》第352条采取的立法需要得到成员国议会的批准。对于如何提高成员国议会的作用，反馈者提出了很多建议：更早地介入欧盟立法并有权提出立法建议；允许议会就辅助性原则之外的领域如相称性原则、法律基础和人权等公开提出意见；给成员国议会更多的时间来考虑立法建议；如果欧盟立法提议遭到了一定数量的成员国议会的反对，那么达到一定数量的成员国议会就可以阻止立法提议权，除非立法提议得到了修改；允许成员国议会在立法进程的后期阶段提出意见；降低成员国议会要求欧盟委员会重新考虑立法提议的门槛；有权调查现存的立法是否仍然符合辅助性原则和相称性原则等。报告特别指出，2014年11月1日新一届欧盟委员会就职，新一届欧盟委员会对其内部组织结构进行了一些改革，设立了第一副主席职位，特别负责确保欧盟新的立法建议在提出之前符合辅助性和相称性原则。

总之，从上述评估结论可以看出，虽然辅助性原则和相称性原则在实际适用过程中存在着一些困境和问题，但是这两项原则仍然得到了广泛的支持，被看作是欧盟行使其权限和采取行动时所必须遵守的基本原则，是人们衡量和评估欧盟在各政策领域的权限和行动是否合理的基本依据。因此，如何更好地遵守辅助性原则和相称性原则仍将是欧盟所面临的重要挑战。

从英国政府发布的34份权限评估报告看，绝大多数评估报告的结论（见表6-1）都认为，英国与欧盟的权限划分是没有问题的，欧盟在绝大多数政策领域的权限和行动是受到广泛支持的，对英国是有利的。不过，在人员自由流动、社会与就业政策、基本权利、环境与气候变化等少数几个政策领域存在着争议，其中在人员自由流动方面争议还非常激烈。对于欧盟治理的未来发展，评估报告的结论总体上支持欧盟继续保持在绝大多数政策领域的权限，但是对于欧盟行使其权限的方式提出了很多批评意见。其中比较集中的意见有：欧盟在行使其权限时没有严格遵守辅助性原则和相称性原则，存在监管过度的问题；欧盟在制定法规时缺少考虑各国的实际情况，缺少灵活性；欧盟决策过程不透明，决策效率低下，政策执行不力等。总之，英国权限评估报告所指出的问题主要集中在欧盟治理权限如何运用的问题，这与荷兰政府的权限评估结论基本一致。

表 6-1　　英国权限评估的基本结论

政策领域	对权限划分的态度	对英国的影响	权限变革要求
一、单一市场政策领域			
货物自由流动	支持	有利	确保现有法律得到有效和统一的实施，多采用相互承认原则，减少协调
人员自由流动	争议很大	有利有弊	修改欧盟法律乃至条约
服务自由流动	非常支持	有利	加快服务业单一市场的发展
金融服务和资本自由流动	支持	非常有利	进一步深化该领域的发展，保护伦敦金融城利益
单一市场	支持	有利	深化和扩大单一市场
竞争与消费者保护	支持	有利	确保现有法律的实施
农业	基本支持	基本有利	继续推进改革
渔业	基本支持	基本有利	继续推进改革

续表

政策领域	对权限划分的态度	对英国的影响	权限变革要求
公共卫生	支持	有利	继续发挥支持和协调作用
动物健康与福利以及食品安全	支持	有利	实现更好的管治和协调
能源	支持	有利	加快能源单一市场的发展
环境与气候变化	有争议	有利有弊	兼顾经济发展与环境保护，减少企业管治负担
运输	支持	有利	推动运输领域的自由化
社会和就业政策	有争议	有利有弊	修改某些次级立法
二、经济货币政策领域			
经济与货币联盟	选择退出	无法确定	确保英国利益不受损害，保护单一市场的完整性
税收	支持	无法确定	确保成员国的否决权不受影响
预算	支持	无法确定	削减预算，开支用于真正有附加值的领域，坚持预算返款
凝聚	支持	有利	支持不发达国家而不是富国，减少管理负担
统计	支持	无法确定	减少成员国的负担
三、对外政策领域			
外交政策	支持	有利	提高外交政策的一致性，增强欧盟对外行动的效果
发展合作与人道主义援助	支持	有利	理顺机构间的关系，提高发展政策的一致性

续表

政策领域	对权限划分的态度	对英国的影响	权限变革要求
贸易与投资	支持	有利	权限返还意味着退出欧盟，替代性选择对英国不利
欧盟扩大	支持	有利	欧盟应继续扩大，但要缓慢推进，不能降低入盟标准，要解决移民问题
领事保护	支持	有利	继续发挥协调作用
四、司法与内政事务			
避难与非欧盟移民	选择退出	无法确定	保持对英国的灵活性安排
民事司法	基本支持	基本有利	改善和简化现有的法律，保持对英国的灵活性安排
警务与刑事司法	选择退出	有利	欧盟应加强在该领域的行动，保持对英国的灵活性安排
基本权利	有争议	无法确定	无法确定
投票权	支持	无法确定	加强欧洲议会选举中的管理协调
信息权	支持	有利	立法要有一定的灵活性
五、教育、研发、文化			
教育、职业培训和青年事务	支持	有利	继续发挥支持作用
研发	支持	有利	改进管理，减少官僚主义
文化、旅游和体育	支持	有利	继续发挥支持作用，反对扩大该领域的权限
辅助性和相称性原则	支持	无法确定	确保这两项原则得到切实的遵守

二、荷兰权限评估的结论与建议

与英国的权限评估相比，荷兰政府开展的权限评估相对比较简单，时间比较短，就提交了一份评估报告。荷兰政府关于辅助性原则的评估早在2013年6月就已经结束，其评估结论认为：欧盟在实施其权限时没有充分尊重辅助性原则，并列出了54个需要纠正的行动要点。这些纠正要点大体可以分为三类：一是跨边界的情况很少不足以证明欧盟立法的正当性（如《道路隧道条例》）；二是欧盟拥有立法的正当性，但是实施规则过于严厉或繁琐，需要修改（如《电信条例》）；三是政治上有争议性的议题，尤其是那些涉及税收、社会保障的议题，欧盟不应当介入。[①] 荷兰政府在评估结论的基础上提出了9条建议方案，并将其建议方案提交给欧盟。建议方案如下：

1. 欧盟采取的行动应当始终在条约中有明确的法律基础。这种法律基础应当简洁地提出来并与提议的行动明确相关。欧盟委员会不应当根据间接或不确定的法律基础提出立法提议，不能自动地扩展自己的权限。

2. 如果条约没有赋予欧盟在某一具体政策领域权限，那么欧盟委员会就不能提出立法提议，欧盟委员会原则上也不应发布非约束性的通讯或建议，或以其他方式在该政策领域采取积极的行动。

3. 当欧盟立法提议受到理事会的广泛的共同反对的时候，理事会和欧盟委员会应当在不需要修改欧盟既有法律的情况下达成政治协议，决定欧盟委员会不应当在该领域采取任何进一步的立法行动。

4. 欧盟立法应当尽可能关注政策的主要大纲和需要达到的目

---

① http://www.government.nl/documents-and-publications/notes/2013/06/21/testing-european-legislationfor-subsidiarity-and-proportionality-dutch-list-of-points-for-action.html.

标，而不是提出这些目标如何实现的细节。不必要的细节和过多地强调欧盟立法的统一可能会对成员国实施模式和成本产生不必要的和超出意料的影响。在任何情况下，成员国都应当有权尽可能根据本国具体情况使用自己认为的最有效的方式来实施欧盟法。

5. 欧盟委员会在其提议中应当尽可能地指明关于欧盟法的实施成本以及欧盟所引起的在欧盟和国家层面的其他成本。

6. 为了确保欧盟立法与其所要达到的目标成比例，应当更好地、更系统地使用影响评估。在必要的情况下，立法提议中应当包括自动取消和评估条款，以便能够加以修改以应对任何无法预见的不利后果。

7. 成员国都应当尽可能地参与到那些影响成员国的欧盟法的起草和实施工作中。成员国没有充分参与其中但立法却对成员国有重大影响的情况仍然存在。

8. 如果欧盟法院以欧盟立法者所未曾预见或不是其意图的方式来解释欧盟法律，问题就应当尽可能地通过修改欧盟法院判决所依据的欧盟法律来解决。有时法院判决在欧盟的政策目标和成员国的目标之间造成了明显的不一致，这种情况应当尽可能避免。为此目的，立法进程中的国家和欧盟有关各方都应当采取积极态度。

9. 新一届欧盟委员会在 2014 年产生后，应当抓住机会评估欧盟所有不同任务中的优先议题。荷兰所起草的建议和行动要点可以转变为欧盟的行动议程，使欧盟变得更加适度(modest)、更加清醒(sober)，但是更加有效。从这样的原则出发，"只有在必要时才由欧盟采取行动，而尽可能由国家采取行动"(at European level only when necessary, at national level whenever possible)。荷兰

2016年上半年担任主席国期间将在促进这一进程方面发挥作用。[①]

荷兰政府关于辅助性原则的评估行动非常重要，这是因为荷兰是欧盟的创始成员国，而且全面参与了欧盟的所有政策领域，包括欧元区和申根协定，但是荷兰的公共舆论中也出现了疑欧主义的发展趋势。荷兰在评估报告中并没有提出返还条约中规定的欧盟权限，也没有提出退出欧盟的问题，而关注的是欧盟权限如何运用的问题，也就是如何改革和改进欧盟治理的问题。应该说，这是欧盟大多数成员国乃至整个欧盟都共同关注的问题。

第三节　欧盟超国家治理与成员国治理的发展趋势

虽然英荷两国的权限评估只是两国政府的单独行为，与其他成员国以及整个欧盟关系不大，但是评估进程本身实际上是对欧盟与成员国权限划分的一次重新检阅，是对欧盟治理权限的一次全面审查，评估结果无疑会对欧盟超国家治理与成员国治理互动关系、欧盟治理的未来改革产生重要影响。

首先，英荷两国政府开展权限评估表明，成员国政府越来越不愿意让渡国家主权，欧盟治理权限的未来扩展将受到更加严格的限制。不管英荷两国权限评估的结论如何，就权限评估本身而言，意味着英荷两国政府对欧盟治理权限的不满和质疑。这种不满和质疑首先指向的是欧盟治理是否有越权行为、是否有法律依据、是否正当合法等欧盟与成员国权限划分的根本性问题，这也是一直困扰欧洲一体化发展的根本性问题。虽然《里斯本条约》第5条明确规定，“联盟权能的范围由授权原则予以规范，联盟权能的行使

① http://www.government.nl/documents-and-publications/notes/2013/06/21/testing-european-legislationfor-subsidiarity-and-proportionality-dutch-list-of-points-for-action.html.

受辅助性原则和相称性原则约束"[①]，但是这些原则性的规定并未能也无法划清欧盟与成员国之间的权限边界，这不仅是因为在绝大多数政策领域欧盟与成员国共享治理权能，而且还因为欧盟基础条约只是在原则上规定了欧盟的总体任务和所欲达到的目标，对于欧盟基础条约所提出的任务和目标的具体落实只能授权欧盟机构通过制定二次立法来完成。这样，欧盟在具体实施权能上必然而且也需要有一定的灵活性以应对瞬息万变的情况，因此欧盟自行扩大治理权能的情况在一定程度上是无法避免的，事实上有时也难以避免。不过从英荷两国政府决定开展权限评估可以看出，欧盟成员国越来越难以接受欧盟这种自行扩权的情况发生。荷兰政府在评估报告中明确提出"尽可能的情况下由成员国治理，只有在必要的情况下由欧盟治理"的改革要求，荷兰政府认为在任何一个政策领域都追求"日益紧密的联盟"的时代已经过去了，2005 年的宪法条约公决已经表明，荷兰人对欧盟持续扩展其权限不满，就好像这就是目标本身一样。[②] 英国开展权限评估的目的不仅要为英国政府关于欧盟根本改革的内容提供建议，而且还要就欧盟权限的返还、条约的修改、重新谈判英国的入盟条件等提供建议。因此，在欧盟成员国日益警惕欧盟治理权限的扩大，甚至要求从欧盟收回权力的背景下，未来欧盟治理权限的扩展将更加困难。

其次，在欧盟治理权限受到严格限制的情况下，欧盟治理方式将逐渐从传统的"共同体方法"(Community Method)[③]转向"联盟

① 程卫东、李靖堃译：《欧洲联盟基础条约——经〈里斯本条约〉修订》，社会科学文献出版社 2010 年版，第 34 页。

② http://www.government.nl/documents-and- publications/notes/2013/06/21/nl-subsidiarity-review-explanatory-note.html.

③ "共同体方法"就是指欧盟委员会提出立法创议，欧洲议会和欧盟理事会通过立法方案，欧洲法院进行司法解释和仲裁的欧盟超国家治理模式。

方法"(Union Method)[①]。从上述英荷两国开展权限评估的背景分析中可以看出,为了应对欧债危机,欧盟成员国认识到只有通过协调一致的共同行动才能成功应对这场危机,只有在欧盟层面采取措施才能更有效地解决问题,但是欧盟成员国却拒绝将自己的经济和财政政策的核心主权让渡到欧盟层面,而是继续保留自己的最终决定权。安德雷亚斯·霍夫曼(Andreas Hofmann)和沃尔夫冈·威瑟尔斯(Wolfgang Wessels)把成员国政府在欧债危机中面临的这种困境称为"层级困境"和"决策困境"。[②] 在欧债危机的巨大压力下,欧盟成员国克服了"层级困境",在欧盟层面采取了一系列改革措施来加强经济货币联盟的治理,但是受"决策困境"的困扰,欧盟只能在欧盟法律框架之外通过缔结国际条约的方式来加强经济货币联盟的治理,而无法在欧盟层面通过欧盟立法机构来制定应对危机措施。这表明,欧盟治理特别是经济货币联盟的治理日益偏离传统的共同体方法(即由欧盟委员会提出立法提议、由欧盟理事会和欧洲议会通过欧盟法律的方法),而走向德国总理默克尔提出的"联盟方法",即强调成员国政府协调行动的方法。[③] 这种转变虽带有应急性特点,但是却代表着欧盟治理改革的发展趋势。如果成员国一方面希望通过欧盟层面解决它们所面临的问题,另一方面又不想赋权给欧盟,那么折中的选择就是德国总理默

① "联盟方法"是指把共同体方法与成员国协调行动结合起来的欧盟治理模式。该方法是德国总理默克尔 2010 年 11 月 2 日在布鲁日欧洲学院的演讲中提出的。默克尔演讲全文见:Speech by Federal German Chancellor Angela Merkel during the opening of the 61st academic year at the campus of the College of Europe in Bruges on 2 November 2010, http://www.bundesregierung.de/nn_6516/Content/EN/Reden/2010/2010-11-02-merkel-bruegge.html。

② 参见[德]安德雷亚斯·霍夫曼、沃尔夫冈·威瑟尔斯《权力的结构性转移——欧债危机作为机制转变的触发剂和强化剂》,夏晓文译,载《德国研究》2013 年第 3 期。

③ Michele Chang, "Fiscal Policy Coordination and the Future of the Community Method," *Journal of European Integration*, Vol. 35, No. 3, 2013, p. 266.

克尔所提出的侧重于成员国协调行动的联盟方法。“为了在未来拥有‘更多的欧洲，只有加强民族国家政府间的协调，而不是继续扩大欧盟层面的权限”[1]，应该说，默克尔之所以提出并强调联盟方法，就是要向人们传递这种思想。

再次，从英荷两国权限评估的结论来看，欧盟治理下一步的改革重点将是如何实现更好的监管(better regulation)，确保监管适当(regulatory fitness)的问题。如上所述，英荷两国的权限评估结论都认为欧盟在许多政策领域存在监管过度的问题：要么监管措施过于具体详细，没有给成员国留出实施的余地；要么欧盟监管带来的成本太高，施加给成员国的负担过重；要么欧盟监管了一些不该管的政策领域，如不具有跨国性质或欧盟监管的附加值不大的政策领域。英荷两国所指出的这些问题虽然大多是细节性和技术性的问题，但是也会带来重要的政治影响，而成为政治问题，因为这些问题不仅与欧盟经济缺乏活力和竞争力等经济问题联系在了一起，而且也与疑欧洲主义思潮、欧盟合法性等政治问题联系在了一起，特别是在欧盟尚未完全摆脱欧债危机的困扰、经济增长乏力、失业率居高不下、民众对欧盟不满的大背景下，这些问题显得尤为突出。面对这些问题，荷兰政府提出了欧盟需要纠正的54个行动要点和9条改革建议，英国首相卡梅伦则启动了减少繁文缛节、减少官僚主义(cut red tape)的运动，支持商业界任务小组提出的30条改革建议。[2] 综观英荷两国的改革建议，归结起来就是：欧盟要尽量少管，立法要有灵活性，不要过于具体详细，要给成员国留有活动余地，要尽量降低成本。英荷两国的改革建议得到了大多数成员国的支持，也得到了欧盟机构的积极响应，欧洲理事会在2013年10月24～25日的理事会结论中欢迎成员国和欧盟指出欧

① [德]杰瑞·索尼克森：《为何2013年德国联邦议院选举中欧洲议题的影响微弱?》，载《德国时事评论》2013年第11期。

② https://www.gov.uk/government/uploads/system/uploads/attachment_data/file/249969/TaskForce-report-15-October.pdf.

盟过度监管问题，并支持欧盟委员会启动的“监管适当”(regulatory fitness，REFIT)的行动计划，以便实现更好的监管。[①] 新当选的欧盟委员会主席让—克洛德·容克(Jean-Claude Juncker)为了确保其所领导的新一届欧盟委员会致力于“更好的监管”，任命荷兰外交大臣弗兰斯·蒂默曼斯(Frans Timmermans)为欧盟委员会第一副主席，直接负责“更好的监管”问题。因此，可以预见，这将是欧盟治理下一步的改革重点，欧盟超国家治理与成员国治理的互动也将转向这个方面。

① http://consilium.europa.eu/uedocs/cms_data/docs/pressdata/en/ec/139197.pdf.

结束语

欧洲一体化进程就是欧盟成员国通过让渡国家主权建立共同机制、实现区域共同治理的过程。这样，欧洲一体化就在欧盟成员国之上创立了一个新的治理层次，即欧盟超国家治理。但是欧盟超国家治理并不是位于成员国之外，而是把成员国治理融入其中，从而形成了欧盟超国家治理与成员国治理的共存与互动。如何理解和把握二者的互动关系就是本课题所探讨的核心问题。

要分析和把握这种互动关系，首先要探讨欧盟超国家治理是如何产生的、其性质和特点是什么等问题。对于这个问题，欧洲一体化的新功能主义和自由政府间主义理论给出了不同的答案。新功能主义理论强调欧盟委员会、欧洲法院、欧洲议会等欧盟超国家机构以及超国家政治精英的地位和作用，强调欧盟治理的超国家性。相反，自由政府间主义强调成员国在控制一体化进展中的关键地位和作用，强调欧盟治理的政府间性质。这种“国家与超国家”的理论之争，其实反映的是欧洲一体化进程的不同方面，在决定是否让渡主权、如何建立共同机制等事关一体化的总体设计和规划上，自由政府间主义的解释无疑是正确的。相反，在成员国已经决定让渡权力的领域，也就是说在共同体事务领域，新功能主义理论则有更强的解释力。在这些领域，欧盟超国家机构如欧盟委员会、欧洲议会、欧洲法院、欧洲中央银行等发挥着重要作用，而且即使是由成员国政府部长组成的理事会也由一个政府间组织转变为共同体立法机制中的一部分,与会部长也不再只是简单地代表本国政府,而更多的是作为理事会的一个成员。[①] 同样,2009 年《里斯本条约》生效之后,由成员国国家元首或政府首脑组成的欧洲理事会已成为欧盟的正式机构,而不再是简单的政府间性质的机构。

这样,欧洲一体化的发展不仅把各成员国市场变成了欧洲单一大市场,把各国企业变成了欧洲企业,把各国货币变成了欧洲统一货币,而且还将各成员国行政官员变成了欧盟决策者,将各国议会、司法机构、行政当局变成了欧盟政策的执行者,将各国有组织的利益集团变成了欧洲的游说力量。[②] 也就是说,欧盟超国家治理与成员国治理的主要行为体是高度融合在一起的,欧盟委员会与成员国行政机构之间、欧洲法院与成员国法院之间、欧洲中央银行与成员国中央银行之间已经发展出了一种准共生的关系(quasi-symbiotic relationship)[③],这种关系使得国内制度既是国家治理体系,又是欧盟治理体系的部分。正因为如此,陈玉刚把欧洲一体化机制称为"共同治理体系",他认为这里的"共同"不仅仅是指成员国之间的共同,更是指成员国政府和共同机制之间以及各国人民和共同机制之间的共同。[④] 对于这种区域共同治理体系,伍贻康认为,其本质不是在原有权力金字塔上叠床架屋添加一个权力层次,而是要更好地集中力量来解决好欧洲各国无法单独解决的共同难

---

① 参见陈玉刚《国家与超国家——欧洲一体化理论比较研究》,上海人民出版社 2001 年版,第 319~320 页。

② 参见[美]薇安·施密特《欧洲资本主义的未来》,张敏、薛彦平译,社会科学文献出版社 2010 年版,第 50 页。

③ Johan P. Olsen, "Unity, Diversity and Democratic Institutions: Lessons from the European Union," *The Journal of Political Philosophy*, Vol. 12, No. 4, 2004, p. 477.

④ 参见陈玉刚《国家与超国家——欧洲一体化理论比较研究》,上海人民出版社 2001 年版,第 319~320 页。

题,发挥单个成员国无法行使的功能和作用。[①] 也就是说,欧盟超国家治理从本质上说还是国家治理的延伸、补充和发展,而不是取代。[②] 总之,从欧盟超国家治理的产生、性质和特点来看,欧盟超国家治理与成员国治理的互动具有内在的必然性。

这种必然性不仅仅体现在概念的界定和逻辑的推理上,也体现在实际的治理进程之中,从治理目标的提出到治理原则的确定,从治理方法的选择到治理措施的落实,可以说,欧盟治理进程的每一个阶段都需要二者的密切配合和共同行动。遗憾的是,无论是政府间主义还是新功能主义理论都没有提供令人信服的关于的这两个治理层面之间互动的观点。这两种理论都只关注一个层面的行为体的作用,而忽视了另一个层面的行为体的作用。不同治理层面之间的互动在这两种理论描述中没有得到充分关注。相反,欧洲一体化的多层治理理论则指出了不同治理层次之间重叠的权限和不同层次之间的政治行为体的互动。可以说,多层治理理论正是基于欧盟超国家治理与成员国治理的互动实践而提出的。

在承认欧盟超国家治理与成员国治理互动的必然性的同时,还要认识到二者互动的非对称性。这种非对称性首先表现在欧盟超国家治理的权力来自成员国这样一个基本事实。欧盟超国家治理只能在成员国授权的范围内行动,而不能自行扩大自己的治理权力,相反,成员国治理则具有自我赋权的权力。从治理权力来源的角度看,成员国治理无疑居于主导和强势地位,欧盟超国家治理的从属性地位和辅助性作用比较明显。欧盟基础条约中规定的欧盟权力运行所必须遵循的授权原则、辅助性原则和相称性原则,则正是这种非对称性的原则体现。实际上,从治理所需要动员的各种资源能力来看,欧盟无论是行政能力还是实施法律的能力都比

---

① 参见伍贻康等《多元一体——欧洲区域共治模式探析》,上海社会科学院出版社 2009 年版,第 18 页。

② 参见伍贻康等《多元一体——欧洲区域共治模式探析》,上海社会科学院出版社 2009 年版,前言第 6 页。

较有限，欧盟治理和再分配资源的能力也非常有限，欧盟财政预算不到成员国国内生产总值的1.27%，欧盟也没有自己的军事能力，欧洲议会相对较弱，欧洲民众的动员层次很低，所有这些表明，相对于欧盟超国家治理而言，成员国治理居于主导地位。成员国的这种主导地位"决定了欧盟的超国家设置不是一个权力中心，而是一个权威中心；超国家的政策不是被服从的，而是被遵守的；超国家的有效性不能依赖自己可信的权力，而要依赖于大国合作和国家自觉（特别是大国自觉）"①。这在经济货币联盟的《稳定与增长公约》的遵守、为应对欧债危机欧盟所进行的经济治理改革中都体现得非常明显。

不过需要指出的是，欧盟超国家治理与成员国治理互动的非对称性并非必然是成员国治理占主导地位。恰恰相反，在一些领域，特别是欧盟享有专属权限的领域，如竞争政策、共同商业政策、欧元区的货币政策等，欧盟超国家治理居于主导地位，成员国必须接受欧盟超国家治理。同样，在欧盟与成员国共享权限的政策领域，欧盟享有优先行动的权力，一旦欧盟在共享权限的领域采取了行动，成员国就不能再在该领域采取行动，而只能服从欧盟超国家治理的规定。欧盟法的最高效力原则、直接生效原则等法律原则的确定则从法律上明确了欧盟超国家治理的主导性。也就是说，在欧盟超国家治理与成员国治理的互动上存在着法律上的超国家主义与政治上的政府间主义的不对称性，这种不对称性从一个方面反映了欧盟超国家治理与成员国治理互动的复杂性。

正如本书第五章第三节所指出的那样，欧盟超国家治理与成员国治理之间既有相互合作、相互促进的一面，也有相互制约、相互竞争的一面。它们之间的关系既不是纯粹的竞争和冲突的关系，也不是单纯的合作伙伴关系，而是一种既相互合作又相互制约

① 杜若洋：《从超国家与国家间的职能分割到超国家失灵——以欧盟〈稳定与增长公约〉失灵为例》，载《欧洲研究》2004年第3期。

的互动关系。一方面，欧盟超国家治理是成员国为实现本国治理目标而进行协调合作的产物，是成员国授权而产生的，必然要受到成员国治理的制约。另一方面，成员国既然为合作而让渡部分主权和治理权限，就必须尊重超国家治理的独立性和自主性，接受超国家治理的制约。

对于欧盟超国家治理与成员国治理之间既相互合作又彼此制约的复杂互动关系，欧洲化理论视角提供了比较好的解释框架。首先，就成员国治理对欧盟超国家治理的影响而言，这种影响可以说是全方位的，从治理理念、治理原则到治理方案和治理措施都受到成员国的影响。成员国影响欧盟治理的方式途径也是多种多样的，从积极主动到消极被动甚至阻碍欧盟超国家治理。从欧洲化的视角看，成员国治理对欧盟超国家治理的影响主要通过"上传"途径，把本国的治理模式"上传"到欧盟层面，把本国治理模式欧洲化，使之成为欧盟超国家治理模式。从理论上讲，每个成员国都想"上传"本国的治理模式，但是能否成功"上传"则不是自己国家所能决定的，而要与其他成员国、欧盟委员会等欧盟机构进行积极互动，广泛协商，达成共识，才有可能。在这里，欧盟与成员国之间以及成员国之间的互动就显得特别关键。除了这种主动的上传之外，还存在一种被动上传的情况，即当成员国治理不善，出现治理危机，而自己本身又无法有效解决，或者本国的解决方案会给其他成员国和欧盟带来严重负面外部性的情况下，就会被"上传"到欧盟层面，当然这种"上传"不是该成员国治理的欧洲化，而是成为欧盟层面治理的对象，也就是说，成员国治理不善倒逼欧盟实行超国家治理。欧债危机倒逼欧盟加强经济治理就是这种被动上传的情况。

其次，就欧盟超国家治理对成员国治理的影响而言，这种影响可以说涉及到成员国治理的几乎所有政策领域，只是在不同政策领域的影响有所不同，而且这种影响已经渗透到成员国的政治领域。从欧洲化的视角看，欧盟超国家治理对成员国治理的影响主要通过施加压力的方式,促使成员国根据欧盟治理的要求调整本国治理模式,使之与欧盟治理保持一致。欧盟超国家治理对成员国治理施加的压力在不同的政策领域是不同的:在欧盟专属权限领域,这种压力无疑是很大;相反,在支持、协调和补充权限领域,这种压力就比较小。而且,这种压力除了在不同的政策领域不同之外,其大小还受到欧盟超国家治理本身的强弱以及成员国自身政治经济状况的影响,如果欧盟治理规则具体明确并具有强制性,成员国必须服从,那么成员国所面临的调整压力就很大,反之就比较小。大小成员国之间所面临的压力是不同的,大成员国往往敢于抗衡欧盟治理的压力,如法国、德国在2003～2005年期间违反《稳定与增长公约》的规定而未受惩罚就是如此;相反,小成员国则面临的调整压力要大一些。同样,如果成员国政治经济运行状况比较好,则调整压力就小,反之就比较大,深陷债务危机的希腊、西班牙、葡萄牙、意大利等欧盟成员国就面临比其他成员国更大的改革调整压力。这种压力可能会带来三种不同的结果:维持现状、吸收、转变。[①] 对于这种压力带来的结果,只能根据具体政策领域和具体成员国进行具体分析才能得出具体的结论。除了政策上的调整压力之外,欧盟超国家治理也对成员国政治产生了间接的影响。如欧盟超国家治理加强了国家行政部门的权力,而成员国议会的权力则受到一定的削弱等。

在欧盟超国家治理与成员国治理的互动中,始终面临着欧盟超国家治理的统一性与成员国治理的自主性和多样性之间的矛盾和困境。欧洲一体化发展到今天,这种矛盾和困境更加突出。首先,欧盟治理的权限范围随着欧洲一体化发展而不断扩展,已经从最初的煤钢联营、关税同盟发展到单一市场的完成和经济货币联盟的建立,已经从经济领域的一体化发展到司法与内政事务、共同

① 参见[美]薇安·施密特《欧洲资本主义的未来》,张敏、薛彦平译,社会科学文献出版社2010年版,第96页。

外交与安全政策等领域的政治一体化，欧盟超国家治理已经深入到成员国的核心主权领域。在这种情况下，成员国政府不愿继续把更多权力让渡给欧盟。但是随着欧盟成员国之间相互依赖的加深，越来越多的问题只有被置于欧洲层面才能得到有效解决，近年来无论是应对欧债危机还是打击非法移民和偷渡，都证明了这一点。成员国政府出于“解决问题的本能”而转向欧盟层面，但是受“主权的惯性思维”的影响却拒绝将国家层面的核心治理权限让渡给欧盟。[①] 欧盟成员国既想通过欧盟超国家治理解决问题，又不想进一步让渡主权，成员国的这种矛盾态度和困境决定了欧盟超国家治理将更多地采用“联盟方法”和“开放协调方法”而不是“共同体方法”，虽然这样能在一定程度上缓解欧盟超国家治理的统一性与成员国治理的自主性之间的矛盾和困境，但却是以牺牲欧盟超国家治理的统一性和效率效果为代价的。

其次，随着欧盟的不断扩大，欧盟已经从最初的 6 个成员国扩大到目前的 28 个成员国。随着欧盟成员国数量的增多，欧盟成员国治理模式的多样性和差异性更加突出，成员国之间的利益诉求和偏好也越来越难以协调，欧盟不得不作出各种例外安排，欧洲一体化的发展越来越呈现出“多速欧洲”、“差异化欧洲”等不同的治理结构，这种灵活性的安排有助于满足不同成员国的利益诉求，照顾到不同成员国的特殊情况，但是这也会给欧盟超国家治理带来碎片化的危险。

应该说，欧洲一体化进程中欧盟一直在寻求欧盟超国家治理的统一性与成员国治理的多样性之间的适当平衡。欧盟一方面追求法律和规则的一体化，另一方面也尊重并接受成员国治理模式的多样性的共存。问题是，对于未来的发展而言，成员国能够接受多大程度和什么形式的统一性？欧盟能够包容多大程度和什么形

① 参见[德]安德雷亚斯·霍夫曼、沃尔夫冈·威瑟尔斯《权力的结构性转移》，载《德国研究》2013 年第 3 期。

式的多样性？欧盟能否在整体与部分、统一性与多样性、共同性与独立性之间找到合理的平衡？所有这些问题都充满了未知数，存在着很大的不确定性。

总之，欧洲一体化发展到今天，虽然治理早已经超越了国界，欧盟超国家治理已经扩展到几乎所有政策领域，但是民族认同、民主政治等仍然根植于民族国家，“后民族民主政治”仍然只是一种期望而不是现实①，欧盟超国家治理的合法性仍然是建立在功能性和间接性的合法性原则之上的，但是这种合法性却日益受到质疑。成员国治理拥有无可置疑的民主合法性基础，但是成员国层面作出的决策越来越少，欧盟超国家治理作出的决策越来越多，但是却面临“民主赤字”和合法性缺失的困扰。因此，就欧盟超国家治理与成员国治理互动的方向和发展趋势看，成员国之间的协调治理将更加突出，欧盟超国家治理将更多地为成员国协调治理服务，而不是相反。

① 参见王远河《后民族政治的内在张力及其认同路径：以欧盟为例》，山东大学出版社 2014 年版。

主要参考文献

一、中文部分

[美]安德鲁·莫劳夫奇克:《欧洲的抉择——社会目标和政府权力:从墨西拿到马斯特里赫特》,赵晨、陈志瑞译,社会科学文献出版社 2008 年版。

[德]安德雷亚斯·霍夫曼、沃尔夫冈·威瑟尔斯:《权力的结构性转移》,载《德国研究》2013 年第 3 期

[德]贝亚特·科勒—科赫、托马斯·康策尔曼、米歇勒·克诺特:《欧洲一体化与欧盟治理》,顾俊礼等译,中国社会科学出版社 2004 年版。

[德]贝娅特·科勒—科赫、贝特霍尔德·里滕伯格:《欧盟研究中的"治理转向"》,载《欧洲研究》2007 年第 5 期。

曹卫东:《后民族民主与欧洲的未来》,载《读书》2002 年第 5 期。

陈乐民:《战后西欧国际关系》,中国社会科学出版社 1987 年版。

陈乐民:《"欧洲观念"的历史哲学》,东方出版社 1988 年版。

陈玉刚:《国家与超国家——欧洲一体化理论比较研究》,上海人民出版社 2001 年版。

陈玉刚:《超国家治理——国际关系转型研究》,上海人民出版社 2010 年版。

陈玉刚:《里斯本条约后的欧盟政治发展》,载《国际观察》2011年第1期。

程卫东、李靖堃译:《欧洲联盟基础条约——经〈里斯本条约〉修订》,社会科学文献出版社2010年版。

程卫东:《"里斯本条约":欧盟改革与宪政化》,载《欧洲研究》2010年第3期

戴炳然:《欧洲一体化中的国家主权问题》,载《太平洋学报》2000年第4期。

戴启秀:《希腊危机背景下欧盟金融监管制度建设及配套措施》,载《德国研究》2010年第3期。

[美]戴维·卡来欧:《欧洲的未来》,冯绍雷、袁胜育、王蕴秀译,上海人民出版社2003年版。

邓德雄:《欧盟反倾销的法律与实践》,社会科学文献出版社2004年版。

杜若洋:《从超国家与国家间的职能分割到超国家失灵——以欧盟〈稳定与增长公约〉失灵为例》,载《欧洲研究》2004年第3期。

[英]弗兰西斯·斯奈德:《欧洲联盟法概论》,宋英编译,北京大学出版社1996年版。

郭华容、徐天新主编:《欧洲的分与合》,京华出版社1999年版。

[德]哈贝马斯:《关于欧洲宪法的思考》,伍慧萍、朱苗苗译,上海人民出版社2013年版。

[德]哈贝马斯:《欧洲是否需要一部宪法?》,曹卫东译,载《读书》2002年第5期。

胡坤、刘东民:《欧债危机下欧盟银行规制与监管体系的转型与创新》,载《欧洲研究》2013年第3期。

郇庆治:《多重管治视角下的欧洲联盟政治》,山东大学出版社2002年版。

黄伟峰:《剖析欧洲联盟正在成型的治理体系》,载《欧美研究》2003年第2期。

江涌:《述论〈稳定与增长公约〉的僵化与弱化》,载《欧洲研究》2003 年第 2 期。

[德]杰瑞·索尼克森:《为何 2013 年德国联邦议院选举中欧洲议题的影响微弱?》,载《德国时事评论》2013 年第 11 期。

李明明:《"欧洲化"概念探析》,载《欧洲研究》2008 年第 3 期。

李明明:《后功能主义理论与欧洲一体化》,载《欧洲研究》2009 年第 4 期。

刘秀文、[英]埃米尔·J·科什纳等:《欧洲联盟政策及政策过程研究》,法律出版社 2003 年版。

刘文秀、汪曙申:《欧洲联盟多层治理的理论与实践》,载《中国人民大学学报》2005 年第 4 期。

[法]皮埃尔·热尔贝:《欧洲统一的历史与现实》,丁一凡、程小林、沈雁南译,中国社会科学出版社 1989 年版。

[法]让·莫内:《欧洲第一公民——让·莫内回忆录》,孙慧双译,成都出版社 1993 年版。

[荷兰]塞尔维斯特尔·艾芬格、雅各布·德·汉:《欧洲货币与财政政策》,向宇译,中国人民大学出版社 2003 年版。

石坚、潘文:《论欧盟在欧元区主权债务危机中的改革与发展》,载《四川大学学报》2012 年第 1 期。

苏宏达:《以"宪政主权建造"概念解释欧洲统合之发展》,载《欧美研究》2001 年第 4 期。

田德文:《欧盟社会政策与欧洲一体化》,社会科学文献出版社 2004 年版。

王鹤:《评欧共体的辅助性原则》,载《欧洲》1993 年第 2 期。

王鹤:《欧洲经济货币联盟》,社会科学文献出版社 2002 年版。

王千华:《欧洲法院先决裁决制度在欧洲一体化进程中的作用》,载《当代法学》2002 年第 1 期。

王诗宗:《治理理论及其中国适用性》,浙江大学出版社 2009 年版。

王新艳:《论开放协调机制——欧盟社会治理模式研究及借鉴》,载罗豪才等《软法与公共治理》,北京大学出版社 2006 年版。

王学东:《新制度主义的欧洲一体化理论述评》,载《欧洲研究》2003 年第 5 期。

王学玉:《欧洲一体化:一个进程,多种理论》,载《欧洲研究》2001 年第 2 期。

王远河:《后民族政治的内在张力及其认同路径:以欧盟为例》,山东大学出版社 2014 年版。

王展鹏:《国际关系理论还是比较政治学——简评政府间至上主义与两种"治理"理论在欧盟机构问题上的分歧》,载《欧洲》2002 年第 1 期。

温树英:《欧共体法中的相称性原则》,载《政法论坛》2004 年第 5 期。

伍贻康等:《多元一体——欧洲区域共治模式探析》,上海社会科学院出版社 2009 年版。

吴志成:《治理创新——欧洲治理的历史、理论与实践》,天津人民出版社 2003 年版。

吴志成、李客循:《欧洲联盟的多层级治理:理论及其模式分析》,载《欧洲研究》2003 年第 6 期。

吴志成、王霞:《欧洲化及其对成员国政治的影响》,载《欧洲研究》2007 年第 4 期。

邢瑞磊:《比较视野下的欧盟政策制定与决策》,载《欧洲研究》2014 年第 1 期。

徐明棋:《欧债危机的理论评述与观点辨析》,载《国际金融研究》2013 年第 6 期。

杨松、王勇:《金融危机以来的欧盟银行法变革:立法修正与经验借鉴》,载《南京大学法学评论》2011 年春季卷。

叶斌:《欧债危机下欧盟经济治理与财政一体化的立法进展》,载《欧洲研究》2013 年第 3 期。

[比]尤利·德沃斯特:《欧洲一体化进程——欧盟的决策与对外关系》,门镜译,中国人民大学出版社 2007 年版。

喻锋:《区域协调发展的治理之道:变革中的欧盟经验与实践》,人民出版社 2013 年版

俞可平主编:《治理与善治》,社会科学文献出版社 2000 年版。

袁璐、陈志敏:《超国家政治和政府间政治的共生与联动——疯牛病、贸易纠纷和欧盟政治》,载《欧洲》2001 年第 4 期。

[美]约瑟夫·威勒:《欧洲宪政》,程伟东等译,中国社会科学出版社 2004 年版。

[英]约翰·平德:《联盟的大厦:欧洲共同体》,潘琪译,辽宁教育出版社 1998 年版。

曾令良:《欧洲共同体法与现代国际法》,武汉大学出版社 1992 年版。

张骥:《欧洲化的双向运动:一个新的研究框架》,载《欧洲研究》2011 年第 6 期

张磊:《2014 年欧洲议会选举探析》,载《欧洲研究》2014 年第 4 期。

张亚中:《欧洲统合:政府间主义与超国家主义的互动》,杨智文化事业股份有限公司 1998 年版。

张英:《论欧洲法院的初步裁决程序》,载《法商研究》2001 年第 4 期。

赵海峰主编:《欧盟宪法条约与欧盟法的新发展》,哈尔滨工业大学出版社 2008 年版。

[美]詹姆斯·多尔蒂、小罗伯特·普法尔茨格拉夫:《争论中的国际关系理论》,阎学通、陈寒溪等译,世界知识出版社 2003 年版。

[美]詹姆斯·罗西瑙:《没有政府的治理》,张胜军、刘小林等译,江西人民出版社 2001 年版。

张彤:《欧盟权能的划分——里斯本条约生效后的变化与问

题》，载《国家行政学院学报》2010 年第 5 期。

周弘：《统一大市场：结构性顽疾中的欧洲治理转型》，载《人民论坛·学术前沿》2013 年第 14 期。

周弘，沈雁南主编：《欧洲发展报告（2011～2012）：欧债危机与欧洲经济治理》，社会科学文献出版社 2012 年版。

周弘主编：《欧洲发展报告（2012～2013）：欧债危机的多重影响》，社会科学文献出版社 2013 年版。

周弘主编：《欧洲发展报告（2013～2014）》，社会科学文献出版社 2014 年版。

周念利：《欧洲经济与货币联盟中的财政约束研究》，武汉大学出版社 2008 年版。

周茂荣：《论欧洲主权债务危机下欧盟的经济治理改革》，载《广东社会科学》2012 年第 6 期。

周茂荣，杨继梅：《"欧洲学期"机制探析》，载《欧洲研究》2012 年第 3 期。

朱贵昌：《多层治理理论与欧洲一体化》，山东大学出版社 2009 年版。

朱贵昌：《开放协调机制——欧盟应对成员国多样性的新治理模式》，载《国际论坛》2010 年第 3 期。

朱贵昌：《从共同体方法到联盟方法——欧盟治理的新发展》，载《国际论坛》2014 年第 5 期。

朱立群：《欧洲一体化理论：研究问题、路径与特点》，载《国际政治研究》2008 年第 4 期。

二、英文部分

Aalberts, Tanja E., "The Future of Sovereignty in Multilevel Governance Europe-A Constructive Reading," *Journal of Common Market Studies*, Vol. 42, No. 1, 2004, pp. 23-46.

Bache, Ian and Flinders, Matthew, "Themes and Issues in

Multi-level Governance," in Bache, I. and Flinders, M., *Multi-Level Governance*, Oxford: Oxford University Press, 2004.

Barroso, José Manuel, "European Governance and the Community Method", speech delivered in Brussels on 28 February 2012.

Borras, S. and Jacobsson, K., "The Open Method of Co-ordination and New Governance Patterns in the EU," *Journal of European Public Policy*, Vol. 11, No. 2, 2004, pp. 185-208.

Chang, Michele, "Fiscal Policy Coordination and the Future of the Community Method," *Journal of European Integration*, Vol. 35, No. 35, 2013, pp. 259-269.

Chryssochoou, Dimitris N., "Democracy and Symbiosis in the European Union: Towards a Confederal Consociation," *West European Politics*, Vol. 17, No. 4, 1998, pp. 1-14.

Commission of the European Communities, "European Governance: A White Paper," *COM* (2001) 428 final.

Commission of the European Communities, Commission Staff Working Document, annex to the report from the Commission on the working of committees during 2005. *SEC* (2006) 1065.

Commission of the European Communities, *Scoreboard for the Surveillance of Macroeconomic Imbalances*, European Economy Occasional Paper 92, February 2012.

Council of Ministers, Council decision of 17 June 2006 amending Decision 1999/468/EC laying down the procedures for the exercise of implementing powers conferred on the Commission, *OJL*, 200, 22 July 2006.

Council of the European Union, *The European Semester*, in Special Reports, 15 March 2013.

Dehousse, Renaud, "The Community Method at Sixty," in

Renaud Dehousse (ed.), *The "Community Method": Obstinate or Obsolete?* New York: Palgrave Macmillan, 2011.

European Council, "Declaration on the Future of the Union", annexed to*the Treaty of Nice*, 2011.

Follesdal, A. and Hix, S., "Why There is a Democratic Deficit in the EU: A Response to Majone and Moravcsik," *Journal of Common Market Studies*, Vol. 44, No. 3, 2006, pp. 533-562.

George, S., "Multi-Level Governance and the European Union" in Bache, I. and Flinders, M. (eds.), *Multi-Level Governance*, Oxford: Oxford University Press, 2004.

Haas, Ernst B., *The Uniting of Europe: Political, Social, and Economic Forces* 1950-1957, Stanford, California: Stanford University Press, 1958.

Habermas, J., "So, Why does Europe Need a Constitution?" Working paper of European University Institute Robert Schuman Center of Advanced Studies, 2000.

Hix, S., "The Study of the European Union Ⅱ: The 'New Governance' Agenda and Its Rival," *Journal of European Public Policy*, Vol. 5, No. 1, 1998, pp. 38-65.

Hix, S., *The Political System of the European Union*, New York: Palgrave Macmillian, 2005.

Hodson, D. and Maher, I., "The Open Method as a New Mode of Governance: The Case of Soft Economic Policy Coordination," *Journal of Common Market Studies*, Vol. 39, No. 4, 2001, pp. 719-746.

Hooghe, Liesbet and Marks, Gary, *Multi-level Governance and European Integration*, Lanham, MD: Rowman & Littlefield Publishers, 2001.

Hooghe, L. and Marks, G., "European Union?" *West Euro-*

pean Politics, Vol. 31, Nos. 1-2, 2008, pp. 108-129.

Jeffery, C., "Sub-National Mobilization and European Integration: Does it Make Any Difference?" *Journal of Common Market Studies*, Vol. 38, No. 1, 2000, pp. 1-23.

Jordan, A., "The European Union: An Evolving System of Multi-Level Governance or Government," *Policy and Politics*, Vol. 29, No. 2, 2001, pp. 193-208.

Kohler-Koch, Beate, "The Evolution and Transformation of European Governance," in Beate Kohler-Koch and Rainer Eising (eds.), *The Transformation of Governance in the European Union*, London: Routledge, 1999.

Laffan, B., "The IGC and Institutional Reform of the Union," in G. Edwards & A. Pijpers (eds.), *The Politics of European Treaty Reform*, London, Pinter, 1997.

Lindberg, Leon N., *The Political Dynamics of European Economic Integration*, Stanford, California: Stanford University Press, 1963.

Majone, G., "Europe's Democratic Deficit: The Question of Standards," *European Law Journal*, Vol. 4, No. 1, 1998, pp. 5-28.

Marks, G. and Hooghe, L., "Contrasting Visions of Multi-Level Governance," in Bache, I. and Flinders, M. (eds.), *Multi-Level Governance*, Oxford: Oxford University Press, 2004.

Marks, G., Hooghe, L., Blank, K., "European Integration from the 1980s: State-Centric v. Multi-level Governance," *Journal of Common Market Studies*, Vol. 34, No. 3, 1996, pp. 341-378.

Milward, Alan S., *The European Rescue of the Nation-State*, London: Routledge, 1992.

Monnet, J., "A Ferment of Change," in Brent F. Nelsen & Alexander C-G. Stubb (eds.), *The European Union, Readings on Theory and Practice of European Integration*, Lynne Rienner Publishers, Inc., 1994.

Moravcsik, A., "Preferences and Power in the European Community: A Liberal Intergovernmentalist Approach," *Journal of Common Market Studies*, Vol. 31, No. 4, 1993, pp. 473-524.

Moravcsik, A., *The Choice for Europe: Social Purpose and State Power from Messina to Maastricht*, Ithaca, New York: Cornell University Press, 1998.

Moravcsik, A., "A New Statecraft? Supranational Entrepreneurs and International Cooperation," *International Organization*, Vol. 53, No. 2, 1999, pp. 267-306.

Moravcsik, A., "Reassessing Legitimacy in the European Union," *Journal of Common Market Studies*, Vol. 40, No. 4, 2002, pp. 603-624.

Olsen, Johan P. "Unity, Diversity and Democratic Institutions: Lessons from the European Union," *The Journal of Political Philosophy*, Volume 12, Number 4, 2004, pp. 461-495.

Peterson, J., "Decision-making in the European Union: Towards a Framework for Analysis," *Journal of European Public Policy* Vol. 2, No. 1, 1995, pp. 77-83.

Reif, K. and Schmitt, H., "Nine National Second-order Elections: A systematic Framework for the Analysis of European Election Results," *European Journal of Political Research*, Vol. 8, No. 1, 1980, pp. 3-44.

Riss, T. and Kleine, M., "Assessing the Legitimacy of the EU's Treaty Revision Methods," *Journal of Common Market Studies*, Vol. 45, No. 1, 2007, pp. 69-80.

Rosamond, Ben, *Theories of European Integration*, Macmillan Press Ltd., 2000.

Sandholtz, W. and Sweet, A. S., *European Integration and Supranational Governance*, Oxford: Oxford University Press, 1998.

Sharpf, F. W., *Governing in Europe. Effective and Democratic?* Oxford: Oxford University Press, 1999.

Schimitter, Philippe C., "Federalism and the Euro-polity," *Journal of Democracy*, Vol. 11, No. 1, 2000, pp. 40-47.

Smulders, Ben and Eisele, Katharina, "Reflections on the Institutional Balance, the Community Method and the Interplay between Jurisdictions after Lisbon", Research papers in law, College of Europe 4/2012.

Szyszczak, E., "Experimental Governance: The Open Method of Coordination," *European Law Journal* Vol. 12, No. 4, 2006, pp. 486-502.

Wallace, Helen, and Wallace, William, *Policy-making in the European Union*, fourth edition, Oxford University Press, 2000.

Weiler, J. H. H., "A Constitution for Europe? Some Hard Choices," *Journal of Common Market Studies*, Vol. 40, No. 4, 2002, pp. 563-580.

后 记

近十年来,欧洲一体化和欧盟的发展陷入了深深的危机之中,"欧债危机"、"难民危机"、"恐怖袭击"、"英国退欧"接踵而至。在应对危机的过程中,人们看到的或者更准确地说媒体报道的不是欧盟与成员国同舟共济的和谐画面,而是欧盟与成员国之间以及成员国之间相互责难的混乱场景。欧洲一体化的"危机治理"演变成了"治理危机",欧洲似乎又陷入了各种各样的民族主义和民粹主义之中,欧洲一体化所培育的共同体意识和超国家精神显得那么不堪一击。

《欧盟超国家治理与成员国治理的互动关系研究》这本书就是在上述大背景下完成的。可以说,在这样的背景下研究这一问题面临着诸多难题和困惑,并存在着很大的不确定性。鉴于此,笔者更多地侧重于欧盟超国家治理与成员国治理如何互动的法律制度层面的分析,而不是去追问二者为什么要互动或为什么没有互动的深层次问题。这样做虽然规避了一些风险,但是也存在分析不深刻、不到位的问题,请学界同仁给予批评指正。

本书是笔者所承担的国家社科项目(项目号:10CGJ010)和山东省社科规划项目(项目号:08JDD001)的结项成果,感谢国家社科基金和山东省社科基金的资助和支持。在课题研究过程中,笔者得到了山东大学政治学与公共管理学院和山东大学欧洲研究中心领导和同事的大力支持和帮助,在此表示感谢。在山东大学和国家留学基金委的资助下，笔者在2012～2013年期间到美国匹兹堡大学欧洲研究中心访学，利用这次访学机会搜集了大量的文献资料并访谈了一些专家学者以及欧盟官员，在此感谢匹兹堡大学欧洲研究中心主任罗纳德·林登(Ronald H. Linden)教授的热情接待和提供的各种帮助。

本书最终得以出版还要感谢山东大学政治学与公共管理学院出版基金的支持和资助，同时要感谢山东大学出版社责任编辑谭学秋博士的认真、细致、负责的编辑校对工作。

本书在写作过程中吸收借鉴了国内外同行们的丰富研究成果，在此，谨向诸位学界同仁表示衷心的感谢。由于学识有限，本书仍存在很多不足之处，请专家学者给以批评指正。

朱贵昌

2016年8月

图书在版编目(CIP)数据

欧盟超国家治理与成员国治理互动关系研究/朱贵昌著.
—济南:山东大学出版社,2016.8
ISBN 978-7-5607-5614-1

Ⅰ.①欧…　Ⅱ.①朱…　Ⅲ.①欧洲国家联盟－研究
Ⅳ.①D814.1

中国版本图书馆 CIP 数据核字(2016)第 226678 号

责任编辑:谭学秋
封面设计:牛　钧

出版发行:山东大学出版社
社　址　山东省济南市山大南路 20 号
邮　编　250100
电　话　市场部(0531)88364466
经　　销:山东省新华书店
印　　刷:济南华林彩印有限公司
规　　格:700 毫米×1000 毫米　1/16
14.75 印张　252 千字
版　　次:2016 年 8 月第 1 版
印　　次:2016 年 8 月第 1 次印刷
定　　价:28.00 元

版权所有,盗印必究

凡购本书,如有缺页、倒页、脱页,由本社营销部负责调换